U0933885

珍藏本
纪念版

汉译世界学术名著丛书

论灵魂

——《治疗论》第六卷

〔阿拉伯〕伊本·西那（阿维森纳）著

王太庆 译

商务印书馆
SINCE 1897 The Commercial Press

2017年·北京

الفن الســادس

من

الطبيعيــات

(علم الــنفس)

من

كتاب الشفاء

تــأليف

الشيــخ الرئيس ابى علــى الحسيــن بن عبــد الله

ابن سينــــا

本书根据捷克斯洛伐克科学院出版社 1956 年法文版转译

伊本·西那(阿维森那)画像

(苏联 M.P.霍斯摩哈梅多夫　作)

汉译世界学术名著丛书
（120年纪念版·珍藏本）
出版说明

2017年2月11日，商务印书馆迎来120岁的生日。120年前，商务印书馆前贤怀揣文化救国的理想，抱持“昌明教育，开启民智”的使命，立足本土，放眼寰宇，以出版为津梁，沟通中西，为中国、为世界提供最富智慧的思想文化成果。无论世事白云苍狗，潮流左右激荡，甚至战火硝烟弥漫，始终践行学术报国之志，无改初心。

迻译世界各国学术名著，即其一端。早在20世纪初年便出版《原富》《天演论》等影响至今的代表性著作，1950年代后更致力于外国哲学和社会科学经典的译介，及至1980年代，辑为“汉译世界学术名著丛书”，汇涓为流，蔚为大观。丛书自1981年开始出版，历时三十余年，迄今已推出七百种，是我国现代出版史上规模最大、最为重要的学术翻译工程。

丛书所选之书，立场观点不囿于一派，学科领域不限于一门，皆为文明开启以来，各时代、各国家、各民族的思想与文化精粹，代表着人类已经到达过的精神境界。丛书系统译介世界学术经典，引领时代思想，为本土原创学术的发展提供丰富的文化滋养，为推动中国现代学术和现代化进程做出了突出的贡献。

为纪念商务印书馆成立120周年，我们整体推出“汉译世界学术名著丛书”120年纪念版的珍藏本，寄望既利于文化积累，又便于研读查考，同时向长期支持丛书出版的译者、编者和读者致以敬意。

两甲子后的今天，商务印书馆又站在了一个新的历史时间节点上。我们不仅要铭记先辈的身影和足迹，更须让我们的步伐充满新的时代精神。这是商务人代代相传的事业，更是与国家和民族的命运始终紧密相连的事业。我们责无旁贷，必须做好我们这代人的传承与创造，让我们的努力和成果不仅凝聚成民族文化的记忆，还能成为后来人可以接续的事业。唯此，才能不负前贤，无愧来者。

商务印书馆编辑部

2017年10月

伊本·西那的生平和哲学思想

一

塔吉克族的伟大思想家伊本·西那的名字对我们并不陌生。1952年在世界和平理事会的号召之下，我们举行过伊本·西那诞生一千周年纪念。这是按照伊斯兰教国家人民所用的太阴历(黑蚩拉历)计算的，这种历法比公历每年要少十天左右。

伊本·西那哲学遗产的研究，是一个斗争激烈的领域。这一阵地长期为西方资产阶级学者所占领，他们尽管写出了大量的专著和论文来论述伊本·西那的哲学，但是从来没有而且也不能对伊本·西那作出正确的、公正的估价。他们站在帝国主义殖民地统治者的立场上，蔑视东方各国人民，对伊本·西那千方百计地进行歪曲和污蔑，把他说成仿佛只是一个不太高明的亚里士多德注释者，其功绩充其量不过是保存了一些西方古代哲学遗产，给欧洲中世纪的经院哲学家提供了一些唯心主义的资料。他们极力掩盖伊本·西那的哲学在历史上的进步意义，不提它的促进科学发展的作用，而尽量吹嘘其中僵死落后的东西。他们大都是新托马斯主义者，目的在于巩固天主教的黑暗势力，为帝国主义资产阶级服务。他们对待伊本·西那正如对待亚里士多德一样，像列宁所指出的:“僧侣主义扼杀了亚里士多德学说中活生生的东西,而使其中僵死的东西万古不朽。”[①]

因此我们必须进行顽强的斗争,用马克思列宁主义的观点开展这个领域的研究。尽管我们的工作开始得还不很久,社会主义国家的学者们已经取得了一定的成绩。我们的做法与资产阶级学者正好相反,不是任意歪曲,而是坚决反对歪曲,努力恢复伊本·西那哲学的本来面目,以马克思列宁主义的科学分析,指出其中的哪些东西是精华,哪些东西是糟粕,从而吸取其精华,排除其糟粕。对我们最主要的,乃是通过对伊本·西那哲学的批判分析,揭露出历史的客观必然性和在斗争中发展的规律。我们应当做的,是通过具体分析,证明哲学史是阶级斗争的思想反映,是唯物主义与唯心主义的斗争史,说明唯物主义为自己开辟道路时所经历的艰苦曲折的斗争过程,从而捍卫科学的唯物主义世界观。同时,具体地说明了东方先进哲学思想家在历史上的进步作用,也就最有力地驳倒了西方资产阶级种族主义的“西方中心论”,从而鼓舞了东方各族人民解放斗争的意志。

二

伊本·西那是中世纪东方最伟大的哲学家之一,同时也是一位最著名的医生、科学家和百科全书式的学者。他的哲学中包含着强烈的唯物主义倾向,在哲学史上起过巨大的进步作用,无论对

① 《哲学笔记》,见《列宁全集》,人民出版社,第 38 卷,第 415 页。

东方和西方，都发生过良好的影响。他的医学著作更是数百年间东方和西方医生的典范。尤其值得注意的，是他的学说中吸收并发展了东方和西方的先进科学文化遗产，也促进了东方和西方科学文化的进一步发展，在东方人民和西方人民之间起了文化思想上的联系作用。

伊本·西那的全名阿布·阿里·阿尔-胡赛因·伊本·阿伯达拉·伊本·西那(Abū'Ali al-Ḥusayn Ibn'Abdallah Ibn Sīnā)，在欧洲以拉丁化的名字 Avicenna(阿维森纳)著称，黑蚩拉历 370 年(即公历 980 年)生于中亚细亚布哈拉城附近的阿夫沙那镇。这个地方在今乌兹别克斯坦共和国，离塔吉克斯坦共和国不远。从血统上说，伊本·西那是塔吉克人。

伊本·西那生活在十世纪末到十一世纪初，这时世界上的主要国家都处在封建时期，但是各国发展的程度并不平衡，大体上说来，是东方高于西方，尤其是在生产力和文化方面。当时在我国是北宋初年，在欧洲是日耳曼国王鄂图刚建立神圣罗马帝国的时候，在西亚和北非地区则是伊斯兰教哈里发帝国已经分裂的时候。当时的中亚细亚是一个摆脱了阿拉伯人统治的独立王国——塔吉克人的萨马尼德王朝，其首都就在布哈拉。

远在伊本·西那诞生之前，中亚细亚各族人民就发动了多次的起义，反抗当时的阿拉伯统治者，反对本族的封建贵族的剥削。其中规模最大的是穆康那(绰号，意即“缠巾者”)所领导的武装起义。这些武装起义虽然都失败了，但是终于削弱了阿拉伯贵族的统治，使他们最后不得不退出了中亚细亚。在塔吉克人的国家里，主要矛盾仍然是农民与封建主的矛盾。同时阿拉伯统治者虽然退出了中亚，但哈里发帝国仍然残存于不远的巴格达，而且保持着宗教上的控制，它与中亚细亚各族人民的矛盾并没有完全消除。此外哈里发帝国鼎盛的时候（相当于我国唐代）就发展了商业经济，进行了巨大的海外贸易，东至我国和印度，西至欧洲，都是伊斯兰教商人足迹所到的地方，因而在中亚细亚也形成了一些大城市，城市商人与封建统治者之间也存在着一定的矛盾。

伊本·西那出生于城市中的中等官吏家庭，这是一个矛盾的地位：他一方面与封建统治阶级有联系，需要依附封建统治者，另一方面又与城市中等阶层有联系，与贵族封建主有矛盾。前者是他的保守落后的方面，后者是他的进步的方面，但是后者毫无疑问是他的主要方面。作为一个城市居民，他是热烈要求发展生产、发展科学文化，反对宗教蒙昧主义的。

伊本·西那在萨马尼德王朝的首都布哈拉受教育，十六七岁时，已经学贯古今。他学习了古代的哲学、几何学、自然科学和医学，并且成为名医。虽然他不懂希腊文，但是当时希腊古典著作都已经有了阿拉伯文的译本，他精通了这种学术文化上的共同语文之后，也就研读了这些古典著作的译本，尤其对亚里士多德和伽仑的著作用力最勤。当时布哈拉的苏丹曼苏尔身患重病，伊本·西那给他治好了，因而得到特许，可以在王室藏书楼中研究，这一项特权更使他熟悉了前人的成就，大大地增长了知识。但是他并不限于书本的研究，而把主要的力量放在观察实验上，并且十分重视因通商而传来的外国科学成果。

伊本·西那二十岁的时候，萨马尼德王朝覆亡，他逃到了花剌子模，受到一位朝臣接待，在那里继续科学研究，并开始著作。这时著名的科学家比鲁尼也到了花剌子模,伊本·西那与他展开了科学讨论。大约在花剌子模的时期,伊本·西那完成了他的哲学全书《治疗论》。

三十一岁时,由于政治原因,伊本·西那又被迫从花剌子模逃出,在好几个地方住过,以后定居朱尔丈,在那里教授学徒,并开始写作他的医学巨著《医典》。后来他迁居哈马丹(在现今伊朗境内),由于治好了哈马丹苏丹的病,被任命为大臣。他在哈马丹的时期一方面从事政治活动,一方面仍旧从事科学研究,并到处行医。宫廷政治生活使他见到了封建统治集团的腐败,大为不满,为此几乎遭到杀害,后来在苏丹死去、嗣子继位时更被囚禁,但是他在狱中仍不放弃科学活动,写了不少著作。直到后来另一个王子阿布·查发尔攻陷哈马丹,才把伊本·西那从狱中放出,任命为太医,并把他带到伊斯巴汗。这时他已四十二岁。

在伊斯巴汗宫廷中,伊本·西那得到了安静的环境从事科学活动,教育青年,与学者们举行科学讨论会,创立为群众治病的医院,并宗成了他的巨著《医典》,用塔吉克语写了哲学著作《知识论》。后来他又回到哈马丹,死于黑蚩拉历428年(公历1037年)。

伊本·西那终生不懈地从事科学研究,从观察、实验中积累知识,从临床医疗中获得丰富的经验,并且不断地把经验总结提高到理论。这种做法与当地的伊斯兰教正统派僧侣和欧洲基督教经院学者完全相反,他们是只背诵经典,利用形式逻辑来进行诡辩,利用神秘观念来愚弄人民。伊本·西那痛恨蒙昧主义,曾经在一首诗中写道:

“无可奈何！在这蠢驴世界上

谁不是驴，就被指为无信仰！”

他的这种勤勤恳恳、实事求是的科学态度，是他的先进城市居民的立场所决定的。他不仅是一个宫廷医生，而且为广大的群众治病，因而广泛地接触到城市中各个社会阶层的居民，同情他们的疾苦，也认识到只有用实事求是的办法才能解除他们的痛苦。但是就在当时，不同阶级的人对待这样一位科学家就有截然不同的两种看法：人民群众爱戴他，颂扬他，称他为“医师之王”，“哲人之王”，而反动的正统派僧侣却仇视他，诋毁他，称他为“异端”。

三

伊本·西那的哲学，我们绝不能仅就其个别的词句来作抽象的理解，而必须与他的科学成就联系起来考察。他诚然接受了西方古代亚里士多德的哲学体系和伽仑的医学体系，但绝不是简单的因袭，也不是局限于概念上的继承。他是通过经验的印证而接受的，是以批判的态度对待文化遗产的。我们可以看出，他接受亚里士多德的具有唯物主义因素的体系，而不接受当时流行的柏拉图派唯心主义体系，并不是偶然的，这里面就包含着路线的抉择。

任何一个人，要想完全不顾前人的经验，一切都从头做起，那是不可设想的。同样情形，在总结经验的时候，要想完全不顾前人的理论，在空白的基地上独自建立全新的理论，也是不可设想的。伊本·西那继承了许多前人的、别人的和外国的经验，又通过自己的实践取得了许多新的经验，在总结的时候，不可能不借助前人的理论体系。但是他并非不加批判地全盘接受。诚然他接受得很多，甚至接受了许多错误的、不合理的东西，但是要知道，在伊本·西那的时代科学知识毕竟是不多的，知识的空白点很多，在这种情况之下进行总结，是很难避免以一些未经经验证实的空想的东西来填充空白点的。当时的科学水平还不足以根本推翻前人的理论体系，这是事实。但是我们绝不能像西方资产阶级学者那样，不看伊本·西那在实践上和理论上的新的贡献，只看他从古人那里继承来的陈旧错误的东西，就得出结论说伊本·西那没有什么新的创造，没有超过亚里士多德和伽仑。这是非历史的观点。

伊本·西那号称"亚里士多德第二"，这个意思绝不是说他是亚里士多德的简单翻版，而是指他走亚里士多德的路线，并且发展了亚里士多德的进步方面。亚里士多德的特点是二元论，是摇摆于唯物主义与唯心主义之间。这也是伊本·西那的特点。但是我们有足够的证据说：伊本·西那的唯物主义倾向非常强烈，包含着丰富的具体内容，而他的唯心主义因素则非常一般化，甚至带着伪装的性质。要知道当时的伊斯兰教正统派反动势力毕竟很大，公开否定上帝的人是很难生存下去的。

我们首先看一看伊本·西那有哪些科学贡献。

伊本·西那的著作极多，虽然各家的说法不一，有说共 300 多种的，有说 200 多种的，有说 160 多种的，有说 99 种的。这些著作就性质而论，有医学、哲学、自然哲学、数学、天文学以至音乐、诗歌等方面的。除了科学著作以外，他在哲学著作中也随处引用了自然科学的材料。其中最主要的著作是：

1）《医典》，共五册。这是最主要的医学百科全书。

2)《治疗论》,共 17 卷。这是最主要的哲学百科全书。

3)《拯救论》。这是《治疗论》的节要。

4)《指要与诠明之书》。这是他的哲学的简述,由于简明,在中世纪最为流行。

5)《公正论》。这部著作对东方和西方的哲学家作了比较,共 20 册,已佚。

6)《东方人的哲学》。已佚,只保存下其中的一部分:《东方人的逻辑》。

7)《知识论》。这是他的哲学的简述,是用塔吉克文(即达尔文或法尔斯文)写的。

我们首先来看《医典》。这是一部真正的医学百科全书,包括解剖学、生理学、病理学、治疗学、药物学、卫生学和营养学,总结了当时的全部医学知识,既有实际,又有理论,因而从 11 世纪到 17 世纪在东方和西方成为标准的医学教科书,早在 12 世纪就译成了拉丁文,先后印行过三十余版。

从这部书以及伊本·西那的其他著作中可以看出,伊本·西那是精于解剖的。他对眼部肌肉结构的描写,做到了精确的程度,这一点现代的专家们也不能不承认。他对脑和神经的构造,也描写得很详细。他发现大脑中感觉中枢和运动中枢的大致部位,并且论述了它们的作用。但是西方资产阶级学者虽然不能否定这些杰出的成就,却借口《古兰经》禁止解剖尸体,把伊本·西那说成仿佛只是空想出这些东西似的。其实这个问题早就由伊本·西那自己解答了,他在自己的亲笔著作中说明了他是进行解剖的。我们在《治疗论》第六卷中就可以看到这样的话。

在病理方面,他对脑膜炎、中风和胃溃疡的症象和病因作出了天才的分析。尤其值得注意的,是他提出了一个天才的假设,认为肺结核、鼠疫、天花、麻疹等病是由肉眼看不见的病原体造成的,并认为致病物质通过土壤和饮水传播。大家都知道,伊本·西那的时代距离巴士德的时代有多么远,细菌的存在11世纪的人是无法设想的。伊本·西那得出这个结论,该经过多少次辛勤的细心观察,花过多少苦思苦想的工夫!

在临床诊断方面,更有一件十分值得注意的事,就是《医典》中系统地列出了48种脉法,说明脉有沉浮强弱等等之分,各与一定的病症有关,并且说明了脉在寸关尺上。这48种脉法中,有35种与我国晋代太医令王叔和所著的《脉经》相同。这绝不是一件偶然的事。从唐代中西交通之盛,我们完全有理由断定我国的脉学传到了中亚,为伊本·西那所接受,并且在临床实践中得到了发展。此外,我国医学中诊断糖尿病的方法也见于《医典》。

在外科手术方面,他详细地记述了膀胱结石截除术、气管切开术以及创口和外伤的治疗方法。他提出了泥疗、水疗、日光疗、空气疗等理疗方法。在药物方面,《医典》中增加了希腊、印度等国医生所不知道的数百种新药,特别是利用汞蒸气和汞制涂剂治疗梅毒的方法,以及预防汞中毒的方法。

《医典》中更提出了过滤和煮沸饮水的消毒方法,以及不同年龄的人的居住、衣服、营养等方面的卫生方法,并且提倡体操和户外游戏。

尽管伊本·西那的《医典》中还有许多神秘的观点和不合理的治疗方法,但是绝不能抹杀上述的先进科学成就。凭着这一点,我们就绝不能说伊本·西那的医学只是伽仑医学的简单因袭。

我们更应当密切注意,伊本·西那的《医典》并非只是大批经验材料的简单罗列。他十分注意追踪事物现象的因果关系,找出各种疾病的规律性。他根据所找到的规律,对疾病作了科学的分类。所以我们说他的贡献主要还不在临床经验,而在于建立了医学的科学体系。这一点更具体地说明了他的先进哲学思想对科学发展的指导作用。

此外我们还可以在伊本·西那的著作中看到,他把观察实验的方法用于其他科学部门所得到的成就。例如在地质学方面,他曾经把山脉的形成归因于地壳的运动和流水的侵蚀。在化学方面,他亲自进行实验,对混合物和化合物进行分析。他坚决反对神秘的炼金术和星相学。

他不只研究了各门科学中的个别问题,而且考察了各门科学的性质和相互关系,确定了它们在总的知识体系中所占的一定地位。这就是他对科学所作的分类。他首先把一切科学部门分为两大门,一门是与人类行为有关的,称为实践科学,另一门是与自然有关的,称为理论科学。实践科学又按层次分为:(1)治国的科学(政治学),(2)厚生的科学(经济学),(3)修身的科学(伦理学)。理论科学又按抽象的程度分为:(1)高级科学,或神圣科学,即形而上学,(2)中级科学,或数理科学,(3)物理科学。其中每一种又分为纯粹的和实用的,如纯粹物理学讨论运动变化,实用物理学则是医学、化学等;纯粹数学如算术、几何、天文、音乐,实用数学则如测量、机械学、制图学、乐器制造等。至于逻辑,他有时归入数理科学,有时别称工具科学。他的分类基本上与亚里士多德相同,但是把亚里士多德列入第三门“创造科学”的诗学、修辞学等归入伦理学。

从这个分类里，我们可以看出，哲学与科学并不是严格分开的。这一方面说明了当时科学尚未从哲学中最后划分出来，另一方面也说明了伊本·西那的哲学概念与科学概念是一致的，哲学并不是站在科学之上的科学之科学。我们可以看他所下的定义：“科学就是人类理性对事物的掌握，而且是这样一种掌握，在这种掌握里是没有错误的。如果我们用令人信服的理由和可靠的论据来证明所掌握的事物（概念），那我们就有了哲学。”（见他的论文《腊色拉·同·费尔·阿合德》）

事实上，我们在他的哲学著作中随处可以看到，他用来当作可靠的论据的就是他从经验得来的那些科学成果。科学的成就乃是伊本·西那哲学中强烈的唯物主义因素的重要基础。

四

现在我们来考察伊本·西那哲学的基本要点。

我们说过，伊本·西那的哲学是二元论，但是具有强烈的唯物主义倾向。这主要是反映了塔吉克封建社会中城市居民中等阶层对封建主上层又依附又矛盾的关系。在当时社会中，这个阶层是先进的。

我们要掌握这种哲学的具体意义，必须考虑它在当时思想斗争所占的地位，因此应当首先联系其敌方的实质，以及前辈的斗争来考察。

与伊本·西那哲学针锋相对的敌方，是当权的封建主和正统派伊斯兰教僧侣的思想体系，即教义学或经院哲学。和基督教的经院哲学一样，它的目的在于给宗教教条建立理论根据，借以要求人民群众盲目服从，放弃现实的斗争。相同的目的也决定了相同的手段，就是从腐朽的唯心主义、神秘主义哲学中寻找武器。它所找到的主要是新柏拉图主义，以及经过新柏拉图派窜改阉割了的亚里士多德学说。

中亚细亚的先进思想家们与这样的敌人作斗争，也必须寻找适合于自己的思想武器。他们正视现实，要求发展生产，建立幸福的生活。目的既然相反，手段也就不同；他们也求助于古代哲学，但是以合理的思想为对象。思想的解放不是一蹴而就的，需要经过挣扎搏斗。这个搏斗的过程在伊本·西那诞生前已经开始了。

第一个开辟道路的是生于锡尔河畔的法拉比(870—950)。这位哲学家也通晓数学和医学。他不满意亚里士多德著作的阿拉伯文旧译本，力求认识真正的亚里士多德哲学，为此曾到巴格达和叙利亚去学习，研读叙利亚文的译本和注释，并且自己给亚里士多德的许多作品作了注解。法拉比的注解揭示了亚里士多德哲学中的许多合理因素。

虽然法拉比基本上还是唯心主义者，并没有完全抛弃柏拉图，而是力求把柏拉图与亚里士多德调和起来，但是他已经开始走上了泛神论的道路。在启蒙时期，泛神论是一种向唯物主义过渡的方便形式。法拉比承认真主是世界的第一因，认为从真主“流溢”出物质世界，但是他由此作出结论说，物质世界既是从真主流出的，也就不是无价值的东西，而是有必然性的。他肯定了物质世界，并且肯定物质世界是可以通过感觉去认识的。这就是说，他在泛神论这个比较宽敞的框子里，给人的认识、给经验科学安排下活动的场所，争得一份合法的权利。

第二个先进思想家是与伊本·西那同时的花剌子模学者比鲁尼(973—1048)。这是一位非常渊博的科学家，在天文学、数学、历史学、地理学、矿物学等方面都有杰出的贡献。他不仅重视直接经验，而且大力吸取他人的、异域的科学成就，曾经访问印度，向印度学者学习，写下一部极其重要的古典著作《印度志》。比鲁尼在哲学上追随法拉比，他的功绩在于提供出丰富的科学资料，支持了泛神论这条新路线。他尽管并没有完全摆脱唯心主义，却在科学范围内作出了十分勇敢的结论："存在处在变化发展之中——其中也包括自然力"；"一切活动都属于物质。物质本身在结合和变更事物的形式。因此这个物质就是创造者。"

法拉比是伊本·西那的引路人。伊本·西那自称曾读亚里士多德《形而上学》四十遍不得其解，读了法拉比的注解才豁然贯通。法拉比指出的，是抛弃柏拉图路线，走亚里士多德的道路。伊本·西那从亚里士多德的二元论道路出发，但是向唯物主义的一面推进了一步，比法拉比走得更远。科学家比鲁尼是伊本·西那的同盟军，但是伊本·西那在哲学上超过了比鲁尼。他基本上克服了柏拉图路线，总的说来，已经不再是一个唯心主义者。

伊本·西那在解决哲学基本问题的时候，采取二元论的态度。他肯定物质世界是永恒的，同时也承认真主是永恒的。二元论意味着挣脱唯心主义一元论的枷锁，准备向唯物主义一元论过渡。伊本·西那占据的正是这个桥头堡的地位。

在当时的社会条件下，伊本·西那提出这样的理论是煞费苦心的。他表面上并不否定真主，以便堵住敌人的嘴；但是实质上可以说只是保存真主之名，暗中替换了内容，使它变成了另一种东西，近乎物质的代号。他所用的办法是：应用亚里士多德的“有论”[①]为手段，对新柏拉图派的“流溢论”加以改造，然后加以利用。他首先提出“有”来，这是谁也不能反对的，因为宗教也要承认神是“有”，不是“无”；而一般人也要承认万物是“有”。接着他就指出，凡“有”均有其本质，即一物之为物（维何性）；不过一般事物的本质并不一定包含存在，而只是可能存在，所以其现实的存在应当来自一种绝对的必然存在。这种绝对必然的存在包含在另一种“有”的本质之中，这种必然的“有”就是真主，其本质就等于存在。这就是说，真主不是别的，只不过是存在。[②]

然后他说，这个必然的“有”，亦即完满至善的真主[③]，既然完满至善，就不能不“流溢”出万有，亦即物质世界。真主是永恒的[④]，他所流出的东西本来与他一体，也就当然同样是永恒的了。而且，真主是第一因，世界是他的结果，因与果是不可分的，果不能无因，因也同样不能无果，因此世界固然不能无真主，真主也同样不能无世界，二者是同样必然的。这就是结论。

---

① 亚里士多德的 τὸ ὸν，阿拉伯文译作 mawj-d，即拉丁文的 ens（英文的 being，俄文的 бытие），中文一般译为存在，因为与 τὸ αιν̆αι（wujūd，esse，to be 存在）混淆，这里姑译为“有”。

② 我们可以比较一下斯宾诺莎的公式：上帝＝实体。

③ 实际上他是把完满至善了解为存在和必然。

④ 永恒的意思也无非是存在。

我们可以说,伊本·西那的哲学外表上是二元论,里面却是泛神论。[①] 伊本·鲁世德(阿威罗伊)已经正确地指出了这一点。这个方向是由法拉比开创的,但是还没有详细论证,伊本·西那把它最后完成了。法拉比还借重真主的神圣性来说明世界的神圣性,伊本·西那则径直把真主的神圣性归结为存在。

资产阶级学者常说伊本·西那力求调和亚里士多德和柏拉图。他们的意思是指篡改亚里士多德来适应柏拉图,像托马斯·阿奎那所做的那样。这是抹杀事实,因为伊本·西那只是利用了亚里士多德的合理因素,从柏拉图派那里仅仅借用了“流溢”这个名称而已。

伊本·西那的学说中也包含着许多神秘的唯心主义渣滓,“流溢”的说法本身就是这种渣滓之一,因为毕竟意味着创世的神话。可是必须指出,这种启蒙的神秘主义是教人面对现实的,根本不同于教人逃避现实的腐朽的神秘主义,如现代的新托马斯主义和存在主义之类。伊本·西那也讲真主,这种真主却不同于统治阶级恫吓人民的工具,主要是用来掩护科学活动的,二者不可混为一谈。

伊本·西那接近了物质自身运动的观点。他认为万物的流出是必然的,并不是出于真主的任意创造,因为任意不是完满至善。必然流出的世界既有必然性,也就按照自己的必然规律运动,不受真主干涉。真主只不过是世界存在的第一因或第一推动者,此后

① 从形式上看,这似乎是一个矛盾:既是二元论,又是一元论(泛神论)。但是在一定的历史条件下,二元论和泛神论都是向唯物主义过渡的方便形式;伊本·西那同时采取了这两种理论形式。我们不能以此责备他不一贯,因为这两种手段的斗争锋芒都是针对唯心主义的,这一点是统一的。

他就无事可干了。“自然的运动是由自己发生的东西，例如石头往下掉，水向下流，火和空气向上升。如果石头和水的下降，火和空气的上升，是由于受强迫的缘故，像某些学者主张的那样，水挤出空气来抛出去，或者像另一些学者主张的那样，全部空气吸引一部分土，或者天排斥土，吸引火，那么，小的东西就该动得快，大的东西就该动得慢了，可是我们看到实际上适得其反。可见这种运动是自然的，它的发生是由于形体寻找自己的位置。”(《知识论》)

可以说，这种说法带有几分自然神论的气味①，是有利于经验科学的研究的。这一点连资产阶级学者也不能不承认，例如法国东方学家勒南就说过：伊本·西那的“真主是绝对的统一，所以并不能直接影响世界，干预个别事物的运行；他好比车轮的轴心，是听任轮子的边缘按自己的考量滚动的。”(《阿威罗伊与阿威罗伊主义》)

伊本·西那也继承了亚里士多德关于形式和质料的二元论学说，认为一切事物由形式和质料组成。但是他很少强调形式先于质料，主要是坚持形式与质料绝对不分。他认为形式并不在先，正如质料并不在先一样，它们互相结合在形体之中，是互相依靠、互相制约的；无形式的质料和无质料的形式都是纯粹的抽象，是根本不能存在的。他认为“形体的形式就包含在质料中。由这个形式和这个质料构成形体。……离开质料的形体形式是不存在的。”“任何一个形式，倘若是质料存在的唯一原因，当它消失的时候，质

① 从形式上看，这样说似乎也包含着矛盾，因为一般了解的泛神论是一种内因论，自然神论是一种外因论。但是正如上面所提到的，伊本·西那采取不同的理论形式，目的是相同的；泛神论和自然神论都是向唯物主义过渡的方便形式。当然，从严格的意义说，伊本·西那还不是自然神论者。

料就该不存在了。同时形式也不能不是现实的,不能不参加进来使质料进入现实的状态,否则质料就会离开形式而存在了。"(《知识论》)由此可以看出,伊本·西那所发展的是亚里士多德学说的积极方面。

亚里士多德的主要贡献是对柏拉图的唯心主义核心"理念论"的批判。伊本·西那也没有放过这一点,他的批判一针见血。他指出柏拉图在事物之外假定一个抽象空洞、一成不变的理念,乃是对科学无益的伪说。"如果'动物'是作为一个无用的实体存在着,像许多人所说的那样,那么它就不是我们所需要的、我们现在所研讨的个体动物。"(《治疗论》)

伊本·西那还进一步指出,连数学对象也不是抽象的理念。"几何学研究的东西是线、面和三度的体。由此可见,它的对象实质上并不是与自然分离的。""如果有人说,数并没有与个体世界中的考察对象分离的存在,那就对了。""按照真正的哲学学说,点是只存在于线中的,线又是包含在面中的,面则存在于形体的形式中,而形体是处在质料之中的。"(《治疗论》)

这些都是伊本·西那精粹的思想。此外他的学说中也夹着不少杂质,例如他有时也讲所谓"形式的形式","能动的形式"之类。但是我们可以看到,科学家伊本·西那注意的中心永远是时空之内的形体及其运动,并不是那些神秘主义的残余。

在时间、空间和运动的问题上,伊本·西那表现出明显的唯物主义倾向。他反对抽象的时间、空间和运动,断言"无质料的连续空间……,作为距离的虚空,乃是不存在的";形体中"发生的运动就是运动的时间,运动也不是由一些不可分的部分组成的,——时间无非就是运动。"(《指要与诠明之书》)这就是说,时间、空间和运动是物质所固有的,与物质不可分。

在这里应当指出,他所反对的并不是德谟克里特,而是新毕泰戈拉派的神秘主义。德谟克里特的原子论被他们歪曲了,当时的东方学者无法知道真正的德谟克里特。

与柏拉图派相反,伊本·西那肯定形体运动的真实性,认为运动是客观自然界所固有的,而且是永恒的。科学所研究的正是各种形体的多种多样的运动及其规律。他采纳了亚里士多德关于潜在和现实的学说来说明运动变化。他给运动所下的定义是:"运动就是形体开始脱离其原有倾向而发生改变时的那种状态;这就是从潜在到现实的过渡,这个过渡是不断地完成的,并不是靠一次单独的推动。"(《拯救论》)

我们知道,潜在和现实的学说是亚里士多德哲学中的辩证法因素,这个因素伊本·西那完全吸取了,给以极大的注意。他以"成就性"(这是阿拉伯文译本对亚里士多德的"隐德来希"的了解)这个范畴来说明事物中的潜在状态,及其过渡到现实的必然性。这就是说,事物之所以向某种状态运动变化,原因在于事物本身之内本来有这种倾向,并且这种倾向有得到成就、完成亦即现实化的力量。这种看法接近了事物自己运动的观点,也接近了普遍运动的观点,因为事物不是有这种成就性,就是有那种成就性,一成不变的形体是没有的。

伊本·西那对运动进行了分类。他把运动分成:(1)偶然的运动,(2)强迫的运动,(3)自然的运动。偶然的运动就是"形体由于包含着这个形体的其他形体和其他事物的运动而发生的运动"。

强迫的运动就是“形体并非由于某种潜在性，而是由于外因而由一个地点运动到另一个地点，例如我们拖曳、焚烧、投掷某件东西时的情形”。自然的运动则是“形体的本性中的运动”。(《知识论》)

伊本·西那继法拉比之后，对所谓“共相问题”作出了有名的解答。“共相”就是普遍的形式。问题是：共相究竟在个体事物之先，还是在事物之后？究竟是共相实在，还是个体事物实在？这个问题后来成为欧洲经院哲学中争论的焦点，反动的正统派坚持共相在先，共相实在，称为唯实论；进步的思想家则坚持个体事物实在，共相只不过是一个名称，称为唯名论。这两派之间还存在一些不同倾向的温和说法。

在伊本·西那的时代，伊斯兰教正统派僧侣是坚持共相在先的。伊本·西那提出了自己的看法，认为共相有三种存在方式：(1)在事物之先，存在于真主的理智中；(2)在事物之中，作为事物的本质；(3)在事物之后，存在于人的理智中，作为从事物中抽象出来的普遍概念。

这种说法，大家都很熟悉，但是一直把它归之于13世纪的意大利经院哲学家托马斯·阿奎那(1225—1274)。托马斯的确提出过同样的说法，作为他的温和的唯实论的根据，可是他并没有创立这个说法，而是站在相反的立场上利用了伊本·西那所创立的说法。[①] 关于这个问题，我们不能只看理论本身，应当联系到现实的思想斗争情况来评价。

① 伊本·西那的哲学著作在12世纪就译成了拉丁文，比亚里士多德著作的拉丁文译本还早半个世纪。托马斯对伊本·西那的学说是相当熟悉的。他利用伊本·鲁世德的某些论点更是众所周知的事。

伊本·西那提出这种说法，是以一种婉转的方式来向正统派作斗争。他首先作了一个让步，承认共相在先，但是不承认这是唯一的方式，接着又提出两种方式，这两种方式是正统派所不承认，而与伊本·西那的整个哲学一致的。我们知道，关于真主，伊本·西那至多也只承认了一种流溢说，并没有承认有一个超越世界以外的神任意地创造出世界，所谓流出，照他的说法也只是由于必然性。所以，他说共相在真主的理智中，事实上是和说共相在事物之中的意思差不多的，因为按照他的说法，事物是从真主流出的。至于承认共相在事物之中作为事物的本质，也就是他的形式在形体之中的说法；而承认共相在人的认识中作为从事物抽象出来的概念，则是他的认识论的核心，是向唯物主义的反映论靠拢的，这是一切科学知识的基础。由此可以看出，伊本·西那这一说法是有进步意义的，他在宗教蒙昧主义的统治之下为唯物主义的经验科学争取了合法的权利。事实上，伊本·西那这一说法的后两项以后通过伊本·鲁世德传入欧洲，正是启发了当时在巴黎的先进的唯名论者们。

而托马斯则正好相反，他是奉教会之命到巴黎去镇压这些唯名论者的。他在唯名论已经风行一时之后提出这个说法，只是企图先作一点让步，以便迷惑一般人的耳目，紧跟着就抛出上帝来进行镇压。托马斯的世界观与伊本·西那根本不同，他的客观唯心主义是公开断言上帝创造世界的。他的这种做法是一个恶毒的阴谋。今天的新托马斯主义者们仍然继承他的衣钵，把伊本·西那说成仿佛是唯实论经院哲学的拥护者，我们必须坚决驳斥这种抓住一点表面现象，篡改伊本·西那学说实质的作伪手法。

五

认识论是伊本·西那哲学的中心，在这一方面我们可以看到更多的唯物主义因素。

伊本·西那坚持世界可知，反对不可知论。他说："理论科学的最终目的，就是认识真理。"（论文《理性科学的种类》）

在《治疗论》第二卷中，他给真理下了这样一个定义："你要了解'真理'，这就是那种绝对地在它的各种具体显现中的存在，也就是那种在它的常住不变中的存在。真理是指那种与外界现象相符合的言语或行为，这是当这种言语或行为与这个外界一致的时候。例如，我们说这句话是正确的，这个意见是正确的。至于必然的存在，是凭自身的本质而真实的。至于可能的存在，要通过另一种东西才真实，而其自身则是虚假的。"

从这个定义中，我们可以看出，伊本·西那有走唯物主义反映论道路的要求，把真理看成客观世界的正确反映，但是做得不彻底，有唯心主义的保留。所谓"可能的存在"，是指一切实在的事物，所谓"另一种东西"，也就是所谓"必然的存在"，则是指真主。这就是说，照他的说法，科学知识仍然没有独立的基础，不能离开神的作用。在紧要的关头，伊本·西那还是向唯心主义摇摆。

但是我们应当注意，伊本·西那的真理定义中，前一半是新的东西，后一半是僵死的残余物。他的注意力实际上是集中在经验科学知识上的。他在《治疗论》和《拯救论》中还下过这样的定义："每一件事物的真理，就是它的本质的特征、特性，这就是赋予事物以稳定的规定性的东西。"这里所谓真理，是指事物的客观本质。伊本·西那在这里没有把事物的客观本质与它在认识中的反映区别开来，这是用语不严密。但是我们可以从中看出他注重的到底是什么东西。

我们在他关于知觉的学说中，可以看到更强的唯物主义因素。他所谓知觉，其实就是认识，他在《指要与诠明之书》中把知觉定义成外界真理在知觉体中的呈现，在《治疗论》中也把知觉定义为人的灵魂中反映(ertasamat)事物形状的过程。这个原则他在感性知觉的范围中是贯彻得相当彻底的。他从物理学和解剖生理学的观点出发，来考察人的感觉过程，肯定外物以一定的方式刺激感觉器官，留下它的影像，这影像再通过神经，传送到大脑中一定的地点，亦即感觉机能所在的地方，在那里发生对于这件事物的感觉。

在《治疗论》第六卷中，他详尽地描述了色、声、香、味、触等感觉的发生过程。例如在专讲视觉的一节里，他就从分析光线、发光体、透明体出发，说明光是一种客观存在的东西，颜色和形状也是客观存在的东西，通过光的反射作用，为视觉器官所接受。他描述了眼球的构造，说明了光从瞳孔进入眼球，通过水晶体，集中在网膜上，再经过视神经，达到大脑中视觉机能的所在，发生视觉。他的描述基本上接近了今天的生理学。他甚至企图用唯物主义的观点来说明有些人把一件东西看成两件的现象，认为这是两个眼睛的视神经不协调的结果。这种精确的描写和正确的论述，若不是辛勤地从事过科学研究的实践，是无论如何办不到的。也就是在这些最切实的地方，伊本·西那的唯物主义观点最为坚定，不向唯心主义观点和错误学说让步。

伊本·西那的认识论的总趋向是感觉主义，这与他作为一位医师是分不开的,正如另一位近代的医师兼哲学家洛克一样。这种唯物的感觉主义趋向,是他的世界观中间要求进步的一面所决定的。

然而就是在这一方面他也有不彻底处。首先,他认为感觉者不是形体,而是灵魂。虽然他肯定灵魂不能没有形体的感觉器官而得到感觉,如眼睛瞎了,灵魂纵然有视觉机能,还是不能有视觉,但是他仍然断言感觉机能属于灵魂。灵魂究竟是什么样子,灵魂在什么地方,这些问题他不作答复。因为一回答就把灵魂说成了形体。因此他不像笛卡尔那样说灵魂在身体上的某个地方,如松果腺中。他虽然说灵魂的感觉机能在大脑中,某些运动机能在肌肉中,却并不说灵魂在这些地方。他只是一般地说灵魂与形体在不可分的结合中。这是神秘主义。在我们今天看来非常清楚。这是伊本·西那的落后方面。

但是,以精密科学的根据说明感觉、认识、精神活动是大脑这一高度发展的物质的机能,从而最后否定灵魂实体,在世界哲学史上是近代的事。诚然我们可以找到在中国的特殊条件下,有范缜这样杰出的唯物主义哲学家,在直观的基础上否定了灵魂实体,但是这毕竟是非常少见的。[①]

① 恩格斯在《费尔巴哈与德国古典哲学的终结》中指出了灵魂观念在认识论上的根源:"在远古的时代,人们还丝毫不知道自己身体的构造,还不会解释梦见的事,便以为他们的思维和感觉不是他们身体的活动,而是某种独特的东西,即寄居在这个身体内而在人死亡后就离开这个身体的灵魂的活动。"(人民出版社 1957 年版,第 13 页)但是人们在比较认识了一些自己身体的构造以后,还是长期地不能摆脱灵魂这个观念,总以为有灵魂这个东西存在。许多古代的唯物主义者也没有做到否认灵魂,但他们认为灵魂也是某些精致的物质构成的。明确地根据科学成果指出没有灵魂这种东西、精神是肉体的一种机能的,是 18 世纪的法国唯物主义者。至于在直观的基础上否定灵魂的例子,在印度古代唯物主义者那里还可以找到,在西方则尚未发现。

伊本·西那关于灵魂的唯心主义学说,有其认识论上的根源,但是我们更应当注意其社会根源。在11世纪中亚细亚的封建社会里,伊斯兰教的教义垄断了人民的精神生活,灵魂不灭是最基本的宗教教条,是绝对不容许公开触犯的。伊本·西那与封建统治阶级有联系的一面,尽管他反映了城市居民与封建主的一定的矛盾,然而他在封建社会的基本矛盾面前,仍然依附于封建主,参加对劳动人民的剥削,他不愿意完全放弃宗教这一麻醉人民精神的鸦片,因而不可能不在这个最根本的问题上有所让步。

伊本·西那认识论之不能贯彻唯物主义,更表现在理性认识上。他认为感觉是客观事物的反映,甚至感性的判断,也是由成型机能、想象机能、评价机能这些内部官能根据感觉材料造成的,但是到了理性的概念、判断面前,他就要向唯心主义摇摆了。他承认想象机能和评价机能从感觉影像中得出了形式和观念,并且把它保存在记忆的仓库里,似乎可以供理性运用的样子。可是他在理性与感性之间划下了鸿沟,认为前者属于理性灵魂,后者属于动物灵魂,动物灵魂的机能必须依靠形体的器官,然而无法给理性灵魂的认识机能找到一个器官。这样,理性认识就仿佛是在灵魂中独立进行的,与外界无关了。在这个基础上,他提出过类似笛卡尔的“我思故我在”的说法。因此他最后把最高级的理性定为“神圣理智”,终于倒向神秘主义的一边。

伊本·西那的这个例子,也证明了二元论是站不住脚的。

不过我们仍然应当指出,伊本·西那的认识论的主要趋向是唯物主义。其中也夹杂了很多杂质,例如企图对梦境和预言进行解释,可是即使在解释梦境的时候,他仍然企图从现实出发,作出比较合理的说明,避免作出神秘的解说。他对逻辑作过研究,虽然认为这属于理性灵魂的范围,却坚持逻辑的范畴和构造应当符合客观实际,反对诡辩。这种反对不可知论的理性主义特征,伊本·西那是始终一贯的。

此外,伊本·西那更在他的二元论认识论的基础上,提出了他的"二重真理"说,即认为宗教教条和科学知识都是真理,可以并行不悖。这种说法在宗教占统治地位的时代起了保护科学的进步作用,以后通过伊本·鲁世德的传播,在欧洲启蒙时期曾经成为进步思想家们有力的斗争武器。

六

最后我们还要看一看伊本·西那的社会观点。这些观点也是与宗教问题联系在一起的。

首先我们要考察的,是伊本·西那对待灵魂不死这一教条的真实的态度。灵魂不死,是伊斯兰教的基本教条之一。只有肯定灵魂不死,才能提出死后进天堂见真主的问题,才能愚弄人民,要求他们在今生俯首帖耳地受苦受难,以求死后升天享福,放弃现实的斗争去追求莫须有的幻想。这个教条是唯物主义者最大的敌人。

伊本·西那是二元论者,他并没有公开否定这个教条,而是承认灵魂不死的。然而,他究竟是怎样承认的呢?

他从灵魂必然与形体相结合出发,认为灵魂必须与形体一同开始存在。他在《治疗论》第六卷中说:"灵魂的个体化乃是一件有开始的事情;因此灵魂并不是永恒的,但是并不消灭。灵魂与一个形体一同开始。因此可以正确地说，灵魂开始存在，是在一种可供灵魂使用的有形体的质料开始存在的时候，而开始存在的形体则是灵魂的地盘和工具。”

可以看出，这是先砍去了一半：灵魂虽然不死，但是有生。就是说，一个人在诞生以前，并没有他的灵魂。人并没有从前世带来什么，人生下来是一张白纸。这是对柏拉图派最严重的打击。从这一点出发，当然可以做出更多的结论来，但是伊本·西那并没有自己来做，我们有理由假定他是让读者去做的。

伊本·西那之所以能说灵魂有开始，主要还是因为这与宗教教条尚无直接冲突。如果肯定灵魂与形体一同毁灭，那就要发生直接冲突了。依照灵魂不可能离开形体的说法，是应当得出这个结论的，但是伊本·西那没有这样做。他采取了另外一条途径。他说：“灵魂并不毁灭也不轮回。”他为此作了许多抽象的论证，我们可以不去管它，可是有一点是明显的：形体死后的灵魂是处在一种静止不动的状态中（不轮回）；而且按照他的说法，灵魂的知觉必须要依靠形体的器官作为工具，形体既然死亡了，灵魂当然失去了工具，也就当然毫无知觉，是一个耳聋眼瞎、麻木不仁的东西。试问这样的灵魂就是放进了天堂，放在真主的面前，也还是和一块石头一样，不识不知，又有什么天福可享呢？

可以说，伊本·西那是采取了一种迂回的斗争方法，对灵魂不死的教条抽象肯定，具体否定。他把灵魂的不死说成了一种僵死的状态，实际上等于说它死了。[①] 既然如此，人在未死的时候，就

① 对这一点，欧洲12世纪的基督教神学家就曾经大肆攻击。

应当面对现实的社会生活。这是非常自然的结论。由此可见，伊本·西那是僧侣主义的敌人。

在伊本·西那的著作中，我们可以举出两段，来说明他对现实的社会生活的看法：

“人需要的东西比自然界的东西多得多，例如未经人手调制的食品，确乎是不适合于人的，这些食品构成的生活资料是不美好的。存在于自然界的东西，例如可以拿来穿的东西，有时候也需要给它加上一种性态和一种性质，人才能够穿它。……就是因为这个缘故，人首先需要农业，并且需要其他的各种技艺。唯独人不能单凭自己实现他所需要的一切，只有凭着社会，才能办到这个人为那个人做饭，那个人为这个人织布，这个人为那个人把外地的东西运来，而那个人又拿出某种东西给外地来作为交换。”(《治疗论》第六卷)

可以看出，伊本·西那注意到劳动生产的重要意义，而且认识到劳动生产的社会性。他以肯定的、重视的态度对待这个问题。这一点认识在中世纪是非常可贵的。这个意思他在《指要与诠明之书》中说得更明白：

“人在他的各种个人要求的独立性这个意义之下，并不是孤立的，因为他如果不与人类的其他代表们交往，就不能满足这些要求。在人与人之间所建立的交换和互相依靠的过程中，每一个人都使别人免除某一种忧虑，而如果每一个人都要亲自完成一切，那他的肩上就要负上极重的担子，几乎担当不起了。因为这个缘故，在人们之间必须要有一种契约，要有一些规定出来的正义规范，要有一种由立法者制定必须遵守的法律，以无条件的服从为特点，因为这种法律具有一些特殊的标志,证明它来自真主。同样必需的,是使行善的人和造孽的人都预见到一种来自全知全能之主的报应。因此必须承认一个最高的法官和立法者,记起他来,人们才注意到要约束自己的行为。”

在这种言论里,我们可清楚地看出伊本·西那的矛盾心情。他强烈地要求人们合作互助,共同生产,促进社会的进步。他否定了鲁滨逊式的生活。这就是说,他承认社会上必须要有一定的生产关系,甚至幻想到一种比较合理的生产关系。他想到“契约”,这与资产阶级启蒙时期的心情有接近之处。可是他毕竟不能跳出封建社会的圈子,塔吉克的城市居民离开近代资产阶级的始祖还是有一段很大的距离的。他仍然承认封建制度和封建主的统治,因而也就不能不求助于封建统治的精神支柱——宗教。因此他把社会的基础、国家的基础仍然放在真主身上。

但是我们也可以从这种言论看出新的东西将要产生时的挣扎。伊本·西那从理性主义的观点指出了宗教的政治本质,而不是作神秘的说教。这一点与正统派僧侣是很不相同的。他意图使宗教现实化、世俗化,使真主成为现世的立法者,为他所代表的阶层的利益服务。这种思想是特定的历史时期的产物,我们可以在霍布斯的学说中找到与此仿佛的因素。当然,我们只是指出伊本·西那身上有这种朕兆,有这一趋向的最初的胚胎;伊本·西那与霍布斯之间还是有很大的距离的。

译　者

1962 年 12 月

捷克斯洛伐克科学院法文译本

前　言

在杰出的学者、哲学家兼作家阿维森纳(阿拉伯文名阿布·阿里·阿尔-胡赛因·伊本·阿伯达拉·伊本·西那,980年生于布哈拉附近的阿夫沙那,1037年卒于哈马丹)的著作中间,他的巨著《阿士-式法》(《治疗论》)里讨论心理学的第六卷以重要著称。我们研究的对象就是这一卷。无论在希腊古典时期,还是在整个中世纪,在亚洲,还是在欧洲,心理学在哲学和自然科学的巨大领域中可以说是一个最为重要的科学部门,因为它所探讨的问题涉及一切生命现象,特别是涉及感性认识和理性认识的问题,以及心灵与形体的联系问题;因为这个道理,心理学是包括在古代自然科学的领域之内的。这许多问题也出现在我们现在从事研究的阿维森纳心理学中;他的心理学,从科学的观点看来,是依据亚里士多德和逍遥学派的心理学以及古希腊医学哲学家们所讲的心灵与形体的学说的。由于这个缘故,欧洲中世纪的心理学在很大的程度上不出阿维森纳心理学的范围之外。我们出版的这部书,可以有助于说明这种阿维森纳的心理学一直影响到欧洲经院学者们的心理学。

阿维森纳之依据亚里士多德和逍遥学派,以及依据希腊医学

哲学和亚里士多德以后的自然科学，这一点在我们的注释中以译注的形式作了证明，因为这里面包含着一些重要的问题；在《式法》中专门讲心理学的那一部分里，我们根本找不出任何柏拉图和新柏拉图派心理学的重要的迹象，只有阿维森纳与他们进行论战的那些章节除外。乍看起来，好像在某些地方，阿维森纳是倾向于这些哲学家的，尤其是在关于理智的理论方面；然而即使在这些地方，阿维森纳的思想和学说也还是以亚里士多德为出发点的。

我们知道阿维森纳还有许多种著作讨论心灵，而且都比《式法》简短；这些著作中间有几种在文句上彼此有出入，但是没有一种写得像《式法》的心理学部分这样带有他的独特风格，这个部分在问题的真实性方面以及在思想的杰出性方面都胜过了那些著作。在心理学的历史上，这部作品处于最重要的著作之列；显然我们不能忘记，就其来历说，它是属于中世纪的。这部作品之依据希腊的心理学、哲学以及自然科学，一点也不降低它的真正价值；它反映了作者的伟大人格，反映了他对于自然界以及自然界所显示的全部生命所采取的高尚态度。

我们知道，阿维森纳在他的 Manṭiq al-mašriqīyīn（《东方人的逻辑》）[①]一书的引论中宣称《阿士-式法》不再表明他自己的思想。但是这并不意味着这部百科全书式的主要著作失去了它的任何哲学价值。在逻辑方面，以及在哲学和自然科学方面，《阿士-式法》无可争辩地标志着阿维森纳著作的顶峰，代表着对于人类文化史的一项最重要的贡献。这部作品给我们指出了作者思想的广阔，

① 参看虢熊：《阿维森纳的哲学》，1951 年巴黎版，第 18 页。（法文本）

可惜我们直到现在还没有为它出版一个完备的考订版本，还没有作出一个科学的译本，也没有对它作出一项详尽的研究，特别是在关于它的希腊来源方面。

我们校订出版《式法》中阿维森纳心理学的阿拉伯文原文时，曾经利用了下列各种抄本：[1]

1. British Museum Suppl. 711，Rieu(Or. 2873)，伦敦；

2. India Office 476，Loth(1796)，伦敦；

3. Bibliotheca Bodleiana 435，牛津，(Pocock 125)，467(Pocock 114)和 471(Pocock 116)。在这三种抄本中间，Pocock 125 包含心理学的全部原文，Pocock 116 只包含一部分：fol. 185v—fol. 256r(见我们的阿拉伯文本，第 8—68 页)，Pocock 114 也包含一部分：fol. 4v—fol. 29r(见我们的阿拉伯文本，第 246—268 页)。Bibliotheca Bodleiana 的其他抄本不包含心理学。

4. Aš · šifā'，德黑兰黑蚩拉历 1303 年(即 1886 年)石印本。

我们在这个版本里用下列略号来指这些不同的抄本：British Museum 抄本作 B，India Office 抄本作 I，Pocock 125 作 P，Pocock 116 作 P_1，Pocock 114 作 P_2，德黑兰石印本作 T。

柏林抄本 5044 不包含心理学；乌布萨拉抄本 344 标明为阿维森纳 Aš-šifā'一书的抄本，是出于错误。

我们没有能够利用其他的欧洲抄本和欧洲以外的抄本。这些抄本的目录见布罗克尔曼：《阿拉伯文献史》，第一卷，1943 年来顿

① 参看布罗克尔曼：《阿拉伯文献史》，第一卷，第 592 页，1943 年来顿版。(德文本)〔见 1898 年威玛版第一卷第 454 页。——译者〕

版，第 592 页，以及《阿拉伯文献史》，补遗第一册，1937 年来顿版，第 815 页。

我们可以在下列阿拉伯文抄本目录里看到关于我们所用的那些抄本的记述：

1. British Museum Suppl. 711(Or. 2873)见 Rieu ch.，Supplement to the Catalogue of the Arabic mss. in the British Museum，1894 年伦敦版，第 484-485 页，这个抄本来自 1072/1662 年，缺了许多子音分音符号。〔/号前为黑蚩拉历，后为公历。——译者〕

2. India Office 476 见 Loth，Catalogue of the Arabic mss. in the Library of the India Office，1877 年伦敦版，第 131 页。

3. Bibliotheca Bodleiana，Pocock 125 见 Bibliotheca Bodleianae cod. mss. or. Catalogus I.，第 113 页，这个抄本来自 771/1369 年；

4. Pocock 116，同上书，第 119 页；

5. Pocock 114，同上书，第 119 页；这两个抄本来自 603/1206 年。

也许有人会非难我们在异文项下把不同的抄本中一切差异之处不管大小都一一列举出来。然而我们认为可以为这种做法说出理由：因为我们的阿拉伯文原文无论从哲学观点或者从术语观点来看都是非常困难的，所以我们认为所有的差异对于理解原文都可能有重要性，因此应当在异文项下一一指明。

在哲学术语方面，我们为了进行翻译曾经借助于虢熊夫人的《伊本·西那哲学用语辞汇》，1938 年巴黎版。

最后，我们愿意向一切热心帮助我们，为我提供这项工作所必需的抄本,以及校订法文译文的人表示衷心的感谢。在这方面,我们应当特别感谢的是玛德莱娜·大卫小姐(巴黎)。

杨·巴柯士

目　　录

奉大慈大悲的真主的名义

论自然事物的第六卷

〔引　论〕[①]

在第一卷里，我们已经完成了对于自然事物中共同的东西的论述。然后我们接着写了第二卷，讲的是关于天和世界[②]、关于各种形体、关于自然界各种基本形式和基本运动的知识。我们还说明了不可毁灭的形体和可以毁灭的形体的各种性态。然后我们接着讲述了形体的产生、消灭，以及构成形体的各种元素。然后我们又接着讲了各种基本性质的活动和遭受，以及由这些性质所产生的混合物。

我们剩下来要讲的，是产生出来的事物。至于坚固的东西，以及既没有感觉能力，又没有随意运动的东西，乃是事物中间最古老的东西，也是最靠近事物的东西，因为产生出来的事物是由元素造成的，这一点我们在第五卷里已经讲过了。

在自然科学中，我们剩下来要做的是对于植物和动物的研究。由于植物和动物是凭着一种形式（灵魂）和一种质料（身体和肢体）

① 标题译者增补。

② 指地球。

而成为实体的存在物，而关于事物的知识首先与它的形式有关，所以我们的意见是先讲灵魂。

我们并没有作出判断，认为可以把关于灵魂的科学割裂开来，先讲植物灵魂和植物，然后讲动物灵魂和动物，然后再讲人的灵魂和人。我们之所以不这样做，只是由于两个原因：第一个原因在于这种割裂的做法使我们难以保持灵魂科学的一贯性，而这门科学的各个部分是彼此联系着的；第二个原因在于植物和动物在具有生长、营养、生殖的活动的灵魂这一点上是联系着的。但是这种灵魂的各种机能又仅为植物的“种”所特具，因而为植物的各个“属”所固有，所以植物也毫无疑问应当与动物有所不同。我们对于植物灵魂所能讲的，就是其中与动物有联系的东西。我们并不多费气力去识别植物中间这个“种观念”的各个“属差”。要是这样做的话，这一部分研究就不仅仅适于论述植物，而且也同样地适于论述动物了，因为动物与这种灵魂的关系也就是植物与这种灵魂的关系。

动物灵魂的性态，就人和其他动物相比而言，情形也是这样。既然我们只愿意就动植物的共同之点来研究植物灵魂与动物灵魂，既然只能先有共同的科学，然后才有特殊的科学，而且我们并不研究某一种灵魂、某一种植物、某一种动物的那些本质差别（这是我们办不到的），那么，我们最适宜的做法，就是在一部单独的著作中来讲灵魂。然后，如果我们有可能讲动物和植物的话，我们再来作一个特殊的论述。关于植物和动物，我们最有可能讲的东西，是属于它们的形体以及它们的形体活动的特性方面的。把关于灵魂的报道放在前面，把关于形体的报道放在后面，对于讲授来说，要比把关于形体的报道放在前面，把关于灵魂的报道放在后面更妥当一些。因为关于灵魂的知识对认识形体性态的帮助，要比关于形体的知识对认识灵魂性态的帮助更大一些，虽然这两者是互有帮助的。这两头并没有哪一头非放在前面不可，只是我们比较喜欢把关于灵魂的论述放在前面，并且事先作些辩解。谁要想改变这个次序，谁就可以加以改变，我们不会在这一点上同他争辩。这就是第六卷。

然后接着将在第七卷里研究植物的性态，在第八卷里研究动物的性态。在那里我们将结束自然科学，接着用四卷的篇幅来讲数理科学。然后在这一切的后面接着讲神圣科学，并且还要在那里加上一点关于伦理科学的东西。这以后我们就结束我们的著作了。[①]

① 按《治疗论》全书共十七卷。——译者

第一章　论关于灵魂的科学

第一节　对灵魂的证明，以及灵魂之为灵魂的定义

我们说，首先应当讲的，是证明所谓灵魂的存在。然后我们将要讲这以后的东西，说：有时候，我们看到有些形体是有感觉的，并且有随意的运动①，或者看到有些形体摄取着营养，生长着，并且繁殖出同类的东西来②。它们之所以有这些作用，并不是靠它们的形体性。由此可见，要发生这些作用，它们的本质中就得有一种异于它们的形体性的本原存在。发生这些作用的东西（总之，就是一切作为产生作用的本原的东西，这些作用是一律伴随着意志的），我们就称之为灵魂。

拿灵魂这个名词来当作这种东西的名称，并不是就灵魂是这种东西的实体来看，而是从这种东西所具有的某种关系着眼，也就是说，从它之为这些作用的本原着眼。我们在后面将要探究这种东西的实体，探究这种东西所具有的述项。而我们现在要做的，只

① 指动物。——译者

② 指植物和动物。——译者

伊本·西那讲学(十七世纪波斯古画)

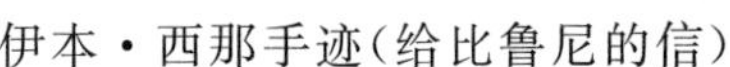

伊本·西那手迹(给比鲁尼的信)

是证明有一种东西存在，作为我们说过的那些作用的本原；只是就一件东西具有某种偶性来证明它的存在。根据它所具有的这种偶性，我们应当作到肯定它的本质，然后才能认识它的“维何性”[①]，正如我们已经知道一件运动的东西有某个推动者，而并不因此知道这个推动者的本质是什么。

因此我们说，如果那些被我们认为有灵魂存在于其中的东西是形体，而这些作为植物和动物的形体的存在之所以得到成就[②]，只是由于它们之中有这种东西存在，那么，这种东西就是它们的构造的部分。正如你在许多地方已经知道的，构造的部分一共分为两个范畴：一个部分是事物赖以现实地是这个事物的；一个部分是事物赖以潜在地是这个事物的，因而位于附着主体之列。如果灵魂属于第二个范畴（毫无疑问灵魂是属于这个范畴的），那么植物和动物之成为现实的植物和动物，就既不是靠形体，也不是靠灵魂了，基于我们上面说过的理由，它们就需要另外一种成就性[③]来作为现实的本原了。这个成就性乃是灵魂，我们的论述所研讨的就是这个。

然而灵魂应当是植物和动物赖以成为现实的植物和动物的东西。假如这个东西也同样是形体，形体就会是植物和动物的形式了。这一点我们是说过的。假如这个东西是带有一定形式的形体，那它之为这个本原，就会不是由于形体，或者毋宁说，它的存在方式之为本原，会是由于这个形式；这些性态是凭借这个形式本身

① “维何性”即“是什么”，与“维此性”（即“是这个”）相对。——译者

② 就是成为现实。——译者

③ 相当于亚里士多德的 ἐντελγγχεια（隐德来希）。——译者

而从这个形式发生出来的，虽然通过了这个形体为中介。第一本原会是这个形式，它的第一活动会是通过这个形体为中介而造成的。这个形体会是动物的形体的部分，然而是与本原发生关系的第一部分。这个形体之为形体，则是与附着主体在一起的东西。因此很明白，灵魂的本质并不是一个形体，而是动物和植物的部分；它是一个形式，或者作为形式，或者作为成就性。

我们现在说：就某些由灵魂产生的活动来看，把灵魂称为一种机能，是正确的；同样地，也可以在另一个意义之下，就某些接近灵魂的可以感觉和理解的形式来看，把灵魂称为一种机能。就灵魂拿来当作容受器的质料，把灵魂称为形式来看，也同样是恰当的。可见这两者是结合在一个植物实体或动物实体之中的。我们还可以就灵魂使“种”在实现于各个高级或低级的“属”中间的那个“属”里面得到完成，而把灵魂称为成就性；因为只要“属差”（单纯的或不单纯的）的本性没有结合到“种”的本性上去，使种的本性成为现实，“种”的本性就是不完备、不确定的；当它结合了的时候，“属”就完成了。可见属差是“属”之为“属”的成就性，但是并非每一个“属”都具有单纯的属差——这是你已经知道的；相反地，只有那些以一种质料和一种形式组成其本质的“属”，才具有单纯的属差；它们的形式，就是以这个形式为成就性的东西的属差。

因此，所有的形式都是成就性，但是并非所有的成就性都是形式。诚然国王是城邦的成就性，船长是船舶的成就性，然而这两者却并不是城邦和船舶的形式。只要由成就性产生出分离的本质，这种成就性真正说来就不是质料的形式，而只不过是在质料里面。因为质料里面的形式是印在质料上的形式，是靠质料维持的，除非是——我的真主啊！——我们同意把“属”的成就性称为“属”的形式。然而，实际上这种同意已经成立了，因为事实上事物对于质料来说就是形式，而对于〔形式和质料的〕集合来说就是目的和成就性，对于运动来说就是运动本原和运动机能。

如果事情是这样的，那么形式就需要与一件东西有一种联系，而这件东西远不是靠形式成为现实的实体的本质的；并且与一件东西有联系，凭着这件东西，成为现实的实体才是它潜能地是的那个东西；并且与一件东西有联系，这件东西是与各种活动不发生联系的。这件东西就是质料，因为灵魂是形式，而事实上灵魂的存在与质料是有联系的，至于成就性，则需要与那个产生各种活动的完备的东西有一种联系，因为灵魂之为成就性，就在于它与“属”有联系。

因此很明显，当我们为了说明灵魂而说它是成就性的时候，这话很好地指出了灵魂的观念，并且内中就包括了灵魂的所有的“属”的所有的方面，而并不把离开质料的灵魂[①]从其中孤立开来。当我们说灵魂是一种成就性的时候，这话也同样适于讲一种机能，这是因为各种由灵魂而来的东西有一些属于运动的领域，另一些则属于感觉的领域。灵魂之所以有更强的理由应当具有知觉，并不是由于它具有一种机能，这种机能与其说是一种活动的本原，不如说是一种遭受的本原；灵魂之所以有更强的理由应当具有运动，也不是由于它具有一种机能，这种机能与其说是一种遭受的本原，不如说是一种活动的本原。如果这两件东西里面的一件之与灵魂

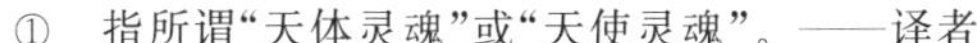

① 指所谓“天体灵魂”或“天使灵魂”。——译者

有联系，是由于灵魂对这件东西有能力，那么，这一件是不会胜过另一件的。

如果我们把灵魂称为机能，用这种方式把这两件东西合在一起来表示，那是由于同名所致。如果我们称之为机能，是只限于两个方面里的一方面，那就会得出我们所说过的那个结果，并且会得出另外一个结果，就是说，这种机能不会在绝对的意义之下包含着灵魂之为灵魂的本质的意义，而是会偏于一个方面，排斥另一方面的。可是我们在论述逻辑的那几卷里曾经说明过，这样做是不好的，也是不正确的。

然后，我们讲成就性的时候，灵魂是包括这两个观念的。因为灵魂在使动物的知觉得到完成的那种机能方面，是一种成就性，在产生动物的活动的那种机能方面，也是一种成就性；分离的灵魂是一种成就性，并不分离的灵魂也是一种成就性。然而我们讲成就性的时候，并不能因此知道灵魂是一个实体，或者不是一个实体，因为成就性的观念是这样一种东西，凭着这种东西的存在，动物才成为动物，植物才成为植物。可是我们并不能因此了解这是一个实体，或者不是一个实体。

然而我们说，我们认为毫无疑义，这种东西在附着主体是一个实体这个意义之下，并不是一个实体，在组合物是一个实体这个意义之下，也不是一个实体。至于从形式的意义之下的实体，来研究吧。如果有人说：的确，我是把灵魂称为实体的，我并且把实体了解为形式，而不把它了解为一个比形式更一般的观念，说得清楚一点，灵魂是一个实体，意思就等于灵魂是一个形式；那么这就是某些人所说过的话。跟这些人没有研究和争辩的余地。因为他们的命题"灵魂是一个实体"意思就是指"灵魂是一个形式",而他们的命题"灵魂是一个形式",也就好像是说:形式是一个形式或一个性态,人是一个人或一个人性存在物。这种议论是会得出一种毫无意义的结果来的。

如果把形式了解为一种根本不在一个附着主体里面的东西,就是说,如果把它了解为这样一种东西,这种东西无论如何绝不存在于我向你称之为附着主体的那种东西里面,那么,所有的成就性就会都不是一个实体;因为有许多成就性毫无疑问是在一个附着主体里面,虽然这"许多"成就性的存在是联系到组合物上的,而它们在组合物中的那种存在方式,也并不是作为在一个附着主体里面。的确,它们那种作为组合物的部分的存在方式,并不妨碍它们存在于一个附着主体里面,而它们那种在附着主体里面的存在方式(并不是作为在附着的主体里面的事物),也并不使它们成为一个实体,像他们中间某些人所想的那样;事实上,实体并不是联系到一件事物上的情形与在一个附着主体里面不一样的那种东西,要是那样,事物联系到一件东西上,而这件东西在这件事物里的情形与在一个附着主体里不一样,事物就会是主体了。

相反地,成就性之为实体,只是当它在任何一件事物中的情形都与在一个附着主体中不一样的时候。然而这个意思并不妨碍它的存在方式出现在某一件事物中,而并不作为存在于一个附着主体中的事物。因为它并不是联系到所有的事物上都是这样,要是这样,如果把它与一件事物相比,而它之存在于这件事物中,并不是作为存在于一个附着主体中的事物,那么,它就成为实体了,虽然它是联系到另一个作为偶性的东西上而存在的。这可以说是它在自身中所具有的一种关系。因为当你思考事物的本质、考察本质、见到本质根本没有任何附着主体的时候，本质本身就是实体。如果本质已经以事物存在于附着主体中的方式存在于一个单一的事物里面之后，又伴同着一个事物出现，而并不是作为在一个附着主体里面，那么，本质本身就是偶性。但是并不能说，本质不曾是事物中的偶性，因而是其中的实体。因为可以承认本质既不是事物中的偶性，也不是事物中的实体，也同样可以承认本质在事物中既不是一，也不是多，而是凭着它自身是一或多。实体性的东西并不就等于实体，《引论》[①]中的偶性物的意义之下的偶性，也并不是《范畴篇》[②]中的偶性。但是我们已经在《逻辑》的艺术中向你证明过这些事情了。

因此很明白，灵魂的那种在组合物中作为部分的存在方式，并不取消灵魂的偶然性质；毋宁应当说，灵魂是在自身之中，根本不是在一个附着主体中。什么是附着主体，你是已经知道的。如果所有的灵魂都是存在的，而并不是在一个附着主体中，那么，所有的灵魂就都是实体。如果有某一个灵魂是凭着自身而维持存在的，如果其余的那些灵魂每一个都是存在于一种第一质料中，而无须在一个附着主体中，那么所有的灵魂就都是实体。如果有某一个灵魂是在一个附着主体中维持存在的，如果同时它又是组合物的一部分，那么它就是偶性，而这整个就是成就性。因为如果我们设定了灵魂是成就性，我们并不会就此明白地见到灵魂是实体或

① 波尔费留的著作。——译者

② 亚里士多德的著作。——译者

者不是实体。谁以为这就足以使它成为一个实体，同使它成为一个形式一样，那就是犯了一个错误。因此我们说，当我们知道灵魂是一种成就性的时候（凭着我们陈述成就性时所作出的一些说明和区别），我们并不能就此认识灵魂，以及灵魂是什么，我们认识的只是它是灵魂这一点。把灵魂这个名称用在它身上，并不是联系到它的实体来说的，而是就它支配形体并且就它与形体相比来说的。

就是因为这个缘故，我们才把形体放在灵魂的定义中，正如把建筑物放在建筑师的定义中一样，虽然并不把它放在他之为人的定义中。就是由于这个道理，灵魂的研究才从自然科学开始，因为研究灵魂之为灵魂，就是就灵魂与质料和运动具有一种联系来研究灵魂。或者说得更明白一点，为了查明灵魂的本质，我们应当分别地作出另外一项研究。如果我们就此认识了灵魂的本质，那么，用表述它的某种述项把它表述出来，对于我们就是无可怀疑的事了。因为，如果一个人认识和理解了事物的本质，如果在灵魂那里显示了一件本质性的事物附属于前一件事物的那种本性，那么这件事物的存在附属于前一件事物，就是无可怀疑的事了，这是我们在《逻辑》中已经说明过的。

然而成就性表现为两个方面：一个第一成就性和一个第二成就性。第一成就性是“属”赖以成为现实的“属”的成就性，例如剑的形状。第二成就性是某种随着事物的“属”而来的东西，来自事物的活动与遭受，如剑的劈刺，以及人的判别、理解、感觉和运动。这其实是无疑地属于“属”的成就性；然而它们并不是第一成就性。因为“属”如果要成为现实的“属”，是不需要现实化它现实地具有的这些东西的。但是，当这些东西的本原在“属”中现实地存在的时候，就需要这些东西在其中业已成为潜能的东西，而这只有先已经在遥远的潜能中，这种潜能要真正成为潜能的，必须要有某种东西在它之前达到了现实，于是动物就变成了现实的动物。因此灵魂是一种第一成就性；成就性既然是事物的一种成就性，灵魂也就是事物的成就性，而这个事物就是形体。但是形体应当了解为“种”的意义，不可了解为质料的意义，这一点你在《证明》的科学里已经知道了。

这个以灵魂为成就性的形体并不是任何一个形体。因为灵魂并不是人造的事物如床、椅子等等的成就性；相反地，它是自然事物的成就性，但是也不是任何一个自然事物的成就性。因为灵魂并不是火的成就性，也不是土、气的成就性；毋宁说它在我们的世界中是这样一种自然形体的成就性：这种自然形体凭借它那些用于生命活动的器官，发出它的那些第二性的成就性，而在生命活动中最先的两种是营养和生长。因此，我们所发现的灵魂，乃是一种具有器官、能够完成生命活动的自然形体的第一成就性。

然而，在这个地方，人们对于由此推出的那些东西每每可以有所怀疑。人们确实可以说：这个定义并不包括天上的灵魂，因为它的活动是并不用器官的；即便你避而不谈器官，只限于讲生命，这对于你也是毫无用处的。因为你把定义中的“生命”了解为营养、生长、感觉能力，天上的灵魂所具有的生命却既不是营养，也不是生长，也不是感觉能力。如果你把生命了解为天上的灵魂由于知觉、由于理解或者由于有目的的运动而具有的东西，你就把植物全部从具有灵魂的东西里排除出去了。再则，如果营养就是生命的话，你为什么不把植物叫做动物呢？人们也可以说：是什么东西使你发生为灵魂作证明的需要呢？为什么你不满足于说生命本身就是这种成就性，不满足于说生命是一种观念，由这种观念发出你归之于灵魂的那种作用呢？那么，我们就开始逐个回答这些问题，用下面的话把它们加以解决吧。

我们说，在关于天体的问题方面，有两种学说。持第一种学说的人认为每一个星都是它自身与一定数量的球的联合，这些球为这个星的运动所支配，就像整个形体属于一个单独的动物一样。其中每一个球的活动，都是由一定数量具有一种运动的部分完成的。因此这些球像器官一样。但是这种说法没有继续把所有的球都讲到。[①]

以后来了另一种学说，持这种学说的人认为所有的球内部都有一个分离的特殊生命，并且认为存在着第九个形体，这个形体实际上是单一的，其中并没有多[②]。这些人会认为，当"灵魂"这个名称应用在天上的灵魂和植物灵魂的时候，只不过是凭着同名而应用的，因为这个定义只能用在那种属于组合物的灵魂上面。

诚然，如果用点诡计，教动物与星球共同具有灵魂这个名称的意义，"植物"的意义就会落到这个集团以外了，不但如此，而且这种诡计也有困难，这是因为动物与星球并不能共同具有理性这个名称的意义一样，因为这里的理性是应用在一种具有两种质料理智的灵魂的存在上面的。然而，根据我们以下将要看到的，这并不

① 这是亚里士多德的学说，见《论天》，Ⅱ，7；8；10—12。——译者

② 指托勒密的学说。这种学说认为七个行星各有一个球，所有的恒星共有一个球，另外有一个球不属于星，最大，是第九个。——译者

是适合于那个地方的[1]。在那个地方,事实上理智是一种现实的理智,而现实的理智并不构成灵魂,灵魂乃是理性存在物的一个定义的部分。同样地,在这里[2],感觉能力是应用在一种机能上的,我们凭借这种机能,通过接受可以感觉的事物的各种形式,并通过这些形式所引起的遭受,觉察到这些事物。然而,根据我们将要看到的,这也不是适合于那个地方的。

其次,如果作出一番努力,使灵魂成为那种具有随意的运动、并且在形体中间有所感知的东西的第一成就性,以便把动物与天上的灵魂都包括在其中,植物就会落到这个集团以外了,这是确定的说法。

说到关于生命和灵魂的问题,其中的疑问将由下列的事实得到解决,这就是我们完全可以说,在形体中,各种与生命有关的已知性态的统一本原,应当是现实地存在着的。如果有人把这个本原称为生命,我们是不会与他有所争论的。至于用来作为动物的述项的"生命"这个词,对于所有的人来说,指的都是两种意义。一种是有一个产生这些性态的本原存在于其中的"属"的存在方式;另一种是同样可以产生这些作用的形体的存在方式。第一种意义,大家都知道,根本不是灵魂的观念。第二种意义所指的,也同样不是灵魂的观念,这是由于事物的存在方式有两种方式,因为既可以有某种东西由事物中产生出来,而事物也可以赋有一种特性。

一方面是:"存在"这种东西,并不就是产生出所产生的东西的

① 指星球上。——译者

② 指地上。——译者

那种存在方式，例如船的存在方式，因为从船的存在方式产生出船的各种功用。然而这有一个前提，就是为了这种存在方式得以存在，必须要有船长。可是船长与这种存在方式，从附着主体方面说，并不是一回事。

第二方面是：在附着主体里面，并没有什么东西有异于这种存在方式，例如形体的存在方式，因为从形体里产生燃烧，从燃烧来看，就把这种存在方式本身当成热，于是形体中热的“存在”就变成了这种存在方式的“存在”本身；这样，从事情的外表看，灵魂的“存在”就是这种存在方式的“存在”了，然而对于灵魂说，这是不正确的。因为人们对于这种存在方式的了解与对于灵魂的了解并不是一回事。

为什么不是这样呢？要知道，人们所了解的赋有一定性质的存在方式，是并不妨碍有一个成就性和一个本原在本质上先于它的，并且这种存在方式是属于形体的，而我们讲过的那种第一成就性，根据人们的了解，是不容许有另一个成就性在本质上先于它的，因为第一成就性是没有本原和第一成就性的。所以，当我们把生命了解为一般人所了解的意义的时候，生命的意义与灵魂的意义并不是一回事。但是，如果我们把生命了解为灵魂的同义语，指的是第一成就性，我们是没有异议的，这样，生命就是我们已经在这个第一成就性上确定了的东西的名称了。

现在，我们已经通过灵魂所具有的一种关系，认识了应用在称为灵魂的东西上面的这个名称的意义。我们更应当从事掌握这种通过上述的考察已经成为灵魂的东西的“维何性”。

在这个地方，我们应当提出我们所拥有的关于灵魂存在的证明，我们的证明是通过集中注意，唤起记忆（这是强有力的指示）；这种记忆是在一种人身上激起的，这种人具有考察真理本身的能力，而并不需要加以矫正，加以引导（?），以及把它从那些引入谬误的东西里面带出来。

所以我们说：在我们中间假定有一个人想象他自己是一下被创造出来的，而且创造得十分完满，只不过他的眼睛是遮盖着的，缺乏对外部事物的感性直觉；他是被创造得从天而降，落到空气中，或者落到虚空中的，而空气的素质不能在那里接触到他，使他得以感觉到它；他的肢体是分离的，互不相遇，也不互相接触。然后他会心里想：能不能肯定自己的本质的存在，而不怀疑对于自己存在的肯定，并且尽管如此却并不肯定自己的肢体的末端，也不肯定自己的腑脏的内部，心脏，脑子，以及任何外部的东西呢？说得更明白一点，他会肯定自己的本质，而并不肯定其中有长度、宽度、高度。如果在这种状态之下，他有可能想象一只手或一个别的肢体，他是不会把它想象成他的本质的部分，也不会把它想象成他的本质中的状况的。

然而你知道，得到肯定的东西，是异于没有得到肯定的东西的，而且作出这种肯定的人，也是异于不作出这种肯定的人的。所以，本质的存在已经得到了肯定，本质也就具有一种特性，因为这个人本身是异于自己的没有得到肯定的形体和肢体的。因此，作出肯定的人是凭着灵魂的存在而具有一种作肯定的手段；灵魂是一种异于形体的东西，或者说得更明白一点，是没有形体的。当然，这个人是知道并且感觉到形体的。如果他把它忘掉了，那就需要有人告诉他。

第二节　引证并驳斥古人关于灵魂及其实体的言论

所以我们说：关于这个问题，在古人中间是有分歧的；他们在引到这个问题的途径方面，实际上是有分歧的。在他们中间，有一些人研究关于灵魂的科学时，遵循的途径是从运动观点出发；另一些人研究这门科学时，遵循的途径是从知觉观点出发；另一些人是调和了这两条途径；另一些人则遵循了生命的途径而不加区别。

在那些遵循了从运动观点出发的途径的一部分人中间，有一种想象，以为运动只能来自一个运动的东西，并且认为第一推动者毫无疑问是靠自己运动的，而灵魂就是第一推动者；同时还认为运动从肢体、肌肉和神经向灵魂上升。所以他们肯定了灵魂是靠自己运动的东西，也就是因为这个缘故，他们肯定了灵魂是不灭的实体，坚信靠自己运动的东西是不会死的。他们曾经说过，由于这个理由，天体是不灭的，其原因则是它们的运动的永恒性。其中有些人曾经驳斥灵魂是形体的说法，并且肯定了灵魂是一种靠自己运动的无形体的实体。其中也有些人曾经肯定了灵魂是形体，同时得出了形体靠自己运动的结论[①]。其中有些人曾经肯定灵魂属于不可分的形体，是球形的，为的是容易做永恒的运动；他们还认为动物凭着呼吸作用吸进灵魂，呼吸是灵魂的养料，呼吸保养灵魂，因为呼吸作用使来自这类空气尘埃的东西得以交流，这些空气尘

① 唯物论者德谟克里特的学说。——译者

埃乃是不可分的形体、靠自己运动的本原,像我们凭着大气中空气尘埃的运动经常看到的那样;就是因为这个缘故,它们有推动别的东西的倾向。其中有些人曾经说这些东西并不是灵魂,而认为它们的推动者是灵魂,灵魂是在它们中间,并且认为灵魂是凭着这些东西的渗入而渗入形体之中。其中有些人曾经肯定灵魂是火,并且认为火经常在运动中。

至于遵循知觉途径的那些人,其中有一个人曾经认为,事物知觉到异于自己的东西,只是因为它先于这件东西,并且是这件东西的本原。因此灵魂应当是本原,同时他也肯定了灵魂属于他认为是本原的那一类东西,或者是火,或者是气,或者是土,或者是水。其中有一些人曾经倾向于用水来说明,因为精液这种生殖的本原是湿度很强的[①]。另一些人曾经肯定灵魂是蒸气状的形体,因为我们知道,依照你所知道的那些学说,发散出来的体气是万物的本原。这些人全都说,灵魂认识万物,只是因为它是万物的本原的实体;那些认为本原是数目的人,也是持这个意见,因为他们曾经肯定灵魂是数目。其中有些人曾经认为,事物只知觉到与它相似的东西,而且现实的知觉者与现实的被知觉者是相似的,并且他们还曾经肯定灵魂是他们认为元素的东西的组合物。恩培多克勒就是这种人,因为他曾经肯定灵魂是四种元素以及"恨"和"爱"的组合物,并且他还说过,灵魂知觉到万物,只是由于其中有与万物相似的东西。

至于那些把这两条途径结合起来的人,其所以说灵魂是数目,

① 指泰利士。——译者

是因为它有知觉，说它靠自己运动，是因为它是第一推动者。

至于那些曾经把有生命的东西看成不用解释的人，其中有一些人说过灵魂是天然的热，因为生命是凭这种热而存在的。其中又有一些人的说法相反，认为灵魂是冷，因为“灵魂”由“嘘气”而来，而嘘气是清凉的东西；因为这个缘故，灵魂是为了保持灵魂的实体而由呼吸吹凉了的东西。其中有些人曾经说，灵魂大约是血液，因为当血液流尽的时候，生命就消失了。其中又有些人曾经说：正好相反，灵魂是混合物，因为只要混合保持稳定，健康就不会变坏。其中有些人曾经说：灵魂大约是各种元素之间的组合与关系，这是因为我们知道，必须有一定的组合，一个动物才能从元素产生出来；同时也是因为灵魂是一种组合，所以它倾向于由一些快意的质料如香气和味道组成的东西，并且在其中得到快乐。

在人们中间，有一些人曾经认为灵魂是真主（高于异教徒们所说的东西之上），并且认为真主之在万物之中，是按照着万物的位分的。所以真主在一种事物中是本性，在另一种事物中是灵魂，而在另一种事物中则是理智——理智乃是事物的荣誉。但是，真主是超乎人们加给他的东西之上的。

这些就是最古的哲学家们关于灵魂问题的学说，但是都是错误的。

至于那些持运动说的人，伴随着他们的第一种谬误，就是他们忘记了静止。因为，如果灵魂之所以起推动作用是由于它运动，灵魂中所激起的动作就毫无疑问是运动的原因，那么，灵魂也就不可避免地有造成静止的作用了；或者是这种作用来自灵魂，而灵魂是凭自己的性态运动的（这样，灵魂由自己激起的动作同造成静止的作用的关系，也就与它同运动的关系是同一种关系了，也就没有可能说灵魂之起推动作用是由于它运动了；然而他们却作了这样的假定），或者是它来自灵魂，而灵魂是曾经静止过的。所以灵魂并不是凭自己运动的。

此外，由前面所说的，你已经知道，其所以有运动的东西，只是由于有一个推动者，而凭自己运动的东西是根本没有的；所以灵魂并不是什么凭自己运动的东西。并且，这种动作不可避免地或者是位置方面的，或者是数量方面的，或者是性质方面的，或者是其他方面的。如果是位置方面的，那就必不可免地或者是自然的，或者是强迫的，或者是与灵魂有关的。如果动作是自然的，那它就毫无疑问是在一个单独的方向中进行；那么灵魂的运动就会只是在一个单独的方向中。如果动作是强迫的，灵魂就不是凭自己运动的，而且它的运动就不是由它自己进行的；相反地，最好的说法是：强迫者是第一本原，而第一本原是灵魂。如果动作是与灵魂有关的，灵魂就先于灵魂，动作就毫无疑问是有意志地进行的，它就或者是一而不是多，而它的运动就是遵循着这个单独的方向的；或者是多，而毫无疑问在动作之间就有一些静止（这是你所知道的），而灵魂就不是凭自己运动的了。

至于数量方面的动作，是与灵魂相隔最远的东西。其次，在数量方面，是没有一件东西凭自己运动的；事物之所以有这种运动，是由于有某种渗入的东西渗入其中，或者是由于它的本质发生了一种变化。但是，说到凭着变化而造成的动作，要么是，灵魂凭着它的存在方式而是一种动作，这样，当灵魂起动作时，它就不是灵魂了；要么是，灵魂凭着某种偶性而是一种动作，而不是凭着它的存在方式。所以，既然是这样，第一件事情就是：所激起的灵魂的动作并非来自它的运动；相反地，当灵魂在一个地方动的时候，它是静止在这个地方的。第二件事情就是：偶性中的变化的结束乃是这个偶性的现实化，而当这个偶性已经现实化的时候，变化就已经停止了。

其次，我们已经向你说明过，灵魂并非必须是形体，而那个在位置方面起推动作用的推动者，因为它以运动着事物的方式运动，所以毫无疑问必须是形体。如果灵魂具有动作和移动的话，它是会与一个形体分离开来，然后又回到这个形体的。这些人曾经举出放在物体中水银为例，来作为灵魂的比方；当水银受到激动时，这个物体就动起来，但是他们却不肯认为这种动作是一种有所选择的动作。

你也已经知道，那种关于空气尘埃的意见[①]，是没有价值的、虚妄的。此外，你也已经知道，那种关于第一本原的统一性的意见，乃是揣测之谈。其次，有些人所说的话简直是开玩笑，他们说：为了认识事物以外的东西，事物应当是本原。因为我们是凭着我们的灵魂认识和知觉事物，而我们并不是事物的本原。至于对这一点的证明，如果循着那个认为本原是一种元素的人的途径，就在于我们认识一些事物，而这些事物的本原根本不是元素，同时这些事物也不是元素的本原，其次，万物有在存在中现实化的，也有不在存在中现实化的，并且，那些与同一件东西相等的东西是彼此相等的。因为对于这些东西，我们绝不能说，水、火等等是它们的本

① 唯物论者卢克莱修的学说。——译者

原，所以要凭着水、火等来认识它们，而不能凭着它们来认识水、火等。

此外，说到灵魂认识以它为本原的东西，将有几种情形：或者是灵魂只认识本原本身，或者是灵魂认识那些来自本原而并不是本原的东西，或者是两样都认识。如果灵魂只认识本原或者两样都认识，如果认识事物的东西应当是事物的本原，灵魂就既是本原的本原，又是它自己的本原，因为灵魂是认识它自己的。如果实际上灵魂不认识本原，而认识那些联系在本原上的性态和变形，有谁能够断定水和火或者其中之一是本原呢？

至于那些用数目的性质来讲知觉的人，则曾经说过：的确，万物的本原是数目。他们甚至于说过：万物的实质是数目，万物的定义是数目，等等。虽然我们已经在一些别的地方指出过，他们关于本原的那些意见是错误的，我们在《第一哲学》的艺术里还要马上指出，他们的意见以及与此相似的意见都是不可能的。在这里，他们的那些学说，就其专门研究灵魂的方面说，将要被推翻，这是因为我们将要考察和思考：究竟灵魂之为灵魂只是因为它是一个一定的数目，例如 4 或 5，或者偶或奇；还是灵魂是一种比一个一定的数目更一般的东西？如果灵魂之为灵魂只是因为它是一个一定的数目，那么，当昆虫被切开的时候，它的每一部分都动，都有感觉，这件事他们将怎样讲呢？当它知觉的时候，毫无疑问在那里一定存在着某种想象力。这样，它的每一个部分就开始跑起来，而这种推动作用毫无疑问是来自某种想象力的。我们知道，两个部分是为其中所包含的两种力量所推动，而这两部分中每一个部分都比那个整体中的数目要少些。然而，照他们的看法，灵魂只是那个整体中的那个数目，而不是一个别的数目。那么这两个部分也就不是为一个灵魂所推动的。然而这是不可能的。

相反地，在两个部分中间的每一个部分里，都有一个与另一部分的灵魂同“属”的灵魂。因此，一个灵魂，例如这个动物的灵魂，在现实上是一，在潜能上是多，好像它愿意获得多数灵魂的样子。只有在昆虫身上，它的两个灵魂是毁坏了。而这两个灵魂在植物身上并不毁坏，因为在植物身上，第一官能会散布开来保持灵魂的活动。在昆虫身上并不是这样；相反地，在昆虫的形体的一个部分里，并没有保持适合于灵魂的格局的本原，而在另一个部分里则有这个本原。但是，为了保持这种格局，它需要有另一部分与它合伙。所以，实行交换是因为一些部分依靠另一些部分，互相支援，以保持这种格局。

其次，如果灵魂并不是数目本身，而是一个具有一种一定的性质和一种形式的数目，看来就会在一个单独的形体里有多数灵魂了。因为，你当然知道在许多偶数里有不止一个偶数，在许多奇数里有不止一个奇数，在许多平方里有不止一个平方，其余的各种关系也是如此。此外，或者是那些结合在数目里的单位是具有位置的，或者是它们不具有位置。然而，如果它们是具有位置的，它们就是点，而如果它们是点，它们就或者是灵魂，因为灵魂是这些点的一定的数目，或者正好相反，情形不是这样，因为灵魂是一种机能，或一种性质，或者其他这一类的东西。

然而他们却确定了灵魂的本性可以是任何数目；那么，属于点的数目既然是灵魂的本性，如果在形体里假定这个点的数目，任何一个形体也就会具有一个灵魂了。但是你在任何一个形体中可以要假定多少点就假定多少点；那么，凭着在任何一个形体中假定一些点，任何一个形体就有变成一个灵魂的具有者的权利了。如果存在着一个没有位置的数目，而这些点只是一些分离的单位，那么，这些单位既然并没有不同的质料，也没有性质的附加，也没有其他差别，怎样会分离呢？相似的事物只是在不同的质料中变多起来的；然而，如果那些分离的单位具有不同的质料，它们就会有一个位置，并且具有一些分离的形体了。其次，在两个在一起的性态中，这些单位或这些点是怎样能够配合着联系起来的呢？因为，如果存在着它们彼此之间的联系，以及它们与统一性和点积性的本性的结合，这些单位和点就应当从它们所在的位置协助联合。如果在它们中间存在着一个联合者把它们联合起来，一个集合者把它们一一集合起来，使它们联系在一起，维持着联系的状态，那么，最可以设想的，就是这种东西是灵魂。

有些人曾经说过，灵魂是各种本原的组合物，所以它能够凭着自身中存在的一些本原来认识各种本原与非本原，并且说过万物之被认识，是靠本原中与它相似的东西；说到这些人，他们有时候是不可避免地要认为灵魂不认识那些来自异于它的本性的本原的事物的。因为联合往往产生出一些本原中的性态和一些形式，这些性态和形式在灵魂中是不存在的，如有骨头、有肉、仁惠、结党营私等性质。所以，这些东西应当不为灵魂所认识，因为这些东西并不在灵魂之中，说得更明白一点，就是在灵魂中单单只有那些本原的部分。如果有人认为灵魂的构成中有一个人、一匹马、一只象，就像灵魂中有火、土、恨、爱那样，如果他说有这些东西在灵魂里边，那他就犯了一个重大的错误了。

其次，如果在灵魂里边有一个人，在灵魂里边就有一个灵魂，然后在人里面就有一个人、一只象，这样就要无穷无尽了。有时候，我们发现在另一个意义之下，这是很可怕的，这是因为按照这种假定，真主（愿他高高在上）就应当或者不认识事物，或者由事物组成；然而，这两种说法都是不虔诚的。采纳这种看法，真主就应当不认识恨，因为真主里面没有恨，因有恨存在于其中的东西必然分裂和毁灭。这样，真主（愿他高高在上）在关于本原的知识方面就不是完满的了，这是很可怕的，是一种不虔诚。

其次，由此就必然会得出结论说，土认识土，水认识水，土不认识水，水不认识土。热也就认识热而不认识冷。那些包含着许多土的性质的肢体，也就应当在对土的感觉方面强而有力。然而它们并不是这样。相反地，像指甲和骨头这样一些肢体，是不能凭着感觉知觉到土，也不能知觉到土以外的东西的。比较妥当的说法确实是：与其说事物接受一种来自与它相似的东西的印象，不如说事物感受和接受一种来自与它相反的东西的印象。

你知道，感觉是一种被激动的状态，是一种遭受。在那里，就应当没有一种单一的机能感知各种相反的东西，所以黑和白并不是为同一种感官所知觉，而毋宁是白为视觉的白的部分所知觉，黑为视觉的黑的部分所知觉。并且，因为各种颜色具有无限的组合，就应当为视觉安排下各种不同的颜色的无限个部分。如果在各种居间的颜色中并没有本质，如果这些颜色只是由两种相反的颜色凭着增加和减少混合而成，并无其他殊异，知觉到白色的人，就应当是知觉到没有混合的白色，知觉到黑色的人，就应当是知觉到没有混合的黑色，因为他不能知觉到与此不同的东西。所以，由混合两种相反的颜色而形成的东西的那些单纯的颜色，应当对我们没有什么暧昧不明，但是那些包含着并未实际表现的白色和黑色的居间颜色，我们是不能想象的。同样地，三角形应当为三角形所知觉，正方形应当为正方形所知觉，圆形应当为圆形所知觉，其他无穷种图形也是如此，而且各种数目也都为与它们相似的数目所知觉。那么在感官中就会有无穷种图形了。然而，这一切都是荒谬的。你知道，只要有单单一样东西，就足以用来对各种相反的东西进行核实和勘察，例如用直尺就可以知道一切直的和曲的东西，而不应当每一件东西各为一种特殊的东西所认识。

有些人曾经肯定灵魂是凭着它的旋转动作而知觉到形体，也有些人曾经肯定灵魂是凭着它的旋转动作而运动的形体，这种旋转动作推着它绕着事物转动，使得事物为它所知觉。至于这些人，我们将在以后说明他们的说法的弊病，以便明白地显示出理智的知觉不能为一个形体所造成。

至于那些曾经肯定灵魂是混合物的人，凭着前面所说的，大家已经知道这种意见的虚妄了，理由是：尽管生命随着一些东西的消灭而消灭，这些东西却并不是灵魂，因为有许多东西如肢体、体液之类是属于这一类的东西。但是我们并不怀疑不可避免地要有一种东西把灵魂与形体联系起来，却并不需要这种东西是灵魂。由此我们知道，那个认为灵魂是血液的人是错了，血液怎样会是推动者并且赋有感觉能力呢？那个说过灵魂是一种组合的人，已经肯定了灵魂是事物之间的理智配合，但是，各种相反的东西之间的那种配合怎样会是推动者和知觉者呢？毫无疑问，组合需要有一个组合者，而最可以设想的是，这就是灵魂；就是这个东西，当它离开的时候，组合就必然分解。

这一切意见的虚妄，在我们关于灵魂问题上将要认识到的东西的各种缺点中，马上就要以另一些方式显示出来。因为现在我们应当结束关于灵魂本性的研究了。为了驳斥这些意见，我们已经提出了一些既无必然性，也不一贯的说法，只是因为这个缘故，我们将要把它们忽略掉。

第三节　论灵魂是实体的述项的核心

我们说：的确，凭着以上所告诉你的，你知道灵魂并不是形体；如果向你证明了，对于某一种灵魂来说，与它的本质的存在处在分离的状态中是适合的，你并不会怀疑它是一种实体这件事实。但是，向你证明这一点，只是对于某种称为灵魂的东西而说的，而对于另外一种东西，例如植物灵魂和动物灵魂，我们并没有向你证明，说它与有关的东西处在分离的状态中。

然而，由于这些灵魂存在于接近的质料中，接近的质料之所以是接近的质料，是靠一种特有的混合和一种特有的性态，而质料之保持现实地存在于这种特有的混合中，只是在灵魂居留在其中的时候，是由灵魂把它放进这种混合的。因为毫无疑问，是灵魂根据植物与动物所具有的混合，造成了它们的产生。我们曾经说过，灵魂是产生和生长的原因。所以，对于灵魂，如果有人说，接近的附着主体之所以是现实地存在的东西，并不是靠灵魂，那就是荒谬的；灵魂是它的这种存在方式的原因。

我们不能说，接近的附着主体之成为存在的，是凭着它的本性，出于一个异于灵魂的原因；我们在证明了灵魂保持、建立和扩充附着的主体之前，不能说灵魂以某种方式连到附着的主体上面，像各种偶性中的性态那样；偶性的存在必定要跟随着它们的附着主体的存在，但是偶性是并不建立它们的现实的附着主体的。灵魂则确乎建立它的接近的附着主体，使这个附着主体现实地存在；当我们讲完动物的时候，你将会明了这种情况。至于遥远的附着主体，在它与灵魂之间是会有一些别的形式的。这些形式将是灵魂所建立的；如果灵魂离开了，必然的结果应当是，它的离开多半会凭着另一种性态使附着的主体发生改变；这种分离在灵魂中产生出一种与体积有关的形式，同与混合有关的形式相对立；混合是适合于灵魂和这种形式的。

至于属于灵魂而与灵魂分离的质料，是绝不会保持与它的"属"相契合的；相反地，或者是它的"属"以及它借以成为灵魂的附着主体的实体化为乌有，或者是灵魂在其中换上一个形式，这个形式可以依照它的本性保持质料的现实性。所以，这个自然形体就会不是它原来的样子，而是具有另一种形式和另一些偶性；而且，有时候它的某些部分会已经改变了，在实体整个发生变化时离开了。不会有一种质料，在灵魂离开以后，还会保持它的本质，它以前是灵魂的主体，而现在则成了一种异于灵魂的东西的主体了。因此，灵魂在形体中的存在，并不像偶性在附着主体中的存在。因此，灵魂之为一种实体，是由于它是一种形式，而不是由于它在一个附着主体中。

然而有人会说：我们承认植物灵魂的形式是这样的，并且承认它是建立它的接近的质料的原因。但是，说到动物灵魂，它的质料似乎是由植物灵魂建立的，因为这种动物灵魂是跟随在植物灵魂后面的，所以，动物灵魂的存在，是在一种由植物灵魂本身建立的质料里面现实化的；建立这种给灵魂作容受器的质料的原因，我要说是动物灵魂。所以动物灵魂只存在于一个附着主体中。

我们对这种说法的回答是：从作为植物灵魂的植物灵魂里，在绝对的意义下必然只产生出一个营养的形体，而植物灵魂并不具有一种绝对意义下的存在，而只具有一种“种”的意义下的存在；然而这也只是在评价灵魂[①]之中。至于存在的东西，在有关各种具体本质的东西里，就是它们“属”；应当说的是：植物灵魂是一种单独的原因，也具有某种共同的、普遍的、没有现实化的东西，而营养着、长大着的东西乃是形体，它是绝对的、“种”的，而并不构成“属”。至于具有感觉器官、分析器官以及随意运动的器官的形体，其所以出于植物灵魂，并非由于植物灵魂是植物灵魂，而是由于附加于其上的另外一种差别，凭着这种差别产生出另外一种本性，而只有当这种本性变成动物灵魂的时候才产生出来。

但是我们应当开始补充说明一点：我们是把植物灵魂或者了解为植物所特有的、特殊的灵魂，而并不包括动物灵魂；或者了解为在营养、生殖和生长方面既包括植物灵魂，也包括动物灵魂的共同观念。诚然，有时候我们把这个称为植物灵魂，但是这是一种象征化的表达方式。因为植物灵魂只存在于植物中。然而那种既包括植物的灵魂，又包括动物的灵魂的观念，却既存在于动物之中，也存在于植物之中，它的存在乃是事物中共同观念的存在。或者

① 指思想。——译者

是把植物灵魂了解为动物灵魂的各种机能里面那种产生出营养、生长和生殖作用的机能。因此，如果把植物灵魂了解为产生营养的灵魂所特有的植物灵魂，植物灵魂就存在于植物中，而不存在于其他不在动物里面的东西中。但是，如果把植物灵魂了解为共同的观念，就应当有一种共同的观念与它相对，而不是一种专有的观念与它相对，因为与一般的工匠相对的是一般的手艺，与特殊的工匠如木匠相对的是特殊的手艺，与一定的工匠相对的是一定的手艺。但是，这件事情的证实对于你来说已经成为过去了。

在形体的问题方面，与共同的植物灵魂有关的事情是：形体长大，是由于它是共同的；或者形体长大，是由于它适于或不适于接受感觉能力，这与植物灵魂之为共同的是无关的，这也绝不是随之而来的观念。说到第三个范畴，按照有的人所想的，是不可能使植物机能单独地造成一个动物形体的，而如果这种机能单独被用来支配的话，它是会完成一个植物形体的。但是情形并非如此；相反地，它只完成一个赋有感觉器官和运动器官的动物形体。

因此，作为一种灵魂[①]的机能，对于这种灵魂[②]来说，乃是另一种机能，在灵魂的各种机能中间，这个另一种的机能是乐意依照一种模式活动的，这种模式使器官适合于它所归属的这种灵魂的各种第二成就性；而这种灵魂就是动物灵魂。

在下面将会很明白，灵魂是一个，由它产生的这些机能是在肢体里面。但是这些机能中间有一些是依照器官的能力而在后或在

① 指植物灵魂。——译者
② 指动物灵魂。——译者

先的。因此，属于整个形体的灵魂把它的形体的各种要素联合在一起，加以调整，以一种方式组合起来；凭着这种方式为中介，这个形体便适于作为灵魂的形体，而灵魂则按照适当的程序保持这个形体。

就是因为这个缘故，当灵魂保持存在于元素中的时候，元素是不发生各种外部的变更的。如果情形不是这样，它们为什么会保持良好的状态呢？当灵魂以一种绝非形体的方式知觉到一些它所厌恶或喜爱的命题时，从灵魂占据这些要素这一点，便得出由于生长机能的强或弱而产生的东西来。这是产生在那种以某种同意的方式呈现于灵魂的东西里面，而不是出于那种在形体上面造成印象的东西，因为同意就是一种相信；相反地，跟随着这种相信，有一种由于喜或忧而来的感受，这也是属于灵魂所知觉的对象的，而不是属于偶然来到形体之为形体的东西。这对于生长机能和营养机能有一种影响：由于那种从外面来到灵魂的偶然的东西（愿它是理智的喜乐！），开始在机能里面有一种关于它的作用的强度和效应，而由于相反的偶然的东西（愿它是理智的忧苦，其中并无形体的苦痛！），则开始有一种软弱和无力，使机能的作用变坏，也许还会使整个格局因而变坏。持这种看法的人，使你满足于认为灵魂把知觉与营养的机能结合起来，这两者是同一种机能，后者与前者并不是分离的。

很明白，是灵魂依照最适于使形体分离和分开的程序，使自己所处的形体得以成就，并且加以保存。因为形体的每一个部分都可以在另一个地点，都可以与它的同伴分离开来。灵魂之所以保存形体，只是由于灵魂对于形体来说，乃是一件外在于它的本性的东西。这件东西就是动物里面的灵魂。所以,灵魂是一个附着主体的成就性,而这个附着主体是靠成就性维持存在的;其次,灵魂是使“属”得以成就的东西,是“属”的工匠。的确,那些具有各种不同的灵魂的东西,是凭着这些灵魂而成为各种不同的“属”的,而它们的改变是由“属”造成的,不是由个体造成的。所以灵魂并不属于那些使“属”不接受差异性,并且不参加附着主体的构成的偶性。所以灵魂是作为实体的成就性,并不是作为偶性。我们并不能由此推出实体分离或者不分离,因为所有的实体都不分离,正如第一质料不分离、形式也不分离一样。

你已经知道了事情就是这样,所以我们现在就来以一种简要的方式指出灵魂的各种机能以及它们的各种活动,然后接着来一个深入的研究。

第四节　证明灵魂的各种活动的不同是以它的机能的不同为原因

我们说灵魂具有一些以多种方式相异的活动。有一些是以强与弱相异,另一些则是以快与慢相异。的确,推测的知识是一种在精确和强度方面异于精确的知识的信仰,而理智的直觉是在理解的迅速方面异于精确的知识的。有时候,各种活动也因缺乏和稳定的性态而相异;例如,怀疑异于意见,因为怀疑是来自反面的两个极端的信仰的缺乏,而意见则是一种来自反面的两个极端之一的信仰,例如运动和造成静止的作用。有时候,各种活动因联系到相反的事物而相异,例如白色的感觉与黑色的感觉,甜味的知觉与苦味的知觉。有时候，它们是在“种”上相异，例如颜色的知觉和滋味的知觉，或者说得更明白一点，例如知觉和运动。

但是我们现在要想知道的是产生这些活动的那些机能：究竟是每种活动都必需有一种为它专有的特殊机能，还是没有这个必要？所以我们说：至于那些以强和弱相异的活动，的确，它们的本原是一种同一的机能，然而，有时候它们在作用上比较完全，有时候它们在作用上又比较欠缺。如果欠缺需要其中比较欠缺的东西有一种机能，异于比较完全的东西所具有的那种机能，那么，有多少种程度的欠缺和增长，就应当有多少种机能，而这些程度的数目几乎是无限的。比较好的说法是：同一种机能偶然地造成比较强和比较弱的作用，有时是根据选择，有时是根据器官的顺从，有时是根据外来的阻碍，看这些阻碍存在还是不存在，减少还是加多而定。

至于各种作用及其缺乏，在前面那些一般命题中已经向你说过，其本原是一个同一的机能；至于这种机能的作用的不同，则属于在“种”方面是稳定性态者的范围，例如知觉和运动，或者这样一种知觉和另外一种知觉，这就是值得一个考察者加以考察的问题，例如他就可以考察：是否所有的知觉机能都是同一种机能，只是这同一种机能凭着它自身就会具有某一些知觉，这些知觉是可理解的东西，而又由于器官的不同，凭着不同的器官具有某一些知觉？如果可理解的东西与可感觉的东西属于两种机能，那么，是否一切在内部想象到的和在外部知觉到的可感觉的东西都是凭着同一种机能？如果那些在内部想象到的东西属于一种机能或几种机能，那些在外部知觉到的东西是否就属于同一种机能，而这种机能在不同的器官里造成不同的作用？因为同一种机能并不是不可能知觉到各种不同“种”和不同“属”的东西的，例如我们凭着学者们的理智的性态就知道这一点，凭着他们的想象的性态也知道这一点；或者，例如那些共同的可感觉的东西，人们曾经认为它们是大小、数目、运动、静止、形状，有时候就为每一种感官或者一定数目的感官所知觉到，虽然通过另一个感性对象为中介。

其次，运动机能是否就是知觉机能呢？为什么这是不可能的呢？情欲机能本身是否就是愤怒机能呢？要是这样，如果它忽然遇到了快乐，它就以一种方式感受，如果它忽然遇到了损害，它就以另一种方式感受了。营养、生长和生殖的机能，是不是某种具有这些机能的东西呢？如果不是，它们是不是同一种机能，当事物没有为一种形式所成就的时候，这种机能就依据一种性态和一种形状，把养料推到这件事物的各个方面去，而当事物完成了的时候，这种运动就靠它自己推动，这只是因为形状已经成就，另一种形状还没有开始存在，大小已经达到一定的程度，因而这种机能不再完成它的任务，把多于已经消耗了的养料引进这个事物？要是这样，运动就会停止了。在这种情形之下，养料就会有一种剩余，适于生殖作用，这种机能可以使它达到生殖的肢体上去，就像它使养料达到这些肢体上来养它们那样。然而这种剩余超过了生殖的肢体所需要的营养量，它将适合于另外一个范围，于是，这种机能就因而自行处理这种剩余，就像它对于这些肢体的许多剩余物所做的那样。然后，在生命结束的时候，这种机能就会十分衰弱，不能把已经消耗的东西换上等量的待消耗的东西；于是，就出现消瘦了。

那么，为什么有生长的机能，却没有消瘦的机能呢？作用的不

同并不意味着机能的不同。因为同一种机能凭着它本身造成相反的作用；或者说得更明白一点，同一种机能凭着不同的意旨产生不同的推动作用；或者毋宁说，同一种机能有时在不同的质料中造成不同的作用。我们应当准备好这些疑问的解答，才有可能进而确定灵魂的各种机能，以及确定它们的数目是这么多，确定它们彼此不同，因为照我们的看法，这就是真理。

所以我们说，首先，就机能在本质上和根本上是机能这一点而言，机能是对于一定事物的机能，它不可能是另一件与这件事物不同的事物的本原。因为，就它是对于这件事物的机能而言，它是这件事物的本原；所以，如果它是另一件事物的本原，就它是那第一件事物本身的本原而言，它是不会是这另一事物的本原的。所以，就各种机能之为机能而言，在第一性的意义上，它们只是一定的作用的机能。然而有时候可以承认，在第二性的意义上，本原是许多作用的本原，因为这些作用既然是作为分支，本原在第一性的意义上就不是它们的本原。

例如看的作用在第一性的意义上只是感知一种性质的机能，凭着这种性质，在形体中（当这个形体拦在一个接受光线的形体与一个发光的形体之间时）发光的东西并不造成照耀；这种性质就是颜色。颜色就是白色和黑色。

此外，想象的机能就是那种附着在物质事物之为物质事物的形式上的机能，这些形式乃是以一种不完全的抽象作用从质料中抽出来的东西，这一点我们在下面将要告诉你。

再则，有时这是颜色或滋味或大小或声音，或者别的东西。（理智机能是附着在事物的形式上的机能，这是就形式独立于质料及其联系而言。)而且有时这是形状,并且有时是数目。有时候也可能是机能适合于一种专有的作用;然而那时它需要有另外一种东西与它连接在一起,使潜在的东西从而实现化,成为现实的东西。如果这种东西不存在,就不会有作用。因为,举例来说,这种机能有时是现实的作用的本原,有时又不是现实的作用的本原,而刚好相反,是潜在的作用的本原。例如,当意欲机能所产生的那种推动的意志由于有一个动机来自想象或理智活动因而成为可能的时候,运动机能就毫无疑问地会推动起来。

所以,如果意志不是可能的,运动机能就不会去推动。从单独一种运动机能,以单独一种器官,只能产生单独一种推动,因为多数的推动是由于多数的运动器官;这些器官在我们身上就是肌肉。在每一条肌肉里面,只有一种特殊的运动机能,这种机能是只产生一种专门的运动的。有时候,同一种机能的印象联系到不同的接受者或联系到不同的器官上也不相同,这一点是大家都明白的。

因此我们现在说,在第一种分类里面,灵魂的作用有三种:〔1〕动物与植物所分有的作用,例如营养、生长和生殖;〔2〕各种动物、大部分动物或大动物所分有的作用,其中并无属于植物的迹象,例如感觉、想象和随意的推动;〔3〕人所特有的作用,例如对可理解的东西的理解,技术的发明,对产生出来的东西的认识,以及对美和丑的分辨。

因此,如果灵魂的各种机能是同一种机能,如果发生出植物的各种作用的机能,就是凭着一种第一性的发生作用发生出各种动物作用的那种机能,那么,那些有营养而无硬软感觉的植物形体或动物肢体的缺乏,就或者是由于缺乏这种机能,或者是由于质料完全不能通过这种机能来感受。但是，说质料不感受冷热，不接受冷热的印象，也不接受强烈的滋味和气味的印象，那是荒谬的，因为它感受到这些东西。因此，就只能是：这是由于缺乏这种像这样活动的机能。然而你已经发现了营养的机能；所以，这两种机能是不同的。

此外，必不可免的是：灵魂的运动或者是通过绝对的位移而造成（但是每一个形体都以一种绝对的方式接受位移），或者是为了位移通过收缩和扩张而造成。在我们的形体里面，有一些肢体比肌肉更适于接受位移，并且其中有一种营养的生命，然而它们的运动却是不可能的。因此，在这种情形之下，原因并不在它们这一方面，而是在另一方面，这就是运动机能。

同样地，在有一些神经里面，生效的只是感觉机能，而不是推动，而在另外一些神经里面，生效的则是运动机能；但是它们并不在什么值得相信的东西里面彼此争上风。有时候也存在着一种东西，与感觉在其中生效的东西相似，而在性质上超过这种东西，或者有所欠缺，有时候运动机能在其中是生效的。有时候存在着一种东西是这样的，但是感觉机能在其中并不生效。

就是因为这个缘故，我们可以知道，眼睛的地位并不低于舌头，虽然舌头感受到邻近的味道，而就我们有味觉而言（我不是说：就性质而言），眼睛却感觉不到味道，也感觉不到声音。

说到人的机能，对于这个问题，我们马上就要说明，它的本质并不是印在质料里面的，并且我们将要说明，在一切有关动物的活动中，都是需要一种器官的。然而各种感觉和想象是属于另外一种物质机能的，这种机能并不是运动机能，虽然它出于运动机能；

并且我们马上就要说明，各种运动机能也以一定的方式依靠感觉机能和想象机能。

当你明白了这一点，以及我在原则方面将要向你说的东西的时候，你就会很容易知道，在我们加以排列并且一一列举的那些机能之间，是有一定的区别的，这就是：一切机能都具有一种第一性的作用，它与任何一种别的机能都没有联系，别的机能所具有的第一性作用，是与它的第一性作用不同的。

第五节　通过确定种种不同的灵魂来列举灵魂的各种机能

我们现在就来把各种灵魂一一确定下来，从而列举出灵魂的各种机能，然后我们就来从事说明一切机能的性态。

我们说，依照第一种分类，灵魂的各种机能分为三个范畴。第一个范畴的灵魂是植物灵魂；它是一种具备器官的自然形体的第一成就性，这是就这种形体产生、生长和营养而言。然而，养料乃是一种形体，这种形体有一种特性，可以同化于以它为养料的那个形体的本性。所以它是作为一定数量的消化了的东西添加在那个形体上面。第二个范畴是动物灵魂；它是一种具备器官的自然形体的第一成就性，这是就这种形体认知特殊事物并且做随意的运动而言。第三个范畴是人的灵魂；它是一种具备器官的自然形体的第一成就性，这是就人们认为它能够执行那些由经过反省的选择和经过辨别的谋划而造成的活动而言，也是就它能认知普遍的东西而言。

要是没有这种习惯，[①]那么，如果我们要想概述灵魂，而不是概述灵魂对于这种作用所具有的机能，最好的办法就是把所有的“第一”成就性设定为第二成就性的描写中所陈述的一种性态。因为成就性是被放在灵魂的定义中，不是放在灵魂的机能的定义中的。你马上就会认识到动物灵魂与知觉机能和运动机能之间的差别，以及理性灵魂与用于前面所指出的那些事情的机能、与辨别以及其他各种机能之间的差别。如果你要想作深入的研究，适宜的办法是把植物灵魂设定为动物灵魂的“种”，把动物灵魂设定为人的灵魂的“种”，而在较为特殊的东西的定义里面放进较为一般的东西。然而，当你就灵魂在它的动物性和人性中都具有特殊的机能来考察灵魂时，也许你是会满足于我们所说过的话的。

植物灵魂具有三种机能：〔1〕营养机能，这种机能按照它所处的那个形体的要求，把异于它所处的那个形体的形体加以改变，并且把这个形体连接在那个形体上，来替换其中已经消耗了的东西；〔2〕生长机能，这种机能在它所处的那个形体里面，用已经与这个形体同化了的形体，按照它在长、宽、高三个方面的比例造成一种生长，从而达到生长的完成；〔3〕生殖机能；这种机能从它所处的那个形体里取出一个潜在地与之相似的部分，借助其他与这个形体同化了的形体，完成创造的作用和混合的作用，使那个部分现实地与这个形体相似。

按照第一种分类，动物灵魂具有两种机能，运动机能和知觉机能。运动机能是依照两个范畴：它之为运动机能，或者是因为它激

① 指将灵魂分为植物灵魂、动物灵魂和人的灵魂的习惯。——译者

起推动作用,或者是因为它发生影响。就运动机能激起推动作用来说,它是意欲和欲望的机能;这种机能,当一种可欲求的形式或者要避免的形式印在我们下面将要讲的那种想象中时,就激起我们将要讲的另一种运动机能去运动。它有两个分支,一个分支称为情欲机能,这一种机能激起一种运动,凭着这种运动,接近那些被认为必需的或有用的东西来寻快乐;另一个分支称为愤怒机能,这一种机能激起一种运动,凭着这种运动排斥那种被认为有害和有破坏性的东西来求胜利。至于就其发生影响来说的运动机能,乃是在神经和肌肉里面所激起的一种机能,这种机能能够收缩肌肉,把连在肢体上的筋腱和韧带引到本原的方向上去,把肌肉放松或拉长,使筋腱和韧带与本原的方向相反。

至于知觉机能,一共分为两个范畴:其中的一种机能是在外部知觉的机能;另一种机能则是在内部知觉。在外部知觉的机能就是五种或八种官能。

其中有视觉;这是一种建立在凹神经中的机能,它感知一种印在水晶体液中的形式,和一些有颜色的形体的形状,在那些实际上透明的形体中,颜色是达到光滑的形体的表面的。

其中有听觉;听觉是一种建立在散布于听道表面上的神经里面的机能,它感知一种形式,这种形式是由于打击者与被打击者之间压缩的空气的激动而来到神经的,被打击者猛烈地抵抗空气,于是发出声音。这种激动接着达到藏在听道腔中的平静的空气,并且以一种与它自己的推动相似的推动使这种空气发生运动;这种相对于神经的推动的波一接触到,人们就听见了。

其中有嗅觉;这是一种建立在脑子前部两个类似乳房上乳头

的小丘里面的机能，它感知由吸入的空气带进脑子的东西，这种东西来自混在空气中的蒸气所发出的气味，或者来自因一个有气味的形体发生变化而渗入空气的气味。

其中有味觉；这是一种建立在分布于舌体上的神经里面的机能，它感知贴近舌头的形体的溶解了的味道，这些味道混在适于吞咽的体液中，在这种体液里发生一种引起变化的混合。

其中有触觉；这是一种建立在整个身体上皮肤和肉的神经里面的机能，它感知接触到身体并且凭着相反的性质影响身体、改变身体的形状或者改变其组合的性态的东西。这种机能在有些人看来似乎不是一种最后的“属”，而毋宁是一个包括四种机能的“种”，或者更可以说，这种机能是全都分布在整个皮肤上面的。其中的第一种辨别热与冷的差异；第二种分辨湿与干的差异；第三种分辨硬与软的差异；第四种分辨粗糙与平滑的差异，只是由于它们结合在同一种器官上，因而使人们以为它们在本质上是统一的。

至于在内部知觉的那些机能，有一些是感知感性事物的形式的机能，另一些则感知感性事物的观念。在知觉机能中间，有一些是既感知又发生影响的，另一些则只感知而不发生影响；其中有一些是凭一种第一知觉感知的，另一些则凭一种第二知觉来感知。形式的知觉与观念的知觉之间的不同，就在于形式是内感官与外感官一同掌握的东西；然而是外感官首先加以掌握，然后把它送到内感官去。例如，羊知觉到狼的形式，我的意思是说狼的形状、容貌和颜色；诚然这是羊的内感官知觉到的，但是首先知觉它的只是羊的外感官。

至于观念，则是灵魂从感性事物知觉到的东西，而外感官并未先知觉到这件东西。例如，羊在狼身上知觉到仇敌的观念，或者知觉到使它必须害怕和躲开的观念，而感觉根本知觉不到这个；所以在这里首先以外感官，然后以内感官从狼身上知觉到的东西，就是宜于称为形式的东西；内部机能不必以感觉从狼身上知觉到的东西，则是宜于在这里称为观念的东西。

有作用的知觉与无作用的知觉之间的分别，就在于有一些机能的作用是将所知觉到的一些形式和观念与另一些形式和观念组合起来，以及把它们与其他的一些形式和观念分开来。因此在知觉到了以后，它们还对它们所知觉到的东西起作用。至于无作用的知觉，则在于形式和观念仅仅印在一件东西里面，而它根本不在内部造成一种凭借选择而完成的活动。

第一知觉与第二知觉的区别，就在于第一知觉是以某种方式对于形式的现实化，而这种现实化是已经直接由事物本身提出了要求的。第二知觉则是联系着把一件事物带来的另一件事物而对于这件事物的形式的现实化。

在动物的内部知觉机能中间，有一种机能，即臆想或通觉，是建立在脑子的第一室中，它凭着自身接受一切印在五官中并且来到这个脑室的那些形式。其次是想象或成型的机能；这种机能也是建立在脑子前室的末端中的，它保存通觉从五种特殊感官接受来的东西，这种东西在离开那些感性事物以后，便留在这个脑室的末端。然而要知道，用来接受的机能，是与用来保存的机能不同的。

这一点可以举水为例，因为水具有接受形迹和迹象的机能，总之，具有接受形状的机能，然而根据我们在下面将要向你作出的补充说明，水是没有保存形状的机能的。当你要想知道外感官的作用、通觉的作用和成型机能的作用之间的分别时，你可以回想一下落下的雨点的性态：我们看到一根直线；你再回想一下转动着的直的东西的性态：我们看到它的末端像一个圆圈。但是我们不能知觉到这件东西像直线或者像圆圈，除非我们分几次去考察它。外感官是不可能把它看两次的，而只是就它所在的地方来看它。然而，当雨滴印在通觉里并且在形式从通觉中消失之前停止了的时候，外感官是就它所在的地方知觉它，通觉则把它当作在它曾在过的地方、当作在它已经来的地方来知觉它，所以它看到一根转动的或直的线。但是绝不能把这种作用归之于外感官。

至于成型机能，则感知这两件事并且理解这两件事，虽然事物已经消失了，离开了。

然后是那种联系到动物灵魂则称为想象机能、联系到人的灵魂则称为认识机能的机能；这种机能是建立在脑子的中间室里面的，靠近虫状突起，它有一种特性，可以把想象中某一些东西与另一些东西随意组合起来和分开来。

然后是评价机能；这种机能建立在脑子中间室的末端里面，它知觉那些出现在特殊感性事物中的非感性的观念，例如当羊断定应当躲开这只狼和好心看待这只羊羔时，它身上就有这种机能。此外，看来这种机能是有自由组合和分开想象的东西的作用的。

其次是保存和回忆的机能；这种机能是建立在脑子的后室里面的，它把评价机能从特殊感性事物中由非感性观念所知觉到的东西保存起来。保存机能与评价机能的关系，就像那种所谓想象的机能与通觉的关系那样，而评价机能与观念的关系，则像想象与感性形式的关系那样。这就是动物灵魂的各种机能。

至于人的理性灵魂，它的机能是分为行动的机能和认识的机能，而由于同名异义的缘故，这两种机能都称为理智。行动的机能是一种推动的本原，它凭着理智的明证，根据大家认为与一些专有的特殊活动有关的那些意见的要求，把人的形体推向这些专有的特殊活动。它与意欲的动物机能有一种关系，与想象的和评价的动物机能有一种关系，并且与它自身有一种关系。

它与意欲的动物灵魂的关系，是这样一个范畴：有一些为人所专有的性态，由于这个范畴来到它自身之内，凭着这些性态，它可以迅速地行动和感受到一些东西，如耻辱和尊严，欢乐和悲愁，以及诸如此类的东西。

它与想象的和评价的动物灵魂的关系，是这样一个范畴：当它要去发现可以产生和可以消灭的东西里面的情况，以及发现人的技艺的时候，它就趋赴这个范畴。

它与自身的关系，是这样一个范畴：在这个范畴里面，在实践理智与思辨理智之间，产生出一些意见，这些意见关系到行动，一拥而出，流布开来，好像已经为人熟知的样子（例如胡说是可恶的，不义是可恶的），而并不是由于确立证明以及从一定的前提确立类似证明的东西，以便把它们与那些根本理智原则区别开来，那些前提，在《逻辑》那几卷里面，我们已经宣告过是特殊的，虽然在加以证明的时候，它们也取得列于理智原则的地位，这一点你在《逻辑》那几卷里已经知道了。

这种行动的机能，应当根据我们将要讲的另一种机能的那些规范的要求，来支配形体的其余的机能，以便根本不受这些机能的影响，而相反地要使这些机能受它的影响，居于服从的地位，它自己则除外，这样，它就不会从形体得到一些容许自己受指导的性态，这些性态是由自然形体得来的，就是这些性态，被称为卑下的伦理习惯；或者说得更明白一点，它必然不接受影响，不能受领导，而相反地，它必定要支配和拥有高尚的伦理习惯。不过有时也可以承认伦理习惯也与形体的机能有联系。然而，如果形体的机能得到了胜利，就会有一种主动的性态；这样，这种理智就会具有一种被动的性态了。

但是所有的性态都应当称为伦理习惯；乃是从一件单独的东西产生出一种这样做的伦理习惯，又产生出另一种那样做的伦理习惯。但是，如果它们被克服了，它们就会具有一种被动的性态，对于这个，一种主动的性态并不是外来的；所以，它也会作为两种性态和两种伦理习惯而存在，或者说，伦理习惯是单一的，但具有两个方面。

但是，我们身上的那些伦理习惯之与这种机能相联系，只是因为人的灵魂，像后面将要看到的那样，乃是一个单一的实体，这个实体与两个方面有一种关系和一种比较，一个方面是在它以下的，另一个方面是在它以上的。它对每一个方面都具有一种机能，凭着这种机能组织起它与这个方面的联系。所以，这种实践的机能，乃是灵魂由于与比它低的方面相联系而具有的机能，这就是形体以及对它的统治。

至于思辨的机能，则是灵魂由于与在它以上的方面相联系而具有的一种机能，为的是使它被动，使它从这个方面有所取得和接受。

所以我们的灵魂具有两个方面：一个方面向着形体，但是这一方面绝不应当接受一种为形体的本性所要求的印象；一个方面向着那些最高的本原，然而这一方面应当经常从那里接受，从那里承受影响。因此，从低的方面产生出伦理习惯，从高的方面产生出各种科学。这是实践的机能。

至于思辨的机能，则是一种接受从质料抽象出来的普遍形式的印象的机能。所以，如果这些形式是凭着它们的本质而抽象出来的，灵魂在自身中掌握这些形式就比较容易，如果它们不是这样的，就要通过灵魂对它们的抽象作用，使它们中间没有任何与质料有联系的东西，它们才会成为抽象的。不过这种方式要在以后再说明。

这种思辨的机能与这些形式有种种不同的联系，这是因为应当接受某种东西的那件东西有时是潜在地接受的，有时是现实地接受的。根据在先的东西和在后的东西，我们说潜在性时，有三种意义。因此，我们把一种绝对的倾向称为潜在性，从这种倾向并不产生任何现实的东西，也不使产生某物的东西得到现实化，例如幼儿在很幼小的时候的书写能力。我们也把这样一种倾向称为潜在性，对于这种倾向来说，只有一种东西现实化了，而凭着这种东西，它有可能进而直接得到现实，例如已经长大并且认识墨壶和芦笔以及字母的笔画的少年儿童的书写机能。我们也把这样一种倾向称为潜在性，这种倾向已经为实践所完成，并且凭着实践，已经开始成为这种倾向的完备状态，当它愿意的时候，就可以动作起来，而不需要再去取得它；相反地，只要一下决心就行了，例如精通书写艺术的书手不写字时的机能。

第一种潜在性称为绝对的和质料的潜在性;第二种潜在性称为可能的潜在性;第三种则称为潜在的成就性。

然而,思辨机能对于我们说过的那些抽象形式的关系,有时候是那种绝对潜在的东西的关系;这是当灵魂的这种机能还没有从对它存在的那种成就性接受某种东西的时候,于是我们把它称为质料理智。我们称为质料理智的这种机能,是这个“属”[1]的每个个体都具有的,我们称它为“质料的”,只是因为它类似第一质料的那种准备状态:本身没有一定的形式,完全可以接受任何形式。

有时候这种关系是那种可能的潜在的东西的关系。这是因为在质料的潜在性中,已经有一些第一性的可理解的东西达到了现实,我们是由这些东西并且凭着这些东西达到第二性的可理解的东西的;我所谓第一性的可理解的东西,是指一些前提,这些前提之未得到同意,并不是由于尚有所待,也不是因为赞同它们的人觉得可以有一瞬间不去赞同它们,例如我们相信全体大于部分,一些各自与一物相等的东西彼此也相等。

既然从现实的东西的观念看,质料理智还只不过是具有这种能力,这种潜在性就称为装备理智。这种理智与第一种潜在性没有现实的东西可认识,而应当在它开始作现实的考察时去认识。

有时候,这种关系是那种与成就性相联系的潜在的东西的关系;这是因为在这种潜在性里已经有一些可理解的形式进一步现实化,这些形式是在第一种可理解的形式之后得到的,而装备理智并没有现实地考察它们和转向它们,而好像它们是已经囤积在它

[1] 指人类。——译者

的里面似的；当它愿意的时候，它就现实地考察这些形式；于是，它就认识它们并认识到自己已经认识它们。我们把它称为现实的理智，因为它是这样一种理智，当它愿意的时候，它就认识，而不必费力先去获得，虽然与在它之后到来的东西比较起来，我们可以把它称为潜在的理智。

有时候这种关系是绝对现实的东西的一种关系。这是因为就这种理智现实地考察可理解的形式而言，这种形式呈现于理智之中；所以理智现实地认识形式，并且认识到它现实地认识形式。其中进而现实化的那种东西，我们称为获得的理智；它之称为获得的理智，只是因为我们马上就会明白，潜在的理智之过渡到现实，只是由于一种永远现实的理智；当潜在的理智以某种连接作用连到这种现实的理智上面的时候，一类从外面得来的形式就印到它的里面。这也是那些称为思辨理智的机能的各个等级；并且，在获得的理智里面，完成了动物这个“种”以及属于这个“种”的人这个“属”；而且在这种理智里面，人的机能已经同化于全部存在的各种第一本原。

现在我们就来考察这些机能的性态，研究一些机能怎样统治另一些机能，一些机能如何为另一些机能服务。

的确，你发现获得的理智是首领；一切都为它服务，它是最高的极限。然后装备理智为现实的理智服务；而质料理智就其中有倾向而言，是为装备理智服务的。然后实践的理智为一切理智服务，因为由于思辨理智的完成作用、纯化作用和净化作用，是存在着形体的联系的，这一点在后面将会明白，而实践的理智则支配这种联系。然后评价的理智为实践的理智服务，而评价的理智则有两种机能为它服务，一种在它之后，一种在它之前。所以，在它之后的机能，就是把评价的理智所带来的东西加以保存的机能，也就是记忆，在它之前的机能，就是全部动物机能。然后想象的机能有两种活动方式不同的机能为它服务。意欲的机能以参议的方式为它服务，用某种刺激把它激动起来；想象的机能以提供其中囤积的形式为它服务，这些形式是可以接受组合和分离的。然后这两种机能是两个集团的首领。至于想象的机能，有臆想为它服务，臆想又有五官为它服务；至于意欲的机能，则有情欲和愤怒的机能为它服务。情欲和愤怒的机能有肌肉中的运动机能为它们服务。在这里动物的机能就结束了。

其次，各种动物机能有各种植物机能为它们服务，植物机能的第一种和首领是生殖机能；然后生长的机能为生殖机能服务；然后营养机能为这两种机能服务。然后四种自然力量为这些机能服务。在这四种力量中间，消化力一方面有同化力为它服务，另一方面有吸引力为它服务；而排斥力则为这三种力量服务。然后有四种性质为这四种力量服务，但是热有冷为它服务，因为或者是冷为热准备一种质料，或者是冷把热所准备下的东西保存起来。冷在那些包含在各种自然偶性里面的力量之间是没有位分的，它只是供以后随着来的东西利用。这些力量都有干和湿为它服务。那里就是各个等级的机能的结束。

第二章 〔论各种外部官能〕①

第一节 论对于各种与植物灵魂有关的机能的精确规定

我们就从说明上述各种机能的性态开始，一种机能接着一种机能来讲，并且就这些机能的作用方面来说明这些机能。

这些作用中开头的一些是植物机能的作用，其中的第一种作用是营养的性态。所以我们说，凭着上面所说的，你已经知道了养料与营养者的关系，以及这两种东西各自的定义和特性。现在我们说，养料并不是突然一下，也绝不是单独地变成营养者的本性的；相反地，它最初是以一种从它自己的性质出发的方式变化，准备变为营养者的实体；在营养者的实体里面有一种力量在起作用，这种力量是来自那些为营养机能服务的东西的。这就是消化力；这种力量就是在动物中把养料化为液体，为它作好均匀扩散的准备的那种力量。

然后营养机能在有血的动物身上把它加以改变，先变为血液和各种体液，再从而变为身体的构造，像我们在别的地方已经说明

① 标题译者增补。

过的那样。的确，每一个肢体都有一种营养机能专门属于它，在它的里面，把养料变成特别与它相似的东西，加到它上面去。所以，营养的机能引起代谢，也就是说，引起那种已经消耗了的东西的代谢，并且造成同化和吸收。因为，养料的各种功用中最大的功用虽然是替换已经消耗的东西，需要养料却不是仅仅为了这个；而是自然有时需要它在开头的时候生长，虽然以后只需要它替换已经消耗了的东西。

在植物灵魂的各种机能中，营养机能在个体的整个存在期间都起作用；只要它保持存在，发挥它的各种作用，植物和动物就保持着存在状态，如果它消失了，植物和动物就保持不了存在的状态。

但是其余的各种植物机能的性态并不是这样的。在动物的最初的存在方式中，生长的机能造成一种作用，这种作用并非仅仅是营养的作用，这是因为营养的目的是我们已经限定了的东西。的确，这种机能的分配养料的方式，是异于营养机能的要求的，这是因为营养机能的任务是按照每一个肢体的大小比例，给予每一个肢体以养料，并且以同等方式使每一个肢体按照它所具有的容积吸收养料。

的确，生长的机能是把需要给身体的一个部分的养料挪来使另一个部分长大，并且使这个部分吸收养料，以便比另一个部分长得更大，它就是为了这一切而让营养机能为它服务的。但是，如果支配地位偏向于营养机能，这种机能就会对各个部分一视同仁，或者还会偏重为生长机能所削减的部分。这种情形的例子是：如果单有营养的机能，而且它的作用变得很强，被提供出来的东西要比已经消耗的东西更多，那么营养机能就会以一种养肥的作用使肢体的宽度与深度都显著地变大，但是并不会在长度方面造成任何显著的增长。

生长的机能在长度方面造成的增长要多于宽度方面。但是长度方面的增长要比宽度方面的增长困难些，这是因为要在长度方面有所增长，需要把养料送到具有骨头、神经等的坚硬肢体的长度方面的部分去，使它们生长并使它们的末端伸展出去，而要在宽度方面有所增长，有时候只要长肉以及使骨头在宽度方面得到营养就够了，并不需要往骨头里送大批的东西并且加以推动。

有时候，有些肢体在开始生长的时候是小的，另一些肢体在开始生长的时候是大的，而在长成之后，原来比较小的东西应当变得比较大，原来比较大的东西应当变得比较小。所以，如果支配地位偏向于营养机能，长大的情形就会以唯一而且同样的比例继续下去。因为就营养机能之为营养机能而言，它是提供养料，并且使身体必须以平均的方式或接近平均的方式吸收养料，也就是依照那种本性上造成肥胖的方式。生长机能命令营养机能把这种养料加以分配，送到因长大而需要养料的地方去，而与营养的机能所要求的方式不同。营养机能在这一方面是为生长机能服务的，因为营养机能毫无疑问是造成吸收的机能；但是它有一种自由的运用，这种运用是在自由活动的生长机能的管辖之下的。

生长机能只倾向于完备的生长。生殖机能则具有两种作用：一种是创造精液，给精液以形状，并使之充盈；第二种是服从全能的唯一真主的命令，在第二步变化时，给予精子的各部分以它们那些配合着各种机能、体积、形状、数目、皱纹、平滑以及与之相联系的东西的种种形式。营养机能以营养来帮助它，生长机能则以各种成比例的扩张来为它服务。这种作用在事物的生殖开始时为生殖机能所完成，在这以后则将事物托付给生长机能和营养机能。当生长机能的作用完成了的时候，生殖机能就激发起来产生精液和精子，使其中保持着属于它们的“种”的机能，以及两种为它服务的机能。

简单说来，营养机能的目的是维护个体的实体；生长机能的目的是完成个体的实体，生殖机能的目的则是保存“属”，因为喜爱延续乃是万物的高高在上的真主所颁布的一条命令。

因此，在那种凭个体不适于延续，而宜于凭自己的“属”来延续的东西里，一种机能便激发起来，造成一种继承个体的变化，凭着这种变化使它的“属”得以保存。所以，营养机能是提供出个体已经消耗了的东西的变更，而生殖机能则是提供出“属”的已经消耗了的东西的变更。

有些人曾经认为营养机能是火，因为火是摄取营养和长大的。但是他们在两个方面弄错了。一方面，是因为营养机能并非自己摄取营养；而是使形体得到营养和使形体长大，而如果火摄取营养，它只是自己摄取营养和自己长大。另一方面，是因为火并不摄取营养，它的产生可以说是一个接着一个的，后者燃烧时前者已经熄灭了。其次，如果火摄取营养，而且它的规律和形体的营养规律相同，那么，形体在生长中就不应当有一个止境，因为火只要找到燃料是不会停止的；相反地，它是一直烧到无穷的。

这一方面最可怪的是这个说法的提出者居然说：树木把深根推到最低的部分，是因为土的性质向最低处运动，树木向高处生枝，是因为火向高处运动。他的第一个错误在于有许多植物的枝丫比根重；第二是：既然重的总是与轻的分开，树木为什么不由于这种运动而分裂呢？如果这是由于灵魂的支配，那么，既然大家同意，虽说对于植物来说，高处似乎是它的头所在的地方，而植物的头却是它以之为来源的根，我们是否会承认灵魂有推动根的作用和推动枝丫的作用呢？

这种机能的第一个器官是自然的热，因为热适于推动各种质料，而冷则跟在后面使质料静止，在创造完毕的时候把它们集合起来。至于某些被动的性质，它们的第一个器官则是湿，因为湿是造成形式和加之以各种形状的东西；跟在湿后面的是干，因为干保存形状，帮助把握。

动物中的植物机能之产生出一个动物的形体，是因为动物的机能依靠植物机能；它之具有这种差异，是由于营养机能的本质与生长机能的本质从存在方式看来是和它相联系的。因为各种宇宙的元素和复合的形体的元素是以一种适合于动物的方式混合起来的。它们的混合物并没有得到植物与动物绝对共有的机能。因为就共有这一点来说，它并不使一种特殊的混合成为必然的；相反地，它使其中的一种特殊混合成为必然，只是因为它除了是营养机能以外，也是动物机能，当器官存在的时候，它的本性中是有知觉和推动的作用的，并且它凭着自身以某种方式保存着这种组合和混合。当它与那些具有组合的东西相联系的时候，它就有强制的作用，因为各种元素和相反的形体的本性并不能使它们凭自身组合起来；它们的本性倒是有向各个不同的方向分开的倾向，而一个单一的特殊的灵魂则把它们组合起来，例如在棕榈中是棕榈的灵魂，在葡萄中是葡萄的灵魂，总之，是作为是这种质料的形式的灵魂。当灵魂变成棕榈的灵魂时，它除了是生长的灵魂以外，更是棕榈的灵魂，而在葡萄中，则更是葡萄的灵魂。但是棕榈并不需要植物灵魂或者另外一种灵魂使它变成棕榈，虽然它并没有植物的作用以外的作用；相反地，棕榈的灵魂之为植物性的植物灵魂，是由于它是棕榈的灵魂。至于动物中的植物灵魂，在创造动物之后，则倾向于一些异于它原有的植物性作用的作用。这样，它就统治着一个动物灵魂，或者说得更明白一点，它实际上是异于一个植物灵魂，除非是——我的真主！——在我们提出过的那种意义下说它是植物灵魂，我的意思是说，在一般的意义下。

所以，构成每个灵魂的特殊性的那种差异，亦即使各种植物灵魂这样或那样的那种差异（我的意思是说那些为某一个植物专有而为另一个植物所没有的差异），只不过是一种仅仅造成特殊性的植物性作用的本原。对于动物中的植物灵魂来说，那种在它以下建立起各色各样的"属"，使它发生分化的差异，乃是与它连在一起的动物灵魂的机能（它为动物灵魂准备下形体），这种差异，情形有如那些属于单纯元素而不属于组合物的差异。

至于人的灵魂，是并不以那种与形式有关的依存关系依存于形体的，这一点我们将要加以说明，因而也不需要为它准备一个肢体。人的灵魂所具有的动物性，确乎每每与其余的各种动物有别，各种为它的动物性所准备下的肢体情形也是一样。

第二节　论对于我们所具有的各种知觉的正确规定

现在我们就来讲那些把握和知觉的机能，并且在一种普遍的形式之下来讲它们。

我们说：似乎所有的知觉都只不过是在某种方式下对所知觉到的对象的形式的掌握。如果知觉是对于一件物质事物的知觉，它就是对于这件事物的那个以某种方式抽去质料的形式的掌握，因为抽象作用是各式各样的，其程度也是各不相同的。

的确，是由于质料的缘故，质料的形式作为这个形式，才以偶然的方式得到一些并非靠自己具有的性态和东西。但是有时候质料的抽离是一种保留这一切联系或其中某些联系的抽象作用，有时候这种抽离是一种完全的抽象作用，这是因为它是从质料以及它由质料方面具有的一些附加品质中抽出观念。这样的例子是：人的形式和人之为人，乃是一种毫无疑问为人这个"属"的一切个体均等地分有的本性，而它又是一个按照定义可以在这个和那个体里面找到的单一的东西；所以它是多，但是并非在它的人的本性那一方面是多。如果人的本性在于多在其中并非必然，那就不会有按照数目把"人"加到"一"上当作述项的事情存在，如果人性对赛义德存在是因为它是人性，它对于阿密尔就不会存在了。

所以，人性从质料方面偶然地获得的那些偶性之一，就是这种多和分；此外它还会偶然地获得另一些偶性，这个意思就是说，如果人性在某种质料里面，它就会以一定的数量、性质、位置和地点得到实现。但是所有的这些东西都是在它的本性之外的，这是因为：如果人性本身依照数量、性质、地点和位置的这一个限度或另一个限度，是凭着它是人性这一点，那么，每一个人就应当在这些观念上与别人联合在一起；如果它凭着是人性这一点而依照数量、性质、地点和位置的另一个限度和另一个方面，那么，每一个人就应当都分有这个了。

所以，说人的形式偶然获得的这些附加品质中有某种东西与人的形式相结合，这种说法从人的形式的本质来说，是不适合于人的形式的，但是从质料方面说，则是适合的，因为这些附加品质是结合在与形式相结合的质料上面的。

因此，感官从质料中把握到形式连同着这些附加品质，并且连同着形式与质料之间的一种关系的发生；当这种关系消失的时候，这种把握就化为乌有了。这是因为感官从质料中并不是抽出形式〔连同着它的一切附加品质；对于感官来说，如果离开了质料，这个形式就不会是恒定的，这好像感官并不是〕[①]以一种完全的抽象作用〔从质料中抽出形式〕[①]，而仍然需要质料的存在来使这种形式对它存在〔似的〕[①]。

至于作为机能和作为作用的想象，当它起作用的时候，则以一种比较强的方式使形式摆脱质料抽离出来；而由于它从质料中把握到形式，形式为了存在于想象中，是不需要它的质料存在的，因为尽管质料离开了感官或者化为乌有，形式仍然稳定地存在于想象之中。想象以一种完全的方式，打破形式与质料的联系，从而把

① 括弧内的文句诸抄本俱无，仅见德黑兰石印本。——译者

握住形式;然而它并不把形式从附加在质料上的那些品质中抽离出来。因为感官并不以一种完全的抽象作用从质料中抽离出形式,并不把形式从附加在质料的那些品质中剥离出来。

想象已经以一种完全的抽象作用抽出了形式;然而它根本不把形式从附加在质料上的那些品质中抽象出来,因为想象中的形式是依照感性形式的尺度,并且依照一定的数量、性质和位置的规定的。然而在想象中绝对不可能表象一种具有这个"属"的一切个体都能分有的性态的形式。因为想象中的人是像人群中的一个人那样的,但是也可以承认有一些人像想象中的人那样存在着,而不必像关于这个人的梦想所表象的那样。

至于评价机能,则在抽象作用上稍稍越出这个程度的限度,因为它达到的那些观念在本质上并不是质料性的,虽然它们是偶然地在质料之中,这是因为形状、颜色、位置之类乃是仅仅属于质料性的东西的。

至于好和坏,适合与不适合之类,本身乃是非质料性的东西,但是有时候它们也偶然地在质料之中。其所以这些东西是非质料性的,我们的证明是:如果这些东西本质上是质料性的,好或坏、适合或不适合就会只是作为附加在一个形体上的东西而被认识了。但是,它们有时却被认识,或者说得更清楚些,它们是作为它们那样存在着;所以很显然,这些东西本身是非质料性的,并且它们之曾经是质料性的,乃是出于偶然。

评价机能只及于和知觉到相似的东西。然而评价机能有时也知觉到非质料性的东西,并从质料中掌握到它们,正如它也知觉到一些虽然是质料性的却并不是感性的观念一样;所以这种抽象作用比起前两种抽象作用来，在探究上比较强，并且比较接近单纯性。然而它并不从那些附加在质料上面的品质中抽离出形式，因为它所掌握的形式是特殊的、依靠一种感性形式的，而这种感性形式为一些附加于质料的品质所包围，同时它也是与想象联系着的。

说到那种掌握确立的形式的机能[①]，则或者是：那些存在物的形式根本不是质料性的，也不会偶然是质料性的；或者是：那些存在物的形式是质料性的，但是在任何方面都摆脱了质料的各种联系。它知觉到形式，显然是因为它以一种在各方面都脱去了质料的方式掌握到形式。

至于那种凭自身而与质料分离的东西，则是很明显的。

至于那种对于质料存在的东西，则或者是因为它的存在是质料性的，或者是因为作为质料的存在对于它乃是偶然的，这种机能把形式从质料中抽离出来，同时也从那些附加于质料的品质中抽离出来，并且以一种干净利落的方式加以把握，因而使形式变成像"人"那样，可以加在许多东西上作为述项，并且把多数的东西当作一种单一的本性加以掌握，使它与一切质料性的数量、性质、地点和位置分离开来。如果它不把形式从这些东西中抽离出来，形式就不适于加在所有的东西上作为述项。

作出感性判断者的知觉，作出想象判断者的知觉，作出评价判断者的知觉，以及作出理智判断者的知觉，其不同就在于此。我们在这一节里的论述就是为了这个目的。所以我们说，感觉者潜在地具有变成现实的被感觉者的趋向。因为感觉就是接受从事物的

① 指理智的机能。——译者

质料中抽离出来的事物的形式。所以，感觉者是由形式形成的。观看者潜在地是视觉的对象；触觉对象、味觉对象等等也是一样。

第一被感觉者其实乃是印在感觉器官中的东西，而感觉器官则知觉到这种东西。当我们说“我感觉到外在的东西”时，意思似乎异于说“我在灵魂中感觉到”。因为当我们说“我感觉到外在的东西”时，意思是指它的形式被表象在我的感官中；而“我在灵魂中感觉到”，意思则是指形式本身被表象在我的灵魂中。因为这个缘故，是难以在形体中确立各种感性性质的存在的。

然而我们毫无疑义地知道，在两个形体中间，感官可以在某一点上受到一个形体的影响，而不受另一个形体的影响。这个某一点中间的特色，是由一种性质造成的，这种性质是这种感官发生变化的本原，而不是别的感官的变化的本原。

德谟克里特和一部分自然哲学家就根本没有给予这些性质以一种存在；相反地，他们设定了那些他们归之于不可分的形体的形状，把它们看成那种凭着这些形状的次序和位置的不同而在感官中接受一种印象的东西之所以不同的原因。他们曾经说过：就是因为这个缘故，同一个人，有时候按照他所处的两种情况，把同一种颜色当成两种不同的颜色；所以，随着同一视觉对象的位置不同，两者的关系也就不同，例如鸽子的脖子一会儿看是赭色的，一会儿看是紫红的，一会儿看是金色的，这也可以是由于我们所站的地点不同。由于这个原因，同样地，同一件东西一个健康的人尝起来是甜的，而一个病人尝起来是苦的。这一班人也就是那些主张感性性质本身并没有“维何性”的人。据说这些感性性质只不过是一些形状。

自然哲学家里也还有另外一些人，其中有些人并不相信这种学说；他们并没有把形体中的一种“维何性”归给这些性质；他们毋宁是认为这些性质只不过是各种感官所固有的一些感受，在感性事物中并没有它们这种东西。

我们已经指出过这种意见不足取。我们也曾经指出过，在某些形体里有一种影响舌头的特质，例如我们尝它的时候称之为甜的那种东西，其他的各种形体也各有一种另外的特质。这种特质我们称之为味道，而不称之为别的东西。

至于那些主张有各种形状的人，我们在上面已经搞垮了他们的原则了。再说，这种原则的错误我们有时候很快就看出来了，因为如果感官所知觉的是形状，当我们触到形状并且专门以眼珠去知觉它的时候，我们就应当也看到了它的颜色。的确，单独一样东西，在单独一个方面，只知觉单独一样东西；所以，如果一件事物是在一个方面被知觉到的，而不是在另一个方面被知觉到的，那没有被知觉到的东西就会异于被知觉到的东西。因此颜色就异于形状；同样地，热就异于颜色，除非是——我的真主！——我们说一件单独的东西以两种不同的印象影响两件东西，它在一件东西上造成的印象是被“触到”，而它在另一件东西上造成的印象则是被“看到”。如果情形是这样的，形状本身就不会被知觉到，而相反地会以一种不同的印象在不同的感官中开始成为另一个异于它本身的东西。

感觉者也是一个形体。然而，照德谟克里特说，形体只是凭形状来接受一种印象；所以感觉者也就只是凭形状来接受一种印象。于是，一件单一的东西就是作为某一种形状影响一个器官，作为另一种形状影响另一个器官；然而照他的说法，不能被触到的形状是根本没有的。这样，被看到的东西也就应该能被触到了。

其次，看起来很明显，在颜色中有一种相反的东西，在味道和其他的东西里面也是一样。但是没有一个形状是与一件东西相反的。这一班人其实是把每一种感觉对象都当成被触到了，而且的确他们还肯定过，在视觉方面，是有某种东西深入其中触到它的。如果是这样，感觉对象之所以是一个整体，也就是说，其所以是这个形状，就应该只是通过两个方面了[①]。

在那些不平常的东西中间，他们忽视一件事实，就是只能当形状中有颜色或味道或气味或其他性质的时候，形状才被知觉到，一个赤裸裸的形状是绝对感觉不到的。如果赤裸裸的形状竟会变得感觉得到，那它就会在感官中产生出这些印象中的某一个印象，而这个印象不会是形状的性质。于是，这些印象的存在就是合法的了。如果这些印象只是形状本身，赤裸裸的形状就应当被感觉到，而无须另一种东西与它一起被感觉到了。

有些古人[②]曾经说，有时可以承认灵魂不要任何中介、不要各种器官而知觉到感性事物。中介，例如空气之于视觉作用；器官，例如眼睛之于视觉作用。但是他们离开真理是很远的。因为如果感觉是在灵魂中凭灵魂自身产生的，并不需要这些器官，这些器官就是创造得毫无作用的了；灵魂就不会从它们得益了。

其次，当他们认为灵魂没有形体也没有位置的时候，说某些形

① 指通过视觉和触觉。——译者

② 指新柏拉图派。——译者

体靠近灵魂，向着灵魂，所以为灵魂所知觉，另一些形体远离灵魂，避开灵魂，所以不为灵魂所知觉，就是荒谬的；总之，在形体对灵魂的位置方面，就应当既没有什么分别，也无所谓隐，无所谓显了。这些性态实际上是属于形体与形体之间的关系的。所以就应当或者是灵魂知觉到一切感性事物，或者是知觉不到，虽然并没有什么感性事物的远离使感性事物不被知觉，因为这种远离（相对于一件东西的远离）毫无疑问会是感性事物的呈现的反面；于是，相对于这件东西，感性事物就会一会儿有一种远离，一会儿有一种呈现，而且这是地点方面的，是按照一个位置说的。这样，灵魂就应当是形体了，但是这却不是这些人的学说。

我们还会向你说明：如果说被知觉到的形式（这种形式是不完全地从质料以及各种与质料的联系中抽出来的）是恒定的，并不要一个有形体的器官，那是荒谬的。如果灵魂知觉事物并不需要中介，视觉就应当既不需要光，也不需要透明体为中介，把视觉对象拿到眼睛边上来就不会妨碍视觉作用，把耳朵堵塞起来就不会妨碍声音，这些器官所遭到的损害就不会妨碍感觉。

在人们中间，那些把中介当作一种妨碍的人说，中介物越细致，就越有指示性；如果没有中介，说得更明白一点，如果是一个纯粹的真空，指示就是完全的，事物不用变得比我们看到的更大，我们就可以看见天上的一只蚂蚁了。这是一些虚妄的言论。如果事实上中介的细致必然造成一种放大作用，我们也不能因此就接着说所谓中介的不存在应当起放大作用，因为细致并不是一条通往形体不存在的道路。至于真空，在他们看来，就是形体的不存在。相反地，如果在感性事物与感觉者之间存在着真空，这两者既然是分离的，也就不会有任何彼此相连接的地方存在，也就绝不能有活动与遭受存在。

但是在人们中间，有些人曾经有过不同的想法，认为通觉或灵魂依靠普纽马[①]，这种普纽马完全是一种细致的形体（我们稍后将陈述这种形体的性态），所以是知觉的器官，并且只有它能够伸张到感性事物去；于是它遇到感性事物，或者面对着它们，或者对它们采取一个位置，而这个位置便使知觉成为必然的。

然而这种学说也是谬误的，因为普纽马的实体只有在这些从各个方面围绕着它的防护物之内，才能保持它的秩序；的确，如果有一件东西从外面混进其中，这件东西就会破坏了它的实体的组织和组合。其次，这种普纽马是没有出去和进来这两种位移运动的；如果它有，它就会离开人，又回到人，人就会在同一时间自动地死去又活来了。如果普纽马具有这种性质而存在着，就不需要各种有形体的器官了。

所以真实的情况是：各种官能需要有形体的器官，并且其中有一些还需要中介。因为感觉是一种遭受，这是由于它凭着各种官能从感性事物接受形式，同时它是一种配合着现实的被知觉者的改变。所以现实的感觉者像现实的被感觉者，潜在的感觉者像潜在的可感觉者。被感觉者实际上就是接近者；它乃是感觉者赖以由被感觉者的形式形成的东西。所以，感觉者是以某种方式感觉其自身，而不是感觉被感觉的形体，因为它是由形式形成的，而这

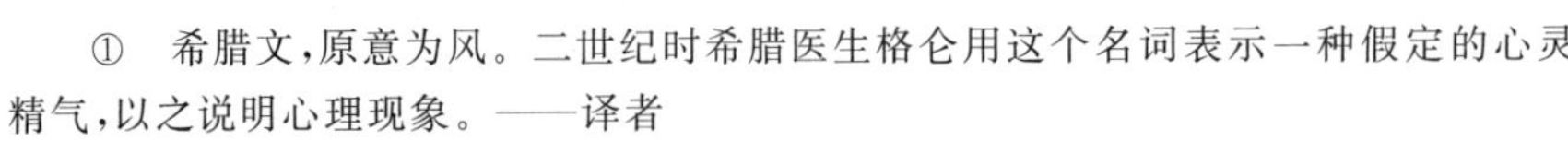

① 希腊文，原意为风。二世纪时希腊医生格仑用这个名词表示一种假定的心灵精气，以之说明心理现象。——译者

个形式乃是接近的被感觉者。

至于外在的东西，则是由形式形成的东西，而这个形式乃是远离的被感觉者。所以是形式本身被感觉，而不是雪被感觉，是它本身被感觉，而不是冷被感觉，如果我们的意思是指最接近感觉的，其中并无中介的东西的话。

感觉者的那种来自被感觉者的遭受，并不是通过推动而造成的，因为其中并无从一个对立面到另一个对立面的改变；它毋宁是一种成就性的作用，我的意思是说一种成就性，这种成就性曾经是潜在的，已经变成了现实，而并没有一种作用在潜在性中被消灭了。

现在既然我们讲过了知觉，而知觉是比感觉更一般的，我们就要在绝对的意义之下来讲一讲感觉作用是怎样的。所以我们说，每一种感觉都知觉到它的感性对象以及它的感性对象的缺乏。它的感性对象，是它从本质上知觉到的；至于它的感性对象的缺乏，则好像黑暗之于眼睛，寂静之于耳朵，因为黑暗和寂静是潜在的，不是现实的。但是说到知觉，黑暗与寂静之被知觉，是无须感觉有知觉的，因为知觉并不是我们所看到的一种颜色，也不是一种我们所听到的声音；它之知觉到它们，只是凭着理智的作用和评价的作用，这是根据后面将要看得很明显的这两种作用的性态来说的。

第三节 论触觉

在动物赖以成为动物的感觉中，第一种是触觉。正如一个赋有土灵魂[①]的东西具有一种营养机能，而可以一样一样失去每一种别的机能，但是反过来却不行。营养机能相对于土灵魂的其余各种机能的情况，就是触觉相对于动物的其余各种机能的情况，这是因为动物的基本组合来自触觉的各种性质。它的组织实际上是来自这些性质，它的毁灭则来自这些性质的扰乱。

感觉能力是灵魂的一种指导者。所以应当有第一指导者（就是指示毁灭的途径与保持完整的途径的东西），并且在指示事物的那些指导者的前面，应当有某些东西，作为一种有助于成立的外在功用或一种引向毁灭的外在灾祸的依据。

但是，虽然味觉在所尝到的各种东西里面指示出那种借以保全生命的东西，有时候味觉破坏了动物却仍然能够是动物。因为每每有另外一种感觉来帮助它谋求适宜的养料和回避有害的东西；但是说到其他的各种感觉，比方说，就不能有助于知道身体周围的空气是热的还是冷的。

总的说来，饿是对干而热的东西的欲望；渴是对于冷而湿的东西的欲望。养料其实就是那种获得触觉所知觉到的这些性质的东西。各种滋味乃是一些享受。就是因为这些缘故，常常味觉由于突然发生的损害而破坏了，动物却仍然活下去。因此触觉是感觉中的第一种，并且每一个地上的动物都必须具有它。

至于运动，有人会说它对于动物乃是触觉的兄弟。正如在感觉中有一种居先，同样地，在机能中运动也似乎是居先的一种。大

① 根据亚里士多德《论灵魂》Ⅲ，12的说法，植物是完全由土构成的，只有营养机能，没有触觉，也没有其他官能。——译者

家都知道,在动物里面,有一些是具有触觉而并无运动机能的,例如某些种介类。然而我们说随意的运动是以两种方式造成的:从一个地点转移到另一个地点的运动,以及动物肢体的收缩和膨胀的运动,虽然动物并不是整个转移其地位。

事实上不大可能有一种动物具有触觉而没有某种运动机能,因为如果我们不是看见这个动物远远避开一件可以触知的东西而寻求另一件可以触知的东西,怎么会知道它具有触觉呢?

至于它们所想象的所谓介类、海绵等等的那种感觉,我们发现对于介类来说,在它们的壳里面,是有体腔内部各种胀、缩、屈、伸的运动的,虽然它们并不离开它们位置,由此可知它们感觉到可以触知的东西。似乎凡是具有触觉的东西本身都具有某种或者属于全身,或者属于部分的运动。

至于可以触知的东西,大家知道,就是热、冷、湿、干、糙、滑、重、轻。至于硬和软、粘和脆之类,则是随着我们说过的这些东西被感觉到的。

然后是热和冷,这两者都是自身被感觉到的,并不是因为它们在器官中激起了某种遭受。

至于硬和软、干和湿,有人[①]认为并不是凭自身被感觉到的;毋宁说湿是由于偶尔顺从渗入身体的东西渗入,干是由于加以抗拒,因而使感受的肢体发干和受到压力。粗糙也有同样的情形,因为它在那些凸出的部分里面产生出一种压力,而在除此以外的其他部分里并不产生任何东西;光滑的东西则产生光滑和均匀。重

① 似指德谟克里特的学说。——译者

产生引向最低部分的作用;轻则相反。

我们向提出这种说法的人说,产生感觉作用而不从而产生出一种遭受,这在本质上并不是感性事物的情况:的确,热如果不烘烤,就不会被感觉到。实际上,并非只是感性事物中的东西被感觉到;相反地,是从感性事物而来并开始存在于感觉者之中的东西被感觉到,所以如果这种东西不开始存在,感性事物是不会被知觉到的。然而感性事物在本质上乃是这样一种东西,凭着这种东西,在感觉器官中就开始有一种性质存在,与感性事物中的东西相似;于是,性质就被感觉到了。

同样地,压力来自干的和粗糙的东西,光滑来自光滑的东西,引向一定方向的作用来自重的和轻的东西。重和轻诚然是两种倾向,延引作用也是一种向着一定方向的倾向。

所以,当这些性态在器官中开始存在的时候,它们之被感觉到,就不是通过热或冷、滋味或颜色或者感性事物中其他这一类的东西为中介,因此,中介就变得异于一个第一感性事物或一个本质上是感性的事物;它毋宁是变成第二性的或偶然的感性事物了。

然而在这里有另外一种被感觉者,例如连续的中断,就是由这种被感觉者和其他的被感觉者产生出来的,而不是由热、冷、湿、干、硬或以上所列举的那些东西中间的一种产生出来的。

各种触觉快乐的感觉也是这样,例如性交之类的快乐。所以我们应当考察这些快乐是怎样的,以及它们与触觉机能的关系是怎样的。

有些人曾经特别地认为,其余的各种性质之被感觉到,只是通过那种因连续的中断而开始存在的东西的中介。但是事情并非如此。热和冷由于组织被它们改变了，事实上是按照它们的中间性而被感觉到的；然而连续的中断在整个形体中并不是均匀的，也不是相似的。

然而我们说，动物既是由各种元素的混合而产生，也是由组合而产生的。健康和疾病也是一样。这两件事具有与混合有关的东西，这两件事也具有与安排和组合有关的东西。正如破坏的东西来自混合的破坏，同样地，毁灭的东西也来自组合的破坏；正如触觉是一种使人避免破坏混合的感觉，同样地，它也是一种使人避免破坏组合的感觉。

我们也是凭借触觉而知觉到连续的中断及其反面，亦即连续的重建。我们说，所有的性态都是身体的性态的一个对立面，是在通过变更而发生变化的时候以及过渡到自身的时候被感觉到的，而并不是在开始活动和静止的时候被感觉到的。这是因为感觉是一种一定的遭受，或者是连接在一种一定的遭受上面的。

但是只有当一件东西休止而另一件东西开始活动的时候，遭受才存在。至于静止的东西，其中是没有遭受的。在适当的和坏的混合中也是一样。的确，当那些坏的混合处在静止状态中并且破坏了基本的混合，因而变得好像是基本的混合时，它们是感觉不到的。就是因为这个缘故，痨病的热度是感觉不到的，虽然它比三阴疟疾的热度还要强。如果基本混合还存在，而这些新来的混合与它们相对立，后者就会被感觉到。这就称为异质混合的病症。那在静止中的，则称为合宜的混合的病症。

但是痛苦和痛苦的缓和也属于凭触觉感知的东西。在这一方面，触觉是与其余的各种感觉有区别的，这是因为在其他各种感觉中，有一些并不在它们的对象里感到快乐和痛苦，另一些则通过一种感性事物为中介而感到快乐和痛苦。

至于那些其中并无快乐的感觉，例子是：在各种颜色里既不发现快乐，也不感到痛苦的视觉；相反地，灵魂则因之痛苦和在内心中感到快乐。

耳朵里面的性态也是一样，因为耳朵由于一种强烈的声音而感到痛苦，眼睛则由于一种过度的颜色、由于闪光而感到痛苦。

所以我们感到痛苦并不是由于我们听和看，而毋宁是由于我们触知，因为其中有一种有关触觉的痛苦开始出现，同样地，凭着这种痛苦的停止，则在其中有一种有关触觉的快乐开始出现。

至于嗅觉和味觉，当它们获得一种拂逆的性质或顺适的性质时，就感觉到痛苦和快乐。至于触觉，有时候它因触觉性质而感到痛苦和快乐，有时候它之感到痛苦和快乐，并非以一种最初被感觉到的性质为中介，或者说得更明白一点，是凭着连续的中断及其重建。

在触觉所具有的各种特性中，有我们借以感知的自然器官，这是一种神经质的肉，或一种肉和一种神经，凭借接触而感知，虽然并无任何中介。毫无疑问，这种肉和这种神经是由于接触到的那些具有各种性质的东西而发生了改变，当它们由于这些东西而发生改变时，我们就有所感知。

但是并非每一种连同着感觉对象的感觉都是这样。不应当认为只有神经赋有感觉能力，因为实际上神经乃是使有关触觉的感觉机能达到一种异于它的器官即肉上去的东西。如果赋有感觉能力的东西只是神经本身，人的皮肤和肉中赋有感觉能力的东西就会是一种有广袤的东西，如网状组织了。肉的感觉能力并不在于它的各个部分的全体，而在于其中的网状部分，说得更明白一点，感受触觉的神经乃是全部传达和接受的东西。

凹神经是传达视觉的东西，但是它并没有接受能力；接受者只是它传达到的那件东西，即水晶体液，或者是那被包围的东西，即普纽马。

因此很明白，接受感觉能力乃是肉的本性；如果它需要从另一个地点和另一个肢体的机能接受感觉能力，神经就是两者之间的媒介。如果本原存在于肉中，它虽然是肉，仍然会凭着自身而赋有感觉能力。

心脏也是一样；虽然在心脏的实体中分布着一种神经质的网状组织，它却仍然可以接纳感觉能力，并且把它传达到一个单一的根源上去，感觉能力从这个根源传到脑子，然后再从脑子传到其他的肢体，这一点以后将会很明白。

肝脏中的情形也是一样，其中分布着网状的血管，以便从它进行接纳并向别的地方传达。可以承认，肝脏中网状组织的分布，是为了使它的生存巩固，使它的皮肉加强。我们马上就要对其他各处的这些性态作出说明。

触觉的特性也在于全部包裹身体的皮肤都凭着触觉而赋有感觉能力，其中没有任何一个部分是与触觉隔离的，这是因为这种感觉成为指示者的时候，便监视着身体上所发生的这样一些事情，这些事情不管发生在哪个肢体上，都会滋长必然毁灭的根苗；必须说，整个身体全都由于触觉而变得赋有感觉能力。因为这些事情有时候传达到另外一些的感官上是不必凭借接触的，并且是从远处来的，所以这些感觉器官只要是一个单独的肢体就够了。

当那种已经与一种损害相连的感性对象呈现于灵魂时，灵魂是对它有认识的；所以它规避这种对象，并且与形体一道避开这种损害的方向。如果触觉器官是一个肢体，灵魂就会只知觉到有损害的事物中单单与这个肢体接触的那件事物。但是，似乎各种触觉机能是一些多数的机能，其中每一个都以一种对立为其特点。所以知觉到热与冷的对立的机能，是异于知觉到重与轻的对立的机能的。

的确，这些属于感觉能力的基本作用，应当每一类各有一种专有的机能；否则当这些机能均匀地分布在所有的器官中的时候，这些机能就会被认定为同一种机能，正如触觉如果和味觉分布在整个身体上，就像它们分布在舌头上那样，我们就会认定这两者的本原是同一种机能。所以，当这两者在并非舌头的东西里面分开的时候，两者的不同就被认识到了。

绝不应当认为这些机能中每一种都各有一个专门属于它的器官；相反地，可能有一个单独的器官为它们所共有，也可能在这些器官中有一种感觉不出的划分。对于触觉来说，大家已经同意，如果它有自然的器官，这将会是中介；而既然每一种中介本身都必然没有被它传达的东西的性质，由此可见，当它接受了这种东西并已加以传达的时候，它是传达了一种新的东西。从这种东西产生出遭受，以便由遭受产生出感觉，而且遭受只为一件新的东西所产生。触觉的器官情形也是一样；然而那种既不是热，也不是冷的中介，乃是依照着两种方式：一种是它绝对没有这两种性质的任何迹象；第二种是它有它们的一些迹象，但是这些迹象在其中是中间性的。所以中介既不是冷也不是热;它毋宁是中间性的、居中的。

然而触觉的器官绝对不可能脱离这些性质,因为它是由这些性质组成的;事实上,它的这种脱离这些极端的状况之所以存在,应当是由于混合和中间性,这是为了知觉超出它的范围的东西。但是,在那些触知物的混合体中,最接近中间性的,最适宜于这种感觉。例如,在动物中人是最接近中间性的,他就是其中最适宜于触觉的。

既然触觉居感觉中的首位,地上的动物是不能与它分离的,并且触觉的存在只是依靠一种借以判断对立面的中间性的组合,由此可见,各种单纯的元素和接近单纯元素的东西是既无感觉能力亦无生命的,在这种接近单纯元素的东西里只能有生长。这就是我们对于触觉所要讲的。

第四节 论味觉和嗅觉

味觉是跟在触觉后面的;它的用途是使身体维持存在的那种作用,这就是刺激对于养料的欲望和选择。它与一件东西里面的触觉是一类的;就是说,味觉的对象经常是凭接触而知觉到的;但是它又与接触有区别,因为接触本身并不传达滋味,例如,对于热的接触本身是传达热的。

相反地,味觉好像需要一种中介来接受滋味,而这种中介本身是没有滋味的,这就是由刺激那种称为唾腺的器官而产生的唾液。因为尽管这种体液没有滋味,实际上它是传达滋味的,如果有一种滋味混在其中,像胆汁混有苦味,胃液混有得自酸性的酸味那样,唾液就会把这种滋味混在它所传达的东西的味道里去,使它变成苦的和酸的。

在这里可以研究一个问题:这种体液之为中介,是否只是因为具有滋味的东西的部分混合在其中,混合得遍布在这种体液里,然后这种体液渗透到舌头里面,在那里混合起来,于是舌头就掌握到具有滋味的东西?抑或是这种体液之变得可以接纳滋味,并不是由于混合?

这个问题的确是这个地方应当研究的。因为如果感觉到的对象是那种混合的东西,唾液就不是一种绝对的中介,毋宁是一种使感性实体容易到达的中介,而感性实体则把性质带给感觉者。至于感觉能力本身,只是凭着感觉者与感性对象的接触而存在,并不需要中介。如果唾液接受滋味,并且把它当作性质来获得,被感觉者实际上就会是唾液;它将无需中介就成为被感觉者;当滋味遇到味觉器官的时候,味觉器官就掌握到滋味。所以,如果来自外界的感性事物有办法达到一种接触状态,而这种状态无需这种中介就透进去了,一种滋味就会不像视觉对象那样,视觉对象没有一个中介是不能遇到视觉器官的,因为视觉器官被触到的时候,是绝对不能感知的。

这种体液有更强的理由应当是协助性的,应当获得相似的性质而同时又是异质的。如果无需这种体液而存在着一种办法达到深入的接触,味觉就能存在。如果有人问:既然涩味造成一种阻塞,妨碍进入,它是怎样被尝到的呢?我们说:首先,它凭着这种体液的中介而混合起来,然后在它已经混合之后,它的那种得自收敛作用的压力才发生一种影响。

味觉所知觉的滋味是甜、苦、酸、麻、涩、辣、腻、坏味、淡味，淡味看来是滋味的缺乏，好像水和白煮鸡蛋的味道。至于其他的那些滋味，是有多数的中间滋味的，而且其中有一些虽然产生味觉，却也产生一种触觉。所以，由滋味的性质与触觉的印象组成了一种在感觉中分辨不出的单一的东西，然而这种单一的东西却变得好像是一种纯粹的、与其他各种滋味有区别的滋味。

事实上，似乎在那些处在极端滋味之间的中间滋味里面，有某种滋味伴随着另一种滋味、一种扩散作用和一种温热作用，合在一起称为辣。又有一种滋味伴随着另一种滋味和一种扩散作用而没有温热作用，这就是酸；还有另外一种滋味伴随着滋味、干燥作用和收敛作用，这就是涩。在两卷关于医学的书里已经陈述过的东西就是这样的。

说到嗅觉，虽然人在嗅的方面是其余的各种动物中最精明的（他可以凭摩擦使那些隐藏的气味发散出来，而这是人以外的动物所不能的；并且他深入地加以考察，以便把它们闻出来，在这一方面他是无与伦比的），然而，它的确不是很强有力地接受各种气味，以致各种气味使他在想象中回想起某种与所发出的气味类似的东西，例如所触到的东西和所尝到的东西；相反地，在人身上，气味的印象几乎是一些微弱的印象。

就是因为这个缘故，人给气味定的名称只是两个方面的。一个方面是适意和不适意，因为人们说香、臭，就像人们说味道好或不好一样，不能设想出一种分别或一种称呼；另一方面则是按照着滋味，根据滋味将各种气味定名为甜味、酸味，好像人们惯常连到某些滋味上的那些气味是与这些滋味有联系的，是凭着这些滋味而被认识的。似乎人对于气味的知觉很像钝眼动物对于事物的形象和颜色的知觉，这些动物之感知这些东西，几乎只是在一种想象的、不定的把握的状况之中，就像近视眼远远地看一个形象一样。

但是的确有许多钝眼的动物感知气味的能力极强，例如蚂蚁，这一类的动物似乎是不用闻和嗅的，毋宁是空气把各种气味传达给了它们。嗅觉的中介也是一种无气味的形体，如空气和水；就是这两种东西把气味从所嗅的东西中带来。

然而人们对于气味问题的意见是不同的。事实上，其中有些人曾经认为，气味是由于一种东西的混合而来，这种东西是由一个有气味的、溶解了的冒气的形体发出的；所以气味是混合在中介里面的。另一些人则认为气味是由于中介的一种改变而来，而在中介里并不混合着一种来自一个发出和溶解着这种气味的形体的东西。

还有另外一些人曾经说过，气味并不是由于另一种由它的形体发出的东西的混合而来，也不是由于中介的改变而来。这意思就是说，发出气味的形体作用于无气味的形体，而在这两者之间又有一个无气味的形体，不过它并不作用于这个中介；相反地，根据人们对于声音和颜色的到达方式所说的，中介乃是巩固发出气味的东西对无气味的东西所起的作用的东西。我们还是以肯定这种说法的真理性并加以思考为宜。

然而每一个对这些学说作某种保留的人，都各有一套论证。宣扬蒸气和烟雾的人举出一些证据说，如果气味的播散不是由于一件东西分解的结果，热和那种解放出由摩擦和蒸气而来的热的东西，以及其他这一类的东西，就不会是解放出各种气味的东西，冷也就不会把这些气味藏匿起来。所以很明白，气味之达到嗅觉，只是凭着一种从有气味的东西里发出的蒸气，而这种蒸气是混在空气里面并且穿过空气的。因此，当你深深地嗅苹果的时候，苹果就因为分解了的东西太多而皱起来。

但是那些宣扬过改变说的人却举出一些证据说，如果那些充满在聚集地点的气味的存在，只是凭着某种东西的分解，当分解的时候，发出气味的东西就应当因为有些东西从它分解出去而减轻其重量，缩小其体积。

那些主张气味以这种方式达到的人，则特别声明我们不能说有蒸气从有气味的东西里分解出来，也不能说蒸气通过了一百多波斯里的距离。我们也不可能作出判断说，有气味的东西在各种形体的变化里比火在它烤热这些形体的活动里更强烈。猛烈的火也只烤热它的周围一定限度内的东西，当火力达到一箭远的地方时，就是大火了。有时候我们发现气味达到了远方，这就打破了那种怀疑，即认为气味的到达并不是由于一种扩散的蒸气或一种传布开来的改变而造成的。

我们已经知道，在希腊人和非洲人的国土里，人们是根本没有见到过鹫鸟的，也根本没有躲避过鹫鸟，这些国家与盛产鹫鸟的国家之间有很大的距离，接近我们说到过的那个距离。然而在某些年份里这些国家曾经发生过一场战争，而鹫鸟并没有向导就飞去啄食尸体了，这只能是气味指引了它们，因为气味曾经在一个距离以外指引它们，我们不能说各种蒸气或空气的改变是达到过这个距离的范围的。

而我们则说，可能被闻到的是蒸气；可能空气本身为具有气味或变得具有一种气味的东西所改变，而且，可能它的规律是蒸气的规律，也可能一切赋有渗入的特性的有细致部分的东西，在达到和碰到嗅觉器官的时候，乃是蒸气或者那种在所闻到的气味中改变了的空气。

你已经知道，我们达到每一个中介，都是凭借一种改变，而且，如果感性事物能够碰到感觉器官，感觉器官就会无需中介而感知它。这就表明，改变是包含在这个领域之内的，例如，如果我们把樟脑蒸得整个实体都破坏了，并且从其中产生出一种气味，散布到一个一定的范围，有时候这种气味就可能会从樟脑扩散出去，凭着转移和黏附，从这整个地点的一个部分到一个部分，一直达这个地点的双倍范围，因而在比这双倍范围更狭更小的区域里，会闻到与这种气味相似的樟脑气味。如果在这些小区域的每一个里面，都有某种东西从樟脑里蒸发出来，那么，所有的这些由于扩大双倍而越出上述区域的区域里所分解出的全部蒸气，就会变成凭蒸气而产生的全部蒸气的双倍，或者与它成比例。所以，在这种东西里发生的减少，就应当与它接近或者与它成比例，但是这种减少并不如此。所以很明显，在这里是可以有改变的。

至于有人对上述传达作用所说的话，是很少有可能的，因为传达作用的存在，只是凭着那个产生作用的东西对于被作用的东西的某种关系或某种性态。发出气味的东西是完全不需要这个的，因为如果你想象樟脑已经移到它的气味达不到你的地方，或者说得更明白一点，已经突然消灭，这并不妨碍它的气味仍然在它之后留在空气里，毫无疑问这是由于一种改变或一种混合。

至于人们对于鹫鸟所说的那些话，有时候我们可以承认，强烈的风在最高的大气层里把尸体分解的气味和蒸气带到上述的距离以外，而在感觉能力方面比人更强、所处的地点极高的东西，例如鹫鸟之类，便感觉到这些气味。但是你知道，的确有时候这些气味在比达到人的气味高得多的地方达到许多动物，有时候可见的东西达到离开很远的动物，这些动物在大气中飞翔和盘旋，因而它们的眼光能远达到极远的极端，因为它们的高度双倍于高山的顶峰的高度。我们是看见过那些非常高的山的山峰的；然而秃鹫越过这些高峰翱翔和盘旋，所以它们的高度几乎双倍于这些高山的高度，这些山的高度，我们可以看到，有六七天的路程。

但是这种高度与高度的比例，不能与所见的东西的距离与观看者的距离的比例相比，因为你马上就会在几何学里知道，要看得比较显著和比较大，所处的距离是存在着一些比例的。因此鹫鸟并非不可能在大气中飞到那么高，高到这个距离的大小显然在目，可以看到那些尸首。如果否定了这些尸首的形象能达到鹫鸟，就更容易否定尸首的气味能达到，因为气味在这一方面是更微弱的。正如有些动物不需要动眼皮和眼球就能看见，同样地也有些动物不需要嗅就能闻见，因为对于许多动物，嗅觉作用的发生是不用嗅的。

第五节 论听觉

既然我们已经讲过触觉、味觉和嗅觉，我们就有更强的理由应当讲听觉。

我们说，要讲听觉，必须先讲声音及其“维何性”，而为了这个，讲一讲回声会是适当的。

我们说，声音并不是有持续的本质的东西，并不是有稳定的存在的东西，在这种东西里面，凡是根据稳定性的法则，可以在白色、黑色和形象里面加以承认的东西，都可以加以承认，正如可以假定在存在方面有延长的声音那样，但是不能假定声音有一种时间性的存在的本原，像可以假定别的东西有这种本原那样。

关于声音问题，可以说很明白、很显然，它乃是一种开始存在的东西，而且它的开始存在只是由于拔除或撞击。撞击，例如敲打一块石头或一片木头；于是发出一个声音。拔除，例如把一块折断的木头之类的整体上劈开的两部分中的一个部分从另一部分上拔掉，使它的两个部分在长度方面彼此分离开来。

但是，我们发现并不是所有的撞击都有声音，因为，如果你轻轻地敲打一下像羊毛那样的东西，你是不会听到声音的。你所敲打的形体必须要有某种抵抗力，你用来敲打这个被敲打的形体的东西必须要一种猛烈的反坐力；这样才听得到声音。同样地，当你一点一点地劈一件东西，或者劈一件没有硬度的东西时，拔除就没有任何声音。

撞击，就撞击这一点说，是没有差别性的，而拔除，就拔除这一点说，也是没有差别性的，因为一个是造成接触的作用，另一个是分开的作用。然而这种造成接触的作用在力量和速度上与另一种造成接触的作用有所不同。这种分开的作用在这个方面也与另一种分开的作用有所不同，因为一切要与另一件东西接触的东西，为了达到这另一件东西，必须占据原来与这件东西相接触的另一个形体的位置，而一切被从一件东西拔除的东西，为了达到新的位置，往往退出它原有的位置。这些运动毫无疑问是发生在一种湿的东西、流动的东西例如水或者空气里面的。所以，伴同着一切撞击和拔除，都产生一种空气的运动或这一类的东西的运动，这种运动的产生，或者是一点一点地、轻轻地，或者是突然一下凭着一种激动或一种猛烈的曳引。

当声音开始存在的时候，应当必然有一种东西存在，这就是空气或这一类的东西的一种猛烈运动。我们应当搞清楚，究竟声音是撞击本身或拔除本身呢，还是一种波动从撞击或拔除来到空气里，还是一种产生于撞击、拔除之中或与之相连的第三种东西。至于撞击或拔除这两件事，都是凭着颜色为中介被视觉所知觉到的，但是任何一个声音都不能凭着颜色为中介而被知觉到；所以拔除和撞击并不是声音，或者说得更明白一点，如果这两件事是必不可少的，它们就是声音的原因。

至于运动，人们对它是有一些怀疑的，同时人们又认为声音是空气的激动本身。但是情形也不是这样的，因为“运动”这个“种”也为其余的各种感觉官能所感知，虽然要以其他的感性事物为中介。造成声音的激动有时也被感觉到，因而造成痛苦。事实上有雷声把山击破的事情，有时雷声还打击一个动物，把它打死；人们还常常求助于号角的声音来击破高大的堡垒。我们在前面指出过，触觉有时候感觉到这种运动本身，但是并感觉不到声音；同时，知道某件东西是运动的人，也并不知道这件东西是一个声音。

如果声音的本质就是运动的本质，而声音并不是某种随运动而来的东西和必然出于运动的东西，那么，知道这是一个声音的人，也就会知道这是一种运动。但是这样的事情是不存在的，因为同一件特殊的东西，只是在两个方面和凭着两种性态而同时既被认识又不被认识。所以，它的存在方式“声音”这个方面，就维何性和特殊性而言，并不是它的存在方式“运动”这个方面。所以，由上述的运动突然而来的声音，乃是偶然的东西，它随着运动而来，与运动一同存在。

听道中有一个腔，腔中有不动的空气，当空气的激动达到听道时，这不动的空气就为一种传来的激动所激动，而因为在腔的后面有一个壁，在这个壁上分布着感知声音的神经，于是声音就被知觉到了。

在关于声音问题的疑问中，有这样一个问题：声音究竟是一种存在的、从外界而来的、跟随在运动的存在后面的东西呢，还是一种与运动相结合的东西，或者只是当听觉由它得到一个印象时才开始作为声音而存在？

的确，可以相信声音并没有那种来自外界的存在，而是凭着被激动的空气的接触而开始存在于感觉之中；说得更明白一点，凡是凭着触及这样一个地点而接触到的东西，也在这个地点产生出一个声音。那么，这个声音究竟是凭着听道中空气的激动而开始存在呢，还是它就是接触本身？对这个问题，是很难下判断的，因为对于否定有来自外界的声音存在的人来说，并不能必然得出一个结论，和我们在其他各种感性性质方面必然得出的结论一样；事实上，在这里他应当为声音方面的感性事物确定一种产生声音的已知特性，而这种特性就是激动。

激动与声音的关系，就像蜂蜜中的性质与在感觉中承受它的结果的东西的关系。但是在这里情形不同，这是因为蜜在感觉中造成的印象，和火在感觉中造成的印象，乃是两种感觉里面的东西。的确，就是因为这个缘故，与热相接触的东西，当印象保持在其中的时候，每每也使别的东西变热；而声音和激动的情形并不是这样。因为激动是一回事，声音是另一回事；激动为另一种器官所感知，但是这种性质[①]并不为另一种器官所感知。其次，也并不是所有凭着影响而产生一种印象的东西本身必然与这个印象相似。所以应当搞清楚这一方面的情形的真实情况。

而我们说，根据认为所听到的偶然物具有一种来自外界的存在的那种理由，也可以认为，如果声音只是在听道本身中开始存在，就必然或者是空气的激动本身会被听觉所感知，或者是不被感知。如果空气的激动为听觉所感知（我并不是说它以某种方式被感知，因为它是作为激动而触到感觉器官的），它之被听觉感知，就会或者是照原样，或者是通过声音为中介；然而，如果它是照原样为听觉所感知，而第一个被听觉所感知的是声音（这一点是没有疑问的），激动本身就会是声音了。

但是我们已经驳斥了这种说法。如果它是通过声音为中介而被听觉所感知，凡是听到声音的人就会知道声音是一种激动，正如凡是感觉到方形的颜色并且通过颜色为中介而感觉到方形的人，都知道那里是一个方形一样。然而情形并不是这样。而如果它只为触觉所感知，也会得出我们已经说过的结果。

所以，激动并不是必然为听声音的作用所感知的。我们可以考察一下随之而来的事情。我们说，当听到声音的时候，也听到它

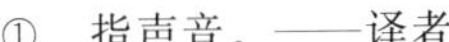

① 指声音。——译者

的方向。其所以听到方向，必定或者是因为声音的产生和存在的本原在这个方向，声音来自这个方向；我者是因为传送到耳朵里的东西（在声音已经产生以后，耳朵里是没有声音的），当达到耳朵的时候，是从这个方向传送来的，是从这个方向反射过来的，于是人们就以为声音来自那个方向；也可能是两种原因都有。

所以，如果方向之被听出，只是单单由于传送来的东西，那就意味着传送过来的东西本身就是感觉对象，因为，的确，如果它没有被感觉到，作为它的本原的方向怎么会被感觉到了呢？由此可见，如果是这样，当知觉到声音的方向时，空气的激动就会被听觉所感知了。

不过我们已经说过，这并不是必然的。如果它之被听到是由于两个原因，就也会得出那是不可能的结论。但是声音是可能伴随着激动的。因此只能是：其所以如此，乃是因为声音本身产生于激动并且来自激动。如果声音只是单单在耳朵里面开始存在，它的原因来自左边或右边就会没有分别了，尤其是，它的原因就不会被感觉到了，因为在这里是把接受印象的东西当成了原因本身。所以，声音的方向将不会被知觉到，因为原因只有在达到时才被知觉到。那种只在原因达到时才开始存在的东西，怎样能够被知觉到呢？所以已经很明显，声音有一种来自外界的存在，这并不是就它是我们现实地听到的东西而言，而毋宁是就它是我们潜在地听到的东西而言，并且就它之为这样一种东西、类似激动的性态之一种、却不是激动本身这一点而言。

但是我们应当作出一番辩解，证明我们关于敲击者与被敲击者的论述是对的。我们说，对于撞击来说，必定有一个运动先于撞击,和一个运动跟在它后面。至于先于撞击的运动,有时是由两个形体中的一个造成的,就是这个形体来到另一个形体上;有时它是由两个形体共同造成的,但是必定要两个形体中的每一个或者其中的一个以一种显著的方式面对着另一个。因为如果其中之一在接触的时候退回来了,或者说得更明白一点,在一个觉察不出的时间内退回来了,那就没有声音。敲击者与被敲击者,两者在一起造成了声音;然而在两者之中,最能造成声音的乃是最坚硬和抵抗力最强的。它的印象因此也比较有力。

至于第二种运动,乃是一种强力造成的空气的逆流和两个形体之间空气的收缩。硬度有助于空气收缩的强度,光滑也是如此,因而空气不能散布到凹凸不平的皱纹里去;密度更适宜于防止空气渗入那些因缺乏坚实性而造成的皱纹。

有时被敲击的形体湿到了极点并且软到了极点,但是,当用力打击它而中间的空气要钻进去或者在两者之间的空间里收缩的时候,这个形体就不再是那样的东西,不能让中间的空气钻进去,在一个很短的时间内使它裂开了。相反地,它抵抗中间的空气,而中间的空气也并没有从正面被顶回来;说得更明白一点,它还在抵抗打击它的东西,因为打击它的东西在推它,要想使它在很短的时间内裂成许多片。但是这并不是接受者的潜在性所能办得到的,也不是打击者的潜在性所能办得到的;所以它是不可能被打碎的,它保持着面对打击者,于是中间的空气就收缩了。其中是抵抗力代替了硬度。

当你考察你把鞭子轻轻地放在水里挥动的动作时,你就认识这一点了:这样做你就可以轻易地把水分开,不至于费气力;如果你着急，水就会抵抗，就会反抗你。关于空气，情形也是一样。或者说得更明白一点，有时候空气本身的一部分会变得有阻力，而在这一部分和在打击时收缩的部分之间的另一部分空气则会变得收缩起来；或者说得更明白一点，空气可以变成三个部分：一部分是打击的，如风，另一部分是抵抗的，而另一部分是在这两者之间的空间里依照激动的一种性态而被压缩的。

但是硬度和密度并不是产生这种激动的第一原因；相反地，激动之属于硬度和密度，是在于它们有助于抵抗力这一点。第一原因是抵抗力。所以，声音之开始存在，是靠两种像这样互相打击、互相抗拒的形体之间的那种湿的、流动的、收缩的形体的激动。

正如水、空气和天球分有传达颜色的本性，而这种本性称为透明性；同样地，水和空气也有一种观念，这两者分有这个观念，因为声音开始存在于它们之中，这个观念的名称是激动的接受。这并不是由于水或空气是中介，正如透明性的存在并非由于天球和空气是中介一样。似乎水和空气由于传达气味和滋味，也有一种无名称的观念。让传达滋味的湿度具有“有味性”吧！至于气味的转移所分有的东西，则没有名称。

至于回声，则是凭着上述激动所逼出的一种激动而开始存在的。因为，当一件像山或墙这样的东西抗阻这种激动，使它停下来的时候，随着也就有一种收缩存在于打击墙或山的这种激动与另一股空气所打击的东西之间，凭着这股空气的收缩，把它推回去，送到原来的地方。因此，它的形象就是原来的形象，情形正如把球投到墙上去，空气必然在两者之间的空间里被逼出一种激动，而球必然弹回来。

我们已经用上面所说的话说明过，什么是使这个球弹回来的原因？就算这原因是空气的回转吧！我们还要考察一下，回声究竟是一个凭着作为第二个激动的空气激动而开始存在的声音呢，还是伴随着第一股挤得以一种方式跳起来的空气的激动？

回声似乎是挤得跳起来的空气的激动。就是因为这个缘故，回声是凭着一种特性和一种性态而存在的，虽然从这股空气产生的撞击并没有使一个声音从可以忽略不计的第二股空气的激动产生出来。因为像这股空气的撞击这样的撞击，乃是一种并不强烈的撞击；如果它强烈到产生出一个声音，它就会对听有妨害了。

似乎每一个声音都有一个回声，虽然是听不到的，正如所有的光都有一个反射一样。其所以在房屋和住宅里听不到回声，原因似乎每每在于：当产生声音的东西与反射声音的东西距离很近的时候，这两个声音并不是在两个彼此隔开的时间内听到的；相反地，它们是一同被听到的，例如撞击的声音与撞击一同被听到，虽然实际上声音在撞击之后。

但是如果反射的东西离得很远，这两个声音之间的时间是显然分开的，而且反射的东西是又硬又光滑的，同时它的反射由于跳跃得有力而且没有多大间隔地继续着，那么，回声就在一段相当长的时间里延续着，好像在热水澡堂子里那样。似乎就是因为这个缘故，歌唱者的声音在沙漠里比较弱，而在房顶底下歌唱者的声音则比较强，因为声音凭着与它几乎同时被听到的回声而扩大了许多倍。

应当知道，激动并不是一股空气自身在转移的那种运动；毋宁说它类似水的激动中的情况:水的激动的发生,是靠一个接着一个的许多撞击的变迁,以及一个接着一个的静止。这种产生声音的激动是迅速的;然而它并不增强撞击。

但是,如果有人存着一些怀疑说:正如你曾经对触觉存过一些怀疑,由于它知觉到数目繁多的对立性质,便认为它具有数目繁多的机能,同样地,听觉也知觉到低音和高音的对立,并且知觉到停止发音的声音与鸣响的声音、硬音与软音以及促音等等的对立,你为什么不认为听觉有许多机能呢?我们的回答是:第一个为听觉所知觉的是声音;而那些东西则是在第一个被听到东西成为声音之后附加到这个东西上去的一些偶性。至于那一方面,每一个对立的东西之被知觉到,都是凭着自己,而不是由于别的东西。但愿这是我们在充分说明声音和对声音的感觉方面所达到的成就!

第三章　论视觉

第一节　论光、透明性和颜色

我们现在宜于来讲视觉，并且在讲的时候说明：必须讲光、透明体、颜色以及确立于感觉者与可见物之间的连续性的样式。

我们首先讲光。我们说，人们说光、光亮和光线，但是在用词方面，似乎它们之间并没有多大的距离。然而，为了运用这些词，我们需要对它们加以区别，因为在这里有三个相接近的观念。

其中第一个观念是视觉在太阳和火里面知觉到的那种性质，这种性质不能说是黑或白或红或其他这一类的颜色。

第二个观念是从太阳和火升起和传播的东西；人们以为这种东西落到形体上，便现出白色、黑色和绿色。

最后一个观念是人们以为在形体上的东西，好像是这种东西发出光，使形体具有颜色，并且是从形体中流出来的。所以，这种东西如果出现在一个已经从另一形体获得了它的形体中，就称为人们在镜子之类的东西里所看到的那种光辉。这种东西如果出现在一个凭自身而具有它的形体中，就称为光线。

但是现在我们并不需要讲光线和光辉，我们需要讲的毋宁是头两个范畴。那么，这两个范畴中的一个，就其本身来说，应当是光，而所获得的东西则应当是光亮。举例来说，我们称之为光的，就是太阳和火所具的东西。这是凭自身而被看到的观念，因为当一种像空气和水这样的东西出现在视觉和有这种性质的形体之间时，这个形体便必然被看见，并不需要存在着围墙被看见时所需要的东西，要看见围墙，仅仅在围墙与视觉之间存在着水、空气以及其他这一类的东西是不够的。它还需要一种我们称为光亮的东西盖在上面，才能被看见。但是，这种光亮的来源，是由于一个拥有光的形体处在面对着围墙的地位上时在围墙上造成一种影响，而在两者之间有一个形体，这个形体是并不把发光物在接受光亮的东西上产生的影响遮盖起来的，例如空气和水，这两样东西是有协助作用而无阻碍作用的。

根据第一种分法，形体有两个范畴：〔1〕不以上述的掩盖作用为特性的形体，我们称之为透明体，以及〔2〕以这种掩盖作用为特性的形体，例如围墙和山。在以这种掩盖作用为特性的形体中间，有一些东西并不需要在透明的中介存在以后有另外一种东西出现就能被看见，这就是发光的东西，例如太阳、火之类。因为它们并不是透明体；相反地，它们阻碍人们感知它们后面的东西。你可以回想一下一个灯笼为另一个灯笼遮蔽的情形；的确，一个灯笼会阻碍另一个灯笼对两者之间的东西起作用，这样它就使在它后面的东西藏匿不见。

但是在形体中间还有另一些东西，它们需要有另外一件东西给它们一种特性，这种性质就是颜色。所以光是第一个范畴的性质，因为它是那样的，而颜色则是第二个范畴的性质，因为它是这样的。围墙的确不能给予发光的东西以照耀它后面的东西的能力，它也不能凭自己照耀，而完全是潜在的有色形体。现实的颜色的出现，只是由于光亮，因为当光亮落在某个形体上的时候，这个物体就出现了现实的白色或黑色或绿色等等。如果光亮不存在，形体既然是阴暗的，就只是黑的；然而它们是潜在地有色的，如果我们把现实的颜色了解为这种是白色、黑色、红色、黄色之类颜色的东西的话。但是白色之为白色，红色之为红色，只是当它们处在我们观看它们的那个方面的时候；而它们之伴随这种特性，只是当它们被照耀的时候。

不能认为：我们从一个方面看到的白色和红色等等，是现实地存在于形体之中的。的确，阴暗的空气会阻碍我们看到这些颜色，空气本身却并不是阴暗的；阴暗的东西只不过是可以照亮的东西，虽说空气本身里面没有发光的东西，它却并不妨碍我们感知被照亮的东西，当它出现在事物里的时候，它也不遮盖颜色。

你可以回想一下你在一个地洞里的情形，在这个地洞内部，有空气充满着，依照着一种特性，根据这种特性，你认为这空气是阴暗的；而当光亮落在洞外面你认为是明亮的空气中的一个形体上面的时候，你会看见这个形体，处在你与这个形体之间的阴暗的空气对你并无妨害；相反地，空气在这两种情况之下都是靠近你的，好像它并不存在的样子。

至于黑暗，则是一种什么都看不见的情况，这种情况就在于各种性质出现在不透明的形体中时并不变得明亮起来；所以它们是黑暗的和潜在的。因此你看不见它们，也看不见空气。

你可以想象你在闭上并且蒙起两眼时所想象的东西；你可以想象一团弥漫着的黑暗，而你看见这团黑暗，好像它处在你所处的状态，为一层阴暗的空气包围着。可是事情并不是这样；当你闭上两眼时，你并看不到一层阴暗的空气，或者是看到你看黑暗时所看到的东西，好像有某种东西在你眼皮里边似的；这只意味着你并看不见。

总之，黑暗就是那种具有借光特性的东西里面缺乏光，我们有时候看见这种东西，是因为光亮是看得见的，而这种东西上面又有光亮；可是透明体是根本看不见的。所以黑暗是在可以接受照明的东西里面，而这两种东西，我的意思是说这两种可以接受照明的东西，则是并不透明的东西。以可以被看到颜色为特性的形体，当不被照亮的时候，是阴暗的，而实际上，其中并没有一种现实的颜色，人们所想过的那种情况是不存在的：并不是其中有一些颜色，只是为某种东西遮盖着。因为空气并不起遮盖作用，虽然当各种颜色是现实的时候，它有被看到是阴暗的特性。

然而，如果有人把形体里面的各种不同的倾向称为颜色（当形体被照亮的时候，一种倾向便变成你所看到的白色的东西，另一种倾向则变成你所看到的红色的东西），那只能是由于同名所致。因为，实际上，白色是产生于被看见这种特性的。然而那种情形并不存在；在你与它之间事实上存在着一种并非白色的透明体，因为透明体有时是现实的透明体，有时是潜在的透明体。要使它成为现实，并不需要一种由它自身之内的改变所造成的变化，相反地是需要一种由另一个东西里的改变所造成的变化，或者一种在另一个东西里面的运动，而它则好像是引导或传导的东西。所以，要它成为现实的，并不需要它自身中的一种东西，而毋宁是需要有那种现实地在进行和通过的东西存在。

至于潜在的透明体变成现实的透明体时所需要的那种由改变所造成的变化，则是由有色形体的改变所造成的变化，有色的形体是注定要被照亮的，它的颜色是注定要现实化成为现实的。至于运动，的确，乃是发光的形体向有色的形体运动，而在透明体中并没有由改变所造成的变化。

在前面所讲的那些话里面，你已经认识这种东西的本质了。当这两者之一达到现实的时候，可见的东西也就在其中达到了；潜在的透明体变成了现实的透明体，因为有另一种异于它的东西存在。

我们对达到可见物这一事实加以证明，本来是适当的，只不过我们还得把它搁一搁，再提一提那些对于我们所说过的话的怀疑；这些怀疑的解除，是会有助于证实我们所说过的话的。

第二节　论关于光亮和光线的各种学说及疑问，并论光亮并不是一个形体，而毋宁是一种在一个形体中开始存在的性质

在人们中间，有些人曾经认为，从那种照亮各种形体的东西产生的光亮，并不是一种在这些形体中开始存在的性质。它毋宁是一些微粒子，这些微粒子是在那些包含于所假定的各个距离中的那些方向上脱离发光物的；它们凭借发光体的转移而移动，落到形体上面，于是形体就被它们照亮了。

但是在人们中间，另外有些人曾经认为，根本就没有这种光亮的观念，它只不过是有色物的一种显现；另外还有些人则认为，太阳里面之所以有光存在，只是由于它的颜色显现得很强；而这种颜色是越出视觉的范围的。

首先我们应当考量一下这些学说中的情况。我们说，不能认为这种从太阳落到各种形体上的光亮或光线是这种可见性质的承负者，也不能认为火是它的承负者，因为这样它们就会是透明的；这样，就必不可免地或者是它们的透明性由于它们堆积起来而丧失，就像水晶的各个小部分是透明的，而它们堆积起来并不透明那样，或者是它们的透明性并不丧失。那么，如果它们是透明的，而它们的透明性并不丧失，它们就不会是发光的。然而我们已经以分别透明体与发光体结束了这种情况了。

但是，如果它们凭着堆积起来而变成非透明体，它们堆积起来就会把在它们下面的东西遮盖起来。它们一在堆积方面增大，也就会在遮盖方面增大。而如果光可以堆积的话，它一在堆积方面增大，颜色的显现也就会增大。同样地，如果这些发光的东西一起头就是发光体，而不是透明体，例如火之类，那就很明显，使各种颜色可见的光线并不是一个形体。因此，不能承认光线是形体并且凭本性而在不同的方向上运动。

其次，如果它们是一些脱离了发光体的形体，并且碰到可以照亮的东西，当它们遮盖天球的时候，就必不可免地会或者是它们消灭了或因改变而变化了，或者是遮盖者在它们之先。但是说遮盖者在先，是很勉强的，因为这是一件突然造成的事情。遮盖作用引起的消灭也是这一类的，因为我们怎样能断定，如果在两个形体之间有一个形体插入，这两个形体中就有一个被消灭呢？

至于由改变造成的变化，则使我们所说过话成为必然的，也就是说，它们由于对着照明物而被照亮，而如果又有遮盖作用，它们就因改变而发生变化。如果就物体必然从照明物方面出发经过一个距离这一点而言，事情是这样的，那么，既然这种由改变而产生的变化是对立的，为什么这些形体不会凭它们自己由于改变而发生变化呢？

至于那些主张光线学说的人所依据的论证，从他们所说的话，可以毫无疑问地推出，光线是从太阳附近落下来的，是从火的附近而来的。这是一种运动，但是不会有一种运动不属于形体。此外，的确，光线是由于发光物的转移而移动的，但是转移属于形体。再次，光线碰到一个形体；而它又为这个形体反射到另一个形体上，这种反射毫无疑问是一种形体的运动。但是这些推理都是有毛病的，它们的前提并不是真的。

当我们说"光线落下或射出或射进"的时候，这些都是譬喻性的说法；它并不是这样的。相反地，光线是突然发生在相对立的东西里面的。而当它从一件高的东西发生时，人们就想象它好像在落下来，虽然根据现象，"发生"是比"降落"更恰当一些，因为我们根本看不到光线在途中，同时它也不需要可以感觉得到的时间。必须或者是有使人信服的论证指出它的降落（在这一点上我同意他们的看法），或者是感觉指出了它，这一点是他们所相信的。但是感觉怎样会指示一个运动体的运动，而这个运动体的时间是感觉不出的，并且是感觉不到它在中途的呢？

至于光线会转移的说法，是与阴影会转移的说法不相上下的。像这样，阴影就应当也是一个移动的形体。但是光线和阴影都不是一种转移;相反地,这是一种消失和一种恢复;并且,的确,当补偿作用得到恢复时,阴影也得到了恢复。

如果有人犯了错误,说阴影也移动,那就必不可免地或者是它移动到光亮上面,或者是光亮移动到阴影的前面和后面。如果阴影移动到光亮上面,它就会遮盖光亮。所以,我们还是假定笼罩大地的光亮并没有转移,只有阴影遮盖光亮;光亮转移的想法,大家已经承认是破产了。如果光亮移动到黑暗的前面,使黑暗发生了移动,而假定发光体中止发光,由此就会知道,当发光体中止发光时,光亮也就随之中止,而这就会令人以为是具有阴影的东西的运动使光亮受到排斥。对于一定数目的具有阴影的东西来说,就会有可能也从各个不同的方向来排斥光亮,而发光体则会中止发光了。于是,当光亮逃出阴影的时候,那个地点就会变成黑暗的,或者是光亮就会向后一跳,就会转到阴影与它分开的那个地方。

这一切都是胡说八道。相反地,并不是阴影排斥光亮,无论阴影或光亮都不是形体,虽然这两者都有一种转移。这是凭着恢复而造成的,并不是一个单一的东西凭着自己而移动了。

光线的反射也是一种譬喻的说法。因为,当形体被照亮并且是光滑的时候,它有一种特性,就是:凭着这个形体,无需任何转移,又有一个与它正对着的形体也被照亮。

至于另外一种学说,就是这样一种学说,它不肯定一个观念属于这种光亮,而是把它当作以一种显明方式呈现时的颜色本身。因为主张这种学说的人应当说:说明这一点的,就是那种与来自伴随有色对象的光辉的颜色一同被想象到的东西。但是这种光辉并不是视觉对象本身中的某种东西;它毋宁是某种偶然地发生于视觉的东西，这是靠对比光度较弱的东西与光度较强的东西而来的。颜色的显现的强度，取决于发光体影响的强度。因为来自灯的照耀要比来自月亮的照耀稍弱，但是来自月亮的照耀，亦即月光，又比白天太阳所照的房子里（毋宁说在有阴影的即没有太阳光线的地方）的照耀较弱。这是因为当太阳升起时，月光就在房子的阴影里面消失；它是被消灭了。我们在房子里看见的东西，要比在月光中看见的东西更明晰。在阴暗中的东西尽管照明，人们也根本不把它当作光辉和发光，但是他们却认为灯光在形体中造成一种光辉。

月光在夜间造成光辉，这是靠对比夜间的黑暗而来的。因为夜间的黑暗使人以为这是具有一种光辉的光线，而其实这只不过是某种来自颜色的表现。但是太阳所具有的东西在影响方面则比较强。它在那些肯定有光亮的东西中间，要比一个可见的对象强，也比一件事物强，颜色则除外，于是我们就说明了，在白墙上有某种东西与白色不同，也与它的显现不同，这种东西就称为光线。如果有人把这种东西与墙上的阴影比一比，这个阴影基于某种黑暗，就会使我们不能从白色看出应当显现的东西，白色就会好像与黑暗混在一起；黑暗只意谓着“隐藏”或隐藏的扩大，正如光亮只意谓着“显现”或显现的扩大一样。

但是这些人中间有一些说，太阳光只不过是它的颜色的强烈显现，他们又说，当这种颜色越出视觉范围时，它的强烈显现就被看成了光辉和光线，它们把颜色掩藏起来，是由于视觉的无力，并不是由于它们本质上的隐藏作用，好像视觉没有力量感知光辉似的。如果这种情形中止了，就会看到一种颜色。他们曾经说过，那些夜里发光的动物，当它们发光时，它们的颜色是根本看不见的，但是在白天它们却具有一种明显的颜色，而并没有光辉。这种光辉的造成，是由于它们的颜色的强烈显现，而不是由于一种别的东西，所以在黑暗中可以看到光辉，光辉在显现于黑暗中时，其力量达到最大限度；所以它越出视觉的范围。当黑暗的时候，它就使视觉无力，当太阳升起的时候，太阳光的显现克服了上述光辉的显现；于是它们的颜色又恢复了。视觉并不恢复光辉，因为视觉已经习惯于遇见显明的对象，并且为太阳的升起所加强。

但是其中有些人却曾经说过：事情并不是这样；毋宁说光是一回事，颜色是另外一回事；光的特性是：当它越出视觉范围时，它就遮盖了它自身之中的东西的颜色。太阳也具有一种颜色，并且伴同着颜色有一种光；所以光凭着光辉把颜色盖住，情形就像月亮那样，也就像黑色的光滑的石头[①]那样；当它发光时，我们看到它是亮的，却看不见它的黑色。他们曾经说：这与光亮是不同的，因为光亮是颜色的显示，不是别的东西，而光并不是“颜色的显示，不是别的东西”。光毋宁是另一种东西，它有时遮盖颜色，虽然这些发光的东西夜间在黑暗里显现出光亮，而它们的颜色是被遮盖了的；当太阳出现时，它们的光亮就被克服了，就被遮盖了，它们的颜色就显出来了。所以我们应当更有理由去考量这种学说及其上述的各个支派。

① 指闪光的黑宝石。——译者

第三节　最终否弃那些已经加以驳斥的学说，以确定光亮是某种并非显明的颜色的东西，并论透明性和发光体

我们说，人们把颜色的显现了解为两个观念：一个观念是颜色之变为现实，另一个观念是一种现实存在的颜色之凭自身而显现于眼睛。第一个观念是指颜色的开始存在，或它的作为颜色的存在的开始，第二个观念则是指颜色的关系的开始存在，或这种关系的存在的开始。

但是这第二个观念的毛病是很显明的。因为如果我们认为光亮是颜色与视觉的关系本身，光亮就应当是一种关系，或者是一种关系的开始存在，而并无本身的存在或生存。如果我们把光亮了解为：就如果有视觉，视觉便会看见颜色或颜色的存在方式是如此来说，光亮乃颜色的生成，或者把它了解为：它是颜色本身，或者是一种观念，当一种外来的观念中止时，例如遮盖作用或其他作用中止时，这种观念就开始存在，那么，如果光亮是颜色本身，这就是第一种方式，如果光亮是颜色赖以用偶然的方式显现的一种性态，光就不会是颜色了。

至于第一个观念，也必不可免地或者是人们把显现了解为一种由潜在到现实的过程，这样，事物在这一瞬间之后就不被照耀；或者是把它了解为颜色本身，这样，他们所说的“显现”这个名词就会不再有意义，相反地，就应当说照耀是颜色；或者是人们把它了解为一种附加在颜色上的一种性态，这种性态的附加或者是经常

的，或者是只在某一个瞬间，使得颜色成为这样一种东西，这种东西会偶然地一会儿有光亮，一会儿有黑暗。在这两种情况中，颜色都会是现实地存在的。所以，如果颜色是它与看来属于它的那种东西的关系本身，颜色就会转向另一种学说了。如果它是另一种东西，它也会转向另一种学说。

如果我们把事情说成这样的：纵然光是颜色本身，就好像它是现实状态中的颜色本身似的；那么，必不可免地就或者是光被当作述项加到一切现实的颜色上，或者是只有白色是颜色，黑色则是黑暗；这样，黑的形体就不可能为光所照亮了。但是这是不可能的。因为黑的东西是被照亮并且照亮其他东西的。所以光并非仅仅是白色。如果光并非仅仅是白色，而是一切颜色，作为光的东西的一个部分就会与它的另一部分相对立。然而除了黑暗以外，并没有任何东西与光相对立。这是一种荒谬的说法。

此外，认为黑的东西发光的观念，毫无疑问并不是它的黑色的观念；这个观念也同样与白色的观念不同。这颜色（我的意思是说：它在黑色中的“种”的本性）是黑色本身，而在白色中的颜色是白色本身，白色本身之于白色并不是偶然的。所以绝对的、“种”的颜色并不是光。

此外，的确，透明体如水和水晶，有时是为光所照亮的；当它在黑暗中时，以及光单单落于其上时，光就指点出它，并且使它透明。所以这是光，而不是颜色。

此外，的确事物是发光的，而又有颜色；有时光单单从它出发照亮另一件东西，例如照亮水或一堵围墙；有时，当光很强的时候，就从它连颜色一块儿照耀，于是它所照亮的水或围墙就变成红的或变成黄的。如果光是颜色的显现，黑暗是掩藏颜色的作用，红色在正对着它的东西上所产生的印象就会是一种红色，而不是一种单纯的光辉。如果光是另一种颜色的显现，当它被加强时，为什么会在正对着它的东西上面起隐藏颜色的作用，把事物的颜色转化为强烈的颜色，虽然这个人的学说要求红的或绿的或其他颜色与白色的显现和黑色的遮盖混在一起？

由此可见，当一个形体的颜色由于有一种光线落在上面而显明起来，然后根据我们所了解的观念，另一个具有一种颜色的形体的光发生反射时，后一种光是不会落在前者上面的，因为具有被照亮的形体的显明颜色的那些部分，在照亮别的东西时，必不可免地或者是单独的，或者是伴同着另外一些部分。如果它们是单独的，它们为了变白就只要求另外的东西的颜色中这种颜色的显现，而不要求这种颜色的遮盖以便变红或变绿。如果它们是伴同着别的部分，以便变得具有显明的颜色和隐匿的颜色，这些部分和另一些部分就会在一起合作，这一些部分造成遮盖，那一些部分造成显现。

于是颜色的遮盖就会具有一种在正对着的东西里产生印象的作用；然而颜色的遮盖并没有这种产生印象的作用，因为可以看到，一种颜色的单纯遮盖，是不会影响正对着它的东西的，像他们在颜色单纯的情况下所宣说的颜色的显现发生影响那样。

他们曾经说过，颜色也是红之为红、绿之为绿的显现，当绿色的显现强时，它就像是绿色的，所以是一种绿颜色，也是一种红颜色。当他们这样说时，我们可以问一问，如果表现是弱的，情形又当如何：按照认为颜色只是一种纯粹的光的观点，颜色应当显现在正对着它的东西里，它是不是这样的呢？它的产生作用，是不是和发光体在并无颜色的情况下的产生作用一样呢？如果它的显现是强的，它就会以它自己的颜色消除或掩藏颜色。这样，首先它就应当在正对着它的东西里只产生一点它自己的颜色；然后，如果它加强了，它对那件东西的作用就显著起来；它所起的全部作用，就只是凭混入自己的颜色而掩藏其颜色的作用。

但是情形并非如此。相反地，一起头，它的颜色以一种强的方式显现，但是在其中显现的，只是在倾向中有某种东西的那种颜色，凭着这种东西的作用，在有发光体在场时，是既没有绿色，也没有红色的。在这以后，当它在表现的方面变得比较强时，它就恢复了，开始消除和掩藏其颜色，以另外一种颜色把它遮盖起来，那种颜色是既不在它的个体本性之中，也不在它的“属”的本性之中的。

所以两种作用中的一种来自一种原因，这种原因并不是另一种作用的原因。两种作用中的一种的结果，实际上是来自光的，当形体没有颜色而有光的时候，光就会造成这种情形，像发光的水晶那样。另一种作用则来自它的颜色，这是当它的表现凭着这种光而变强，因而越出视觉范围的时候。

的确，虽然我们说过，光并不是颜色的表现，我们却并不反对说光是颜色的显现的原因及其过渡的原因。所以我们说，光是全部我们称为颜色的可见物的一个部分，当它与潜在的颜色混合在一起的时候，它是某种东西；从这两者，凭着混合而开始有现实的颜色这种东西。如果这种倾向不存在，那就会只有单纯的照耀和光辉存在。所以光好像是一种东西的一部分，这种东西是颜色以及颜色中的一种混合，如同白色和黑色具有一种混合，而由这种混合中产生出这些中间颜色来。

至于有人所说的“光和光辉只是颜色的显示”那种说法，以及他关于夜间发光的东西所提出的那种说法，根据灯和月亮常常破坏光辉然而却把它们的颜色显示出来这一事实，已经全都被驳倒了。那样，灯光在关于表现一种颜色方面就应当比较强，其次，那种在灯光之下颜色才变得显明的东西，它的颜色在黑暗中就应当看不见。但是事情并不是这样。因为发光的东西的颜色在夜里也看得见，如同看得见它们的光辉一样，所以他们所说的不是真实的。

至于有人宣称太阳和星辰有颜色，并且说光掩藏了它们的颜色，真实的情形似乎是：有些东西本身具有一种颜色，而当它们发光时，它们的光辉增加了，因而越出了视觉的范围，于是颜色就分辨不出了。在这些东西中间，有一些是没有颜色而具有一种光的，这种光之于它们，是自然的、共存的，而不是获得的。这些东西中间有一些东西之所以有混合的实体，或者是由于发光部分与有色部分的组成的混合，例如火，或者是由于各种性质的调和的混合，例如火星与土星。但是对太阳的问题我现在不可能作任何判断。

我们已经认识光的性态、光亮的性态、颜色的性态和透明性的性态了。所以光是一种性质，这种性质凭着自身而成为透明体之为透明体的一种成就性；它也是凭自身而成为可见的东西的某种性质，这种东西之所以可见，并不是凭着异于自身的原因，毫无疑问，凭自身而可见的东西也是阻碍人们看见它后面的东西的。光亮是不透明的形体从发光的东西获得的一种性质，而透明体则凭着它而完全成为现实的透明体。颜色是一种凭着光而完成的性质，它的特性是使有色的形体变成照亮其内部的东西的作用的阻碍，而照亮这种形体的乃是中介。所以形体分为发光的、有色的和透明的。

有些人曾经说过，在形体中间，有凭着自身之内的一种性质而被看到的，有凭着另一件东西里面的一种性质而被看见的，而最后一部分他们则认为是透明体。他们把第一部分先再分为两个部分：一部分是凭着自身而在透明体中并在透明体在场时被看见的东西，这就是发光体；第二部分则是并非如此的东西。然后，他们又把后者分为两个部分：一部分是为了显现而要求光的条件和透明体的条件的东西，这就是有色体；第二部分是为了显现而要求黑暗的条件和透明体的条件的东西，例如那些在夜间发光的发光动物，如发光的飞虫，某些腐木，某些蠕虫。我曾经看见过一个鸡蛋具有这种特性，和一只死蝗虫具有这种特性。

但是人们不同意这种分法，而且这种分法也不是真实的。因为发光的东西是在黑暗中和在光明中都看得见的。所以，如果观看者在发光者造成的光明里面，他看得见，而如果他不在这种光明里面，他也看得见，例如人在光明里看见火（火光或别的东西的光），在黑暗里也看见火。

至于太阳，我们在黑暗中是不能看见的，这只是因为它在正对着观看者的视觉的地方，已经使全世界充满着光，不容许任何地方阴暗。至于星辰，则只在黑暗中被看见，因为它们的光赶不上太阳光；因此它们并不照耀事物，也不照亮事物，不过虽然如此，要找到事物也并不是不可能的。所以有时候有星，但是尽管有星，仍然黑暗。星辰之在黑暗里被看到，并不是因为黑暗在本质上是使它被看到的原因；相反地，应当知道，有些光亮胜过另一些光亮，于是后者就看不见，例如太阳光胜过微弱的火光与星光，在太阳光旁边就看不见后者的明亮。所以，它们之不被看见，并不是因为它们需要黑暗以便显现，而相反地，是因为它们需要对于我们的观看作用是明亮的，而不是阴暗的。当太阳不在时，它们就显现并被看见了，因为它们对于我们的观看作用变得明亮了，这也是由于我们的观看作用中的一种性态。

有时候，火和月亮在某种比它们弱的光的旁边，它们的规律也是与这条规律相合的；而对于光来说，当火或月亮显现的时候，它应当对于我们是不存在的；所以，或者是，要它们显现，就要有黑暗，或者是，要它们被看见，要视觉能够觉察到它们的显现，就要光不越出一定的范围。

你知道，大气中的空气尘埃并不是这样一类东西：在其中被照亮的东西并不是仅仅在黑暗中才被看见的；然而，如果人在黑暗中，而太阳的光线落在这些空气尘埃上面，它们就有可能被看到；但是，如果人在这些光线中，那就不可能，这是由于一件在人的视觉中的东西引起的，并不是由于一件在空气尘埃的光中的东西引起的，因为，当人的视觉为一种太充足的光所制服时，它就看不见它们，而如果它不被制服，它就看见它们。

同样地，那些在夜间明亮的东西也不是另一个“种”；它们是发光的，但是它们之与星辰不同，并不是在整个本性上，而是在微弱性上。如果它们在整个本性上与发光的东西相反对，星辰就会也是一样。但是对于这个部分，并没有在现实上作出一个真实的结论，可以说，只是有一些发光体超过了另一些，而其中有一些又为另一些所超过。这种超过的意思并不是指这一些在那一些上面造成印象；印象的产生是在我们的观看作用中，这正如有些硬的东西比较硬，而其中又有一些比较软那样。

因此，不应当说这些夜间发光的东西是非复合的、在有色物和发光物以外的一个“属”或“种”。它们属于全体在照耀方面为在它以上的东西所超过的发光物，那些在它以上的东西是不能与它们一同被看见的，因为我们的观看作用是软弱的；而只有当发光物中那个超出我们的观看作用的东西的力量不在时，我们的观看作用才变得比它们强。如果他们想到了这一点，分类就会作得出色，但是他们并没有想到这一点；说得更明白一点，他们是一心认为发光物是一个范畴，有色物是另一个范畴，明亮物又是另一个范畴。

第四节　对那些在各种颜色及其发生方面所提出的学说的思考

我们应当完成的，是关于另一种关于颜色和光的学说的思考；如果我们不完成这一项工作，就会没有办法通过分类，指明我们所想的东西的真理性。

我们说，在那些关于颜色的学说中，有一种学说，持这种学说的人认为，白色的颜色是这样一种颜色，它的产生仅仅来自空气和光，黑色的产生则来自相反的东西，又认为白色的发生是来自分为许多小部分而堆积起来的透明体。事实上这些部分是接受光亮并且有光的，而因为它们是透明体，所以这一些部分传达那一些部分的光辉，又因为它们是微小的，所以这种传达在其中是以类似连续的方式造成的，又因为透明的东西只是凭着异于它的颜色而被看见，所以它们的透明性是看不见的；然而堆积在它们的表面上的那些反射看起来是连续的，所以全体看起来是白的。

他们曾经说：就是因为这个缘故，水的泡沫由于与空气相混合而是白的；雪也是白的，因为它是由一些冻结的、透明的小部分构成的，空气与这些小部分混合在一起，而且有光透入其中。但是研成粉末的水晶和研成粉末的玻璃并不是透明体，这就是说，它们的表面是连续的，所采取的是一种并不破坏孤立的方式；它们的每一个个体都是凭自己而变成透明体的。当大块的透明体上造成了一条裂缝时，这个地方看起来就是白的。

他们曾经说过：至于黑色，是由于形体的深度不存在而出现的，是由于它的深度不出现，由于光和透明性同时都不存在而造成的。他们中间有人曾经肯定水是黑色的原因。他说，实际上，当事物潮润的时候，它们便倾向于黑色，因为水把空气排出去了。然而水的透明，并不是凭着与空气相同的透明性；在水中间，光并不向各个表面透入，所以这些表面仍然是阴暗的。

他们中间有人曾经肯定黑色真正说来既是颜色而同时又是各种颜色的本原；他说，就是因为这个缘故，黑色是不褪的。白色则凭着它的堆积而成为透明体的偶性，就是因这个缘故，它是可以染的。当黑色被当成不透明体之为不透明体的本质，同时被当作它所反射的颜色的本质的时候，第一种关于黑色的学说几乎也达到了这种说法。

有些人曾经说过所有的元素都是透明的，当它们组合起来的时候，它们的白色就以上述的方式产生，因为最接近视觉的，是透明体的那些扁平的表面，而视觉深入这些表面。当形体中最接近视觉的是一些棱角，而这些棱角阻碍那些要穿入棱角的极端的透明性时，这形体就是黑色的；虽然这些极端在那些棱角上闪光，光却并不以完全方式穿过它们，所以这形体是阴暗的。

这一切中间，难以同意的是这样一种说法，根据这种说法，白色的产生是来自光，而黑色乃是真正的颜色。实际上，我们知道，透明的东西只有当打碎以及与空气相混的时候才发白；同样地，有几种香料和一种糖食之变白，是由于其中所蓄的空气与它的本性中的透明性相结合。我们也知道，黑色绝不像白色那样接受任何颜色；所以，白色由于它的透明性，乃是附着的主体，并且是会褪的、可染的。褪去各种性质的东西可以接受这些性质而不需要排除某种东西，但是只要为一种性质所占据，就不能接受另一种性质，除非前一种性质离开了它。

这些人曾经认为各种颜色是从透明性与不透明性出发的。另外一些人则反对他们，根本就不讲透明性，而认为所有的形体都是有色的，并且认为不能承认有一个形体没有颜色而存在着。然而，当形体中有许多孔和开口时，由发光物而来的光线就透进去射向另一边，而视线也是如此；于是在它后面的东西就被看见了。

至于第一种学说，我们说：可以拿我的性命保证！由于透明体打碎以及与空气混合，有时显现出一种白色。然而这只是在一个不连续和不统一的形体中；说得更明白一点，这种颜色只显现在由它形成的堆积中。当它是统一和潮润的时候，它的白色就在统一和变干[①]的一瞬间中止了。

---

① 疑“变湿”之误。——译者

然而石膏并不依照我的想法，而是依照战胜我的意见的人的要求：它的白色根本不是这样变成的，而是因为所加的烧灼这样地调整了它，先潮湿，然后变干燥，它就变白了，凭着其中所发生的一种混合而具有一种强烈的白色。对于这一点的证明是：如果火在石膏中的作用只是促进分解（的确，促进分解的作用有时造成一种性态，这种性态人们曾说过是产生白色的原因），那种使部分的变小达到最大限度的充分打碎，就会在石膏石灰等等之中完成这种作用，如果经过打碎和浸渍的处理的东西为水结合起来，就会完成石膏在白色方面的作用。

但是情形并非如此。假定石膏中的白色是以上述方式产生的，所有的白色就并不是以这种方式发生的。实际上，当我们煮蛋的时候，它的透明的蛋白变成了白的；但是我们不能说火是凭着缺乏固体性和起分解作用而使它变成了多数的颗粒；因为火使它变多，是凭着一种因一种性态而产生的浓缩作用，并不是由于其中发生了一种与它混在一起的通气性。所以，第一，蛋白在煮的时候变得更重，这是因为通气性与它分离开来了。第二，如果有一种通气性进入了它的潮湿性并使它变白，它的湿度就会浓厚起来而并不凝结。这一点你在前面已经知道了。

其次，那些狡猾之徒所用的那种称为处女乳的药料，是把密陀僧放在醋里面煮到分解制成的；这种药是纯净的，因而醋保持最大限度的透明性和白色，再把它与一种水混合起来，这种水里是有苏打煮过的，是纯净的，有最大限度的澄清作用，于是就变得像一滴眼泪一样了。当它没有达到这一点时，所寻求的混合是不能完成的。当这两种水混合起来的时候，密陀僧的透明溶液就凝结起来；

它变得白到极白的程度，就像凝乳一样，然后就干了。这种情形的原因，并不在于其中有一种透明体，在这种透明体里有分解作用发生，因为密陀僧已经在醋里分解、溶化了，而并不表现出有一些极小的透明部分在附近，彼此相接近；相反地，如果需要，这些部分就会在苏打水里增加，分解，而并不用此外更有一种外来的空气以某种方式与它混合起来。这种情形的造成，毋宁是凭着改变所造成的变化。

所以，一种白色的产生，并不是以我们刚才所讲的那种方式符合于人们的意见的。如果白色只是一种光，黑色只是人们所说过的那种东西，黑色与白色的组合就会只是采取一条唯一的途径。说明是：白色通过三条途径一点一点地转向黑色。一条是暗色(?)的途径，这是简单的途径。当进程是简单的时候，颜色实际上是由白变为暗(?)，再由暗变为灰色(?)，然后像这样一直变为黑色；所以，它会遵循这样一条途径，在这条途径中，黑色是单独地不断逐渐加强的，因而它在来源上是纯粹的。第二条途径是变成红的，然后变成棕红色的，然后变成黑色的。第三条途径是变成绿的，然后变成青的，然后变成黑的。

但是，其所以可以承认有这三条不同的途径，只是因为可以承认组成各种中间颜色的东西是种种不同的。因为如果只有黑色和白色，而白色的原则只是光，这些方式中的某些就会是不可能的；要组合黑色与白色，就只可能是采取一条唯一的途径，在这条途径中，不同的产生只是由于减少和增加，而不会有不同的途径。因为如果有不同的途径，就会应当存在着一种既没有白色也没有黑色的混合，虽然是有来自一个可见对象的混合的。

但是在事物中，却没有一样可以被认为是可见的，不管是黑色，还是白色，还是两者的组合，除非是光，像认为光是一种异于黑和白的东西的人所主张的那样。如果他的学说是错误的，凭着各种颜色由不同的途径的改变而造成的变化，就会是不可能的，而如果这种凭着改变而造成的变化是可能的，就会应当有第三种可见的东西，在白色与黑色的规律之外。

但是并没有办法承认有这第三种可见的东西存在，除非是光被确定为异于颜色，而由此是可能组成各种颜色的。所以，如果白色和黑色是仅有的混合，就会存在着一条途径，即暗色(?)的途径，而没有别的途径。如果黑色与光相混合，它就像太阳所照的白云(?)，并且像与火混在一起的黑烟；于是，如果黑色战胜，就会有红色，如果黑色被战胜，而一种发亮的白色得到了胜利，就会有黄色。然后，如果其中有一种黄色，与一种各个部分都没光彩的黑色混在一起，就会发生绿色，总之，这是当黑色比较在内部、而发光的东西比较明显时；而红色则具有相反的意义。

其次，如果黑色获得第一种胜利，就存在着棕色，如果黑色获得第二种胜利，就存在着墨绿色；最深的墨绿色是没有名称的。如果这种颜色与白色混起来，就会有一种深灰色，灰绿色。如果墨绿与一种黑色和一点儿红色混起来，就会有一种青色。如果一种青色与一种红色混起来，就会有一种紫色。这样，颜色的组合就是可能的了，这种组合是由形体的混合或性质的混合造成的。但是，如果这只是由形体的混合造成的(关于黑色，我们已经知道，光是绝不能凭反射把一个黑色的形体染上色的)，从绿色和红色就会应当只反射出白色，从黑色的部分就会应当什么颜色也反射不出，特别是当它们微弱破碎的时候。

如果有人说:我们有时看见它们为混合物所反射,回答将是:这是因为混合使活动与被动成为必然,而由于这个原因,性质的混合就是必然的;能够通过改变而造成混合的,或者是造成混合的技艺,或者是自然本身;而技艺是不能这样做的,它只能联合。所以自然有时候曾经使一种改变成为自然的。自然可以使那种以混合与减少部分的办法造成的混合变得温和,而技艺对于这个目的来说是太无力了。自然在划分和联系方面的作用方式是无限的,有无限潜在的方式,也有无限现实的方式。但是技艺不可能使全部潜伏的东西都由潜在变为现实。

由此显然可见,白色实际上并不是一种光。我们并不反对空气对于变白有一种影响,然而并不是以人们所说的那种方式,而是通过那种适于变白的混合的产生。因此,我们不能说,上述的那种糖食的全部白色都是依照他们所讲的那种方式造成的;我们还是以说它通过混合而造成比较好。的确,空气要求一种白色,是不仅联系到混合作用,而且联系到改变作用的。如果他们的学说是真的,那么,对于白色和有色的东西来说,凭着缩小作用的强烈,一直缩小到使它的堆积不见了,就会有可能做到使它变成透明体或者接近透明的东西。但是这样的事情是不存在的。

至于他们认为黑色不能接受别的颜色的那种说法,他们的意思或者是指凭着改变,或者是指凭着染色。如果他们的意思是指凭着改变,他们就错了,揭露他们的谰言的,是青年与白发;如果他们的意思是指凭着染色,则是一种邻近的东西的性态,而不是这种性质的性态。这样,被弄黑的东西就差不多不是黑的,而只是其中有一种深入、附着、紧紧随从的力量，这种力量与它混在一起，深入其中，必然地附着其上，因为在白色的事物中出现的东西在本性上是与此相反对的，所以不可能遮盖黑色，渗入其中，并且必然地附着其上，然而这也并不是不可能的事。的确，当我们用化妆品的时候，例如用铅粉或别的东西化妆时，铅粉就浓浓地把黑色染白，使得黑色渗入其中。

至于第二种学说，的确，这种学说只是主张假定空虚存在，这是因为他们所说那些孔隙不可避免地或者是充满一种形体的，或者是空虚的。如果它们充满着一种形体，那么，这种形体或者是透明的，并没有孔，或者是也有孔，而结果它毫无疑问或者是一种没有孔的透明体（然而这与他们的说法相反），或者是空的；于是他们的学说就要求虚空存在，然而虚空是不存在的。

这以后，他们又说：并不是每一个孔都能使人想象到透明性；而毋宁应当是这样一些孔，这些孔处在笔直的位置上，并无偏向，以便光线笔直地透进它们。我们来琢磨一个玻璃球，或者水晶球，或者透明的白宝石球更好。其中那些直而透明的孔的分布在长的方面将是相等的，但是在宽的方面是否也相等，而且不管哪一方面，不管你从哪个方向去看，都是相等的呢？——因为直的东西怎样能够插入其他直的东西里面呢？不管你从哪个方向去看这些孔，它们都不会是倾斜的。

由此必然会推出：或者是从某些方向会发生与直线对立的情形，在正对着眼睛的那条直线以外，会有一些部分在你所想象的那些线的方向并没有孔，或者是整个形体全是空的。但是这是荒谬的。所以就应当是：当试图透过球观看时，你的位置不同，它的透明性对于你也就必然不一样。其次,一个形体,其中会有那么多的孔和开口,而这些孔会把颜色掩藏起来,因而你看起来好像它并没有颜色似的,而它本身却有一种颜色,并且它的颜色并不会遮盖靠在它后面的东西,而事实上相反地却会传达在后面的东西:这样一个形体的性态会是什么呢?如果这颜色起遮盖作用,它就是做成了一件不存在的事了。因为,毫无疑问,形体里面的孔要比其中充实的地方多得多。既然球的整体上到处都是裂纹,它怎么能够有宝石的模样呢?如果一个人在宝石上钻三四个孔,然后对它轻轻一击,它就会粉碎了,不成其为宝石了。所以这种学说也是荒谬的。

所以,颜色是存在的东西,但是它并非作为光而存在,光也并不是它们的表现。不过尽管如此,就它们是现实的来说,它们并不是异于光的,透明体也是存在的。这就是我们为了这个目的而要说明的。我们剩下来要讲的是观看作用的性态,以及它是如何产生的;此外还要联系到规定光在透明体中传导的方式。

第五节　论种种关于视觉的学说,并根据事物本身驳斥各种虚妄的学说

我们说,关于这一点,我们所知道的学说一共有三种,虽然又各有分支。

持第一种学说的人认为,从眼睛里发出一些光线,这些光线呈圆锥形,顶部接着眼睛,底部接着所看的对象,在有关知觉的方面,最完全的光线乃是箭,看事物就是把箭射向事物。

其中又有一种学说，持这种学说的人认为，光线有时依照一种性态从眼中发出，而众多的光线并不能遇到天球的一半，除非是由一种扩散作用使视觉必然扩散开来。然而当它们发出来并且连接到发亮的空气上面时，这空气对于它们就变成了它们赖以感知的工具。

其中还有一种学说，持这种学说的人认为，既然对于其余各种感性事物的知觉的产生，并不是因为有某种东西从感官达到这些事物，遇到它们，连接到它们上面，或者向它们派出一个信使，同样地，观看作用的产生，也不是因为有一道光线发出，遇到可见的对象，而是因为可见的对象的形式达到了视觉，透明体是传达这种对象的。

但是前两种人曾经作出一些提示说：至于其余的各种感觉，其所以可以承认感性事物来到它们那里，只是因为它们的知觉的实现是凭接触的，例如触觉、味觉和嗅觉，嗅觉是凭着嗅以求接近气味，以便遇着它们并从而获得一种印象的，又如声音，它是被激动起来达到听觉的。对于视觉来说，这是不可能的，因为可见的对象是不连接的，就是因为这个缘故，靠近视觉的东西是看不见的；此外，我们也不能承认一个可见的形体有一种偶性移入视觉（我的意思是说它的颜色和形状），因为偶性是不能转移的。

所以，如果形式是这样的，感觉机能就应当有更大的理由移到感性对象的位置上，以便碰到它。然而说机能会移动是荒谬的，除非是凭着一个承负它的形体为中介，而这个形体只是精细的，属于光线和普纽马之类；因为这个缘故，所以我们称之为光线。由于眼睛里有这样一种形体存在，人在黑暗状态中就看到有一道光离开他的双眼，并且在他的鼻子上面或者在附近一件正对着的东西上面发亮。并且，当人早晨由于突然被叫醒而揉揉眼睛的时候，他眼前就出现一些光线；还有，当一只眼睛闭着的时候，另一只眼睛的瞳孔里就填满着光，而在定睛观看时，也无疑地有一种形体以这种方式在那里流出。

第二类的人曾经否认有一种形体，例如眼睛，从光线容受一种连续的东西，例如眼睛与星辰之间的一条线，他们不谈那些达到人们所看见的宇宙的线，特别否认从星辰所看到的东西只是具有一种同等的连续性的连续物。人们借以观看的东西应当是连续的。他们还曾经否定所发出的这道光线以一种运动在一个感觉不出的时间内从眼睛向星辰运动。他们又说：你向一件离你两肘远的东西运动的时间与向星辰运动的时间的比例，应当是这两种距离的比例。在两种时间之间应当有所不同。

有一个时候，持第二种学说的人还引证这一点来反对持光线学说的人，而不知道这是错误的，其理由是我们可以假定一个短到感觉不出的时间，或者若干短到感觉不出的时间，把光线向星辰的运动放在里面，然后我们可以把这个时间分到无限，于是在其中找到一个或若干部分，这种部分与那个时间的比例，就是所找到的短距离与所找到的远距离的比例。所以这两种时间之间是有距离的，它们是感觉不到的，因为太短了。

然而那些持光线学说的人对这个难以解决的问题有一种证明；这就是他们所提出的这个说法：镜子证明有这些光线以及它们的反射存在，因为，必不可免地，在镜子的形式达到视觉之前，镜子里所表象和再现的视觉对象的形式已经达到了镜子；又有人说：光线发出，然后遇到镜子，再从镜子而来，遇到镜子以一个合适的角度反射到的东西。

第一个说法既然已经被证明是虚妄的，剩下的是第二个说法。使第一个说法的错误显然可见的是：如果这个形式再现在镜子里，毫无疑问它就会再现在镜面上的一个唯一的、一定的地方，而如果光和颜色是一道反射的，并且两者都在透明体中达到那个并非它们原来的主体的东西上面，那个达到镜子上唯一而且同一的地区的东西的表象，就会只是按照看的人的位置的不同而被看到。但是镜子里的影像并不是这样的，相反地，它随着看的人的移动而移动。如果它只是随着可见对象的移动而移动，那就不会有疑问了。至于它那种随着看者的移动而移动，其证明在于事实上镜子里并没有再现形式的位置；然而当看者移动时，却有线所落的位置的移动，这条线向可见的对象反射，造成一个适当的角度。因此，凭着这条唯一而且同一的线，他既看到可见的对象，又看到镜子的另一部分，并且以为自己在镜子的另一部分里，就是因为这个缘故，他并不停止移动。

他们又曾经说：还有一点可以指明这一点的真理性，就是在人用来观看的东西里，有时候印着一个视觉对象的影像；这个影像被反射到另一个看者的视觉，于是这第二个人就看见它，但是眼珠里表象着这个影像的人（如同在想象的掌握中那样）却看不见它。如果这个影像具有观看它的那个东西里的一种印象的真理性，按照主张影像的人的学说，这两个人是应当同等地知觉到它的。因为对于这一批人来说，知觉的真理性就是一个影像在观看的东西里面的表象；所以，谁的视觉里表象着一个影像，谁就看见了这个影像。

他们曾经说:这个道理也表现在人们的一个判断里,他们说看镜子的人以为在镜子里看到自己的形式,然而事情并不是这样,而是:当光线遇到了镜子的时候(于是它看到了镜子),光线就反射回来,于是它遇到看者的形式,并且看见它;所以,当看者在发出射线的唯一方向里看到了镜子和他自己的时候,就以为这两者中间的一个是在另一个里面。

他们曾经说:对影像并未印在镜子上这件事的证明,就在于可见的对象是在镜子上面被看见的,所以人们毫不怀疑它不在镜面上,但他只是在镜子里迷失了,走远了。至于这个距离,不可避免地是在镜子的深处;然而镜子并没有这个距离,而镜子即使有这个深度,它也并不是使人看到它的内部所再现的东西的那种东西。因此这个距离只能是一种与镜子的深处方向相反的一种距离;实际上事物只是凭着镜子的这种距离而被看到,事实上并不是它的影像印在镜子上面。

因此首先我们必须努力摧毁前两种学说,确立我们的学说亦即第三种学说的真理性;然后我们再回到这件可疑的事情上来,并且加以解决。我们说,必不可免地,或者从眼睛发出的东西是某种靠它自己维持存在的东西,具有一个地位,并且是一个有形体的实体,或者它是某种并非靠自己维持存在的东西,而只是靠视觉与可见对象之间的透明物维持存在。但是这样一种东西,我们实际上并不能说它是从眼睛发出的;应当说它是空气得自视觉的一种遭受,空气是凭着这种遭受帮助观看作用的。这种情形以两种方式造成,或者是依靠中介的帮助,或者是依靠器官的帮助。

但是在开始详细说明之前，我要先作一个普遍的判断，即：观看作用的造成，根本不是凭着一种因空气向有助视觉的状况改变而造成的变化，这是因为毫无疑问，这种状况只是作为空气中的一种性态而存在着，这种性态并不是相对于某个观看的人的观念，而不为另一个观看者所有的。

的确，我们并不反对这个范畴的存在；我们宁可说它是必不可免的，并且空气与观看时的观看者之间所发生的一种关系也是不可避免的；观看作用就是凭着这种关系而进行的。我们只反对说空气本身及其本质中有一种永恒的性态和状态存在，空气凭着这种状态而变得在自身中具有一种性质或特性。

如果这种性态和状态是存在的，它们就会或者是并不为空气而继续存在，而当它们与主体分离时就不存在，或者是存在着，即使空气并没有一种这样的性质，相对于某一个人的视觉，而不为另一个人的视觉所有；或者是，说得更明白一点，这种性态在一切事物中都为空气而存在，正如白之为白并非对于一件东西，却不对于另一件东西，而是凭着它的本性而白，在一切事物中都白，虽然当造成白色的原因中止存在时白就不再白。

其次，必不可免地，或者是这种性态接受强度和弱度（因而较强和较弱），或者是它遵照着一个唯一的尺度。如果它遵照着一个唯一的尺度，那就必不可免地，或者是那个必然的原因接受最强的和最弱的，或者是它并不接受。所以，如果原因的本性接受最强的和最弱的，并且这个本性是凭自身而成为原因的，它就应该是同时接受最强的和最弱的。

但是，当强的东西的强和弱的东西的弱是事物本性中的一种东西,而本性是原因的时候,弱的东西要产生强的东西本身所产生的作用,是不可能的事情。因此,如果那些在空气中观看和活动的力量是很多的,并且是彼此互相挤压的,这种状况和性态在空气中的开始就应当比较强,而在空气向这种性态转化时,强的东西对于视觉方面的事情,是比弱的东西要更强的,然而这并不属于最强的和最弱的东西都不被接受的那一个范围,而属于各种力量及其中的状态的范围。

但是,像我们刚才提到的那样,性态的力量并不是相对于一个人的视觉,而不相对于另一个人的视觉;它毋宁是凭着自身的,像我们说过的那样。所以,那些视觉弱的人如果聚在一起,就应当看得比较强,如果分散开来,就应当看得比较弱,如果视觉弱的人坐在视觉强的人旁边,他就要用比较大的力量来看,这是因为空气会转变为这种性态,而由于多数强的原因连接起来,转化作用也加强了,于是空气使形式得以看见的作用以及它在观看作用中的帮助,就变得更强,虽然视觉的软弱性本身使缺点增加了。各种软弱性结合起来,与单单有一种软弱性起作用是不一样的,正如对于一个视觉弱的人,观看作用的性态。在混浊的空气中是与在清新的空气中不相等的,因为,如果弱的东西从外界找到了一种帮助,毫无疑问他活动得就会比较强。

其次,我们已经见到过,把那些视觉强的人与一个视觉弱的人联合起来,或者把这个人与许多视觉弱的人结合起来,是丝毫不能增加他的观看作用的。所以很明显,前面的说法是错误的。

我们再回转来作我们曾经搁下来的那个详细说明。我们说,必不可免地,空气或者是一种器官,或者是一种中介。如果它是一种器官，它就或者赋有感觉能力，或者是传达者。但是，有人说空气因改变而变化成为赋有感觉能力的，因而会感知星辰，并且把它所感觉到的东西传达给视觉；这种说法是荒谬的。

其次，空气并不接触到我们所看到的一切；事实上，我们有时候看见那些星辰，但是空气并不接触到它们。我们认为最可恶的，是说那些在中央的天球也接受我们视觉的作用，并且变成一种器官，正如空气变成一种器官那样，因为这是一个有理智的人所不能接受的；或者是说光是一种播散在空气和天球中的形体，与我们的观看作用相结合，并且变成了它们的器官。

如果我们容忍这种可恶的说法，我们就会应当看不见星辰的形体的全部，既然先已经承认了另外一种错误：在天球上面有一些孔，而它的这些孔不到星辰的形体的一半；因此就应当只有人们所看的那些星辰的某些部分被看见，其他的那些部分则看不见。

其次，根据这些人的意见，我们眼睛的力量该会有多么强，强到可以使分布在那些天球的形体中的全部空气和光变成一种赋有感觉能力的机能，或者任何一种你爱怎么说就怎么说的机能！

再次，空气和光并不是与一个人的视觉连接，而不与另一个人的视觉相连结，那么，为什么这两种东西会把它们所感知的东西传达给一个人的视觉，而不传达给另一个人的视觉呢？

所以，如果进行观看的视觉的条件是：所见的对象落进瞳孔，而空气把它所感知的东西传达给视觉，空气的感觉就不会是感性事物达到灵魂的原因，而是视觉按照一种比例远离可见的对象的原因，因为空气乃是处在两者之间的中介。

如果空气凭自身而有感觉，而又能传达，我们对于它自身的感觉这件事的任务会是什么呢？说得更明白一点，那个在我们外面、因为有感觉、于是利用它的作用把视觉对象传达给我的东西是谁呢？我们并不关心空气本身有感觉还是没有感觉，除非是——我的真主！——把它的感觉算作我们的感觉；这样，空气和全部天球就是为我们而感知了。

如果把空气不当成器官，而当成中介，它首先在视觉的作用之下有所感觉，然后中介的性质得以完成，我们就应当有更大的理由来考察它为了传达应当承受什么样的遭受：或者是它从视觉接受了作为一个单纯元素的生命力，这是不可能的；或者是视觉使它成为现实的透明体。

然而在使空气成为透明体的作用方面，太阳要比视觉更有力、更充分。我是多么希望知道视觉对于这个空气所做的事啊！如果视觉使空气变热，当空气冷的时候，它就应当阻碍观看作用；如果视觉使空气变冷，当空气热的时候，观看作用就应当受到阻碍。在其余的对立性质里，情形也是一样。

但是有些异于视觉的原因属于对立的性质，凭着这些对立的性质，空气就会因改变而发生变化；这些原因如果突然发生，就会满足使视觉发生变化的需要。如果这些原因的反面突然发生了，是不会使视觉发生变化的，或者，也许不会产生一种透明性，也不会产生具有已知事物中的一种对立的一种性质；而会产生一种未经说明的特性。因为，持这种学说的那些人怎样能够知道这种特性，又从哪里得以知道它呢？

至于我们，我们已经先建立了一个普遍的前提，这个前提是阻止这一切凭着改变而产生的变化的，不管这些变化是被加在一种特性上面，还是被加在一种说明了的或没有说明的本性上面。在这以后，的确，我们认为，当空气是现实的透明体时，以及当各种颜色是现实的颜色而视觉健全时，实现观看作用是不需要另外一种东西存在的。

现在让我们认定发出来的那种东西是一种有形体的、放射性的实体，像他们中间大部分人倾向于设想的那样。我们说，必不可免地，它的性态将会分为四个范畴：〔1〕或者是它与一切可见对象相连，而并不与看者不相连；〔2〕或者是它与一切可见对象相连，而与看者不相连；〔3〕或者是它与一部分可见对象相连，而不与另一部分相连，不管它与看者的情形如何；〔4〕或者是它在可见对象以外，也不与看者相连。

至于第一个范畴，那是荒谬到了极点，我的意思是指认为有一个连续的形体从视觉发出，充满世界的一半，并且碰到各种天体。其次，当人们闭上眼睛的时候，它就再回转到视觉；再次，当人们睁开眼时，另一个与它等同的光线就发出去，而当人们闭上眼时，切就再回转到视觉。然后，当人们再一次睁开眼时，光线就到了一切之外，因而一切就好像决计要符合闭眼的人的意图似的。

其次，如果视觉的产生是凭着事物达到眼睛和接触眼睛的作用，为什么不会看见远处事物的形状和大小呢？的确，大小比颜色更宜于完全凭接触而被感知，因为光线每每是分散的、动摇的，它看见颜色，就像人们看见颜色的混合那样。至于有大小的东西，光线看见它，就像人们看见容积的混合那样；但是，有形体的容积的混合，当它并不和合一致，好像由一个有形体的容积和虚无或一个非形体组成的时候，它在一个整体的大小方面并不造成什么欠缺，视觉中的角度对于他们是没有用的。角度只是对于那些主张影像学说的人才有用。他们实际上是说，影像作用在切面上，这个切面在水晶体的表面，是在所假定的圆锥里面造成的，圆锥的顶点是在眼睛内部。所以，如果因为事物较近所以角度较大，切面就比较大，其中的影像就比较大；如果因为事物较远所以角度较小，切面就比较小，其中的影像就比较小。

至于有一种人，根据他的学说，可见的对象是被当成与视觉器官相接触的，那么这个角度又有什么用呢？

至于第二个范畴，其不对头和不可能是十分明显的，因为如果发出的东西与看者分离，一直跑到小熊星座的两颗守门星，接触到它们，而在它与看者之间并没有连续性（看者感知，只是自己在感知），那就好像等于说，摸触者有用一只砍断了的手去摸触的能力，蛇的砍断并分开了的尾巴仍有感觉能力时所触知的东西达到了蛇的身体；除非是说，事物使中介发生了变化，而中介像信使一样把所触知的对象带给看者。这样，空气就同时既是传达者，又是可变的东西。但是这一点我们已经充分说明过了。

如果发出来的东西是与一部分可见对象相连，它就应当看不到全部可见对象，只看见它所碰到的对象，而如果它所遇到的对象被当成可变为发出的东西的本性，和发出的东西一起变成了同一件东西，那么，当我们看见天球时，关于天球我们又能说什么呢？关于天球，我们能不能说，它被转变为发出的这道光线的本性，并与这光线一同赋有感觉能力，好像是同一件东西似的，因而这光线会遇到整个土星并且看见它，而且会遇见和看见木星以及其余的大星？但是，这种说法的虚妄是显而易见的，很不对头。

其次，对于这种因改变而产生的变化的虚妄性，我们已经说出过我们的看法了。他们说透明的空气并不是与光线结合成一体，而是由于改变而变成一种传达的本性，所以光线所遇到的东西为光线所感知，而光线没有遇到的东西，空气则凭着一种因偶然的改变而产生的变化把它的形式传达给光线。

当他这样说的时候，第一个答复是：如果空气有传达的特性，为什么它不会凭着改变作用从眼珠起发生变化，不会向眼珠传达呢？所以并不需要有一个形体发出。至于第二个答复，我们已经不用说明这些凭改变而产生的变化的不可能了。至于第三个，既然所发出的两条线之间的中间空气必然把它传达给两条线中一条的东西传达给其中的每一条，而最后，感觉对象的形式必定两次或多次地从与两条线混合在一起的空气被传送到全部光线，那么，感觉对象就应当两次或多次地被看见，特别是，如果真像人们的某种学说中所说的那样，这些线并非凭自身感知，而是凭空气传达给它们的东西感知的话。

其次，如果向眼珠传达的作用为一切东西所具有（我的意思是说同时为线和空气所具有），空气就是传达影像的东西，像第一位大师[①]所说过的那样。如果知道了并没有虚空，天球的形体都是坚实的，并没有裂缝和空隙，就会知道可变的天球是不可能的，发出的光线是不可能透入它们的，或者说得更明白一点，如果水中并没空隙让光线碰到水底的土地和其间的通路，光线怎样能深入水中呢？水的容积怎样不会因为有光线混入水中而增加呢？如果水

① 当指亚里士多德。——译者

中有空隙，存在于水中的这些空隙的容积会是怎么一回事呢？因为水是有重量的，而且有淌进空隙把它填满的作用。

像这样，就会看到，水的全部，或者大部分，或者一半，乃是空隙，以便让发出的东西能够透入水中，投向水底的一切，遇到它并且触到它，而并不与视觉脱离，因为如果脱离了，那就是怪事了。

如果有人说：我们看见一个小东西投入大量的水中，因而整个没入了，例如一点郁金粉染了大量的水，那我们便说，大量的水之为一点郁金粉所染，必不可免地有两种方式，或者是水中的染色只是发生在郁金粉的部分里面，而水的部分与它混在一起，或者是水的部分本身也变了色，如同水变热变冷变香变臭一样，而我们不说有一个实体或者凭着一种真实的染色的变化，或者凭着一种想象的染色的变化而进入其中；我所谓想象的变色，是指下列情形：例如你在水面上看见一件在水中而并不正对着视线的东西的影像，又如人们想象水是依照着他的花瓶的颜色的。

这种情形的产生，是由于某种东西充斥和一般化了；整个水面都表现出这种染色，而水中只有一点点这种东西。如果这种染色是依照着另一个范畴的要求，这种说明在显现作用方面就会没有用处，理由是水由于有极少的染料渗入其全体，已经发生变化或取得形状了，因为容量很大的东西有时为容量很小而力量充沛的东西所改变。

总之，如果空气为光线所转化的情况就是这种情况，就会得出我们在前面驳斥过的那种结论来。如果光线是极多的，空气在一种对观看作用有利的转化作用中就应当会增加。如果空气的性态的存在，是靠传达的方式，而不是靠转化，空气的本性就是这样一种东西，它除了把影像传达给两眼以外，还传达给那些接受者。

如果空气的性态并不是依照第二个范畴的要求，而是采取第一个范畴的方式，我们就不会怀疑水在郁金粉的部分之间分为部分，郁金粉在水的部分之间分为部分，虽然水的部分毫无疑问要比郁金粉的部分容积更大，而在郁金粉的第二种部分之间（两部分无间隔地相随着），是纯粹的水，在大部分的地区里面，这些夹在郁金粉的两种部分中间的纯粹的水，比郁金粉的部分要大得多，因而部分与部分的比例，当你单拿一个与另一个比时，就和全体与全体的比例是一样的。如果情形是这样的，郁金粉的部分的容积就会很小，因此也就不能承认它们占据了水的全部，也就不宜于说水被染了，亦即全部被染了；然而，这种方式是错误的。

但是我们看见水全部被染，只能由于下列两种原因之一。〔1〕或者是因为水和郁金粉的每一个部分都小到感觉不能分辨的程度，然而这并不妨碍其中的一种比另一种多到无限，因为形体是无限可分的，而水的一个部分也可能千倍于郁金粉的部分，不过尽管如此，还是小到不能单独地被感觉出来。如果是这样，视觉就不能做到精确地把郁金粉的部分与水的部分分辨开来；于是对这两样东西它就会看到一种统一的、扩散的染液，介乎红色与透明之间；这是一种方式。

〔2〕或者是见到的郁金粉的部分并不按照同样的位置，既不互相平行，也不彼此相对。说得更明白一点，是在两个部分之间，凭着所见的一定量的水的一个部分的性态，产生出某种次序，如果另一些部分从它们落下的地方升起来，它们就以前面那些部分把表面遮盖起来；因此，某些部分是因为在最高的表面而被看到，另一

些部分是因为把它们的影像送到最高的表面而被看到。于是这些影像与一种统一的染液协同一致，因为水由于它的透明性，是传达每一个影像的颜色的；于是整个看起来是连续的，有一个统一的表面，并且被想象成那占据了水的东西；然而并非如此。

这种说明证实了两种情形，一种是我们见到的染在稀薄的东西里的那种东西的不足，稀薄的东西是没有厚度的，另一种是我们见到的浓厚的东西中的多余，虽然比例是一样的。所以，稀薄的东西里的郁金粉与稀薄的东西的比例，同浓厚的东西里的郁金粉与浓厚的东西的比例，乃是一样的。依照这两种方式，少的东西就会有可能占据多的东西，但是实际上，少的东西占据多的东西，并不是凭着量，而可能是凭着使它发生变化的质。

说到他们那种说法（认为发出的东西凭着一种些小的贯穿作用穿入空气，而不用连续地达到可见的对象，接着认为远处的空气向发出的东西传达，然后发出的东西向看者传达），以及所谓空气不用因改变而造成的变化、单凭其透明性而传达的说法，为什么空气就不会向眼珠传达呢？这样就足以免除普纽马向空气发出和遇到危害的困难了。而这是否由于因改变而形成的变化所造成，我们已经对这个问题提出自己的看法了。再则，为什么空气就不会在眼珠中因改变而变化，而不需要普纽马呢？

第六节　用他们的学说所讲的东西来驳斥他们的学说

我们现来列举一下伴随着大师们的意见的一些荒谬之点。

他们认为从视觉发出的东西的部分从一些形体向另一些形体反射，这就是这些荒谬的意见之一。当这些部分看见了一个形体时，它们就由这个形体向另一个形体反射；它们看见这个形体，也看见它们反射到的那另一个形体。例如，当它们达到了镜子时，它们看见镜子，然后当它们由镜子向另一个形体反射时，它们就同时也看见另一个形体。因此，同一件东西被看成好像两件东西在一起，于是人们便想象在两者之一里面看见另一件。

他们的这个意见必然有些反对他们的证明与之相连。在这些证明中间，有的认为这种光线的反射的造成，或者是凭着硬的东西，或者是凭着光滑的东西，或者是凭着结合两者的东西。然而他们认为这种反射有时来自一种光滑而不坚硬的表面，如水。所以单单坚硬并不是条件，反射的原因毋宁是一种表面的光滑。当原因是一个表面的光滑时，必不可免地，或者是有一个偶然的光滑表面就够了，或者是需要有一个由光滑的部分连成的表面。如果这个条件存在(这是第二个范畴)，就不能认为光线为水所反射，因为按照他们的说法，水的表面由于有他们所指出的许多孔，所以没有连续性，而由于这些孔，水后面的东西就有可能完全被看见。

如果连续性不是从这个条件得出的，这种反射就应当是凭着所有的形体而造成的，虽然这些形体是粗糙的，因为粗糙的原因是棱角或来自因隆起而造成深度的东西的那种类似棱角的东西。但是在一切有一个棱角的东西里，总归有一个表面上没有棱角，因而是光滑的；否则，棱角就会多到无穷，或者表面就会一直分到成为一些并非表面的部分。但是这两者都是荒谬的。

所以一切形体的表面都由光滑的表面组成，应该凭着它们的一切表面造成一种反射，或者，人们说有两种情况：一种是光线不为小的表面所反射，第二种是光线为不同位置的表面向一些分离的方向反射；这样，反射的东西就分散了，达不到某件东西，因为不能集合在一起。

至于第一个范畴则是错的。因为大家都知道，如果一个形体从视觉发出，突然散布到宇宙之球的一半里面，它在发出的时候就会在部分的细小和分散方面都达到极度，而当它被反射时，它的一切细小部分以及它的一根细线的一切极端毫无疑问就会只遇到一个同样小的部分，为这个部分所反射，而对于这，在它后面的东西是既无益也无损的；也许，如果遇到的光滑表面比它更小，就不会为它所反射。

然而当我们反省时，我们并未发现这个观念是妨碍我们这个世界上那些存在物中的反射的原因和条件，因为有时候如果一件东西是粗糙的，我们毫不迟疑地就知道它那些具有光滑表面的部分是有一定的容积的，我们并不怀疑这个容积比发出的光线的末端更大，而尽管如此，这些光线并不为这些表面所反射。这好像捣碎的玻璃，粗粗捣碎的盐，以及粗粗捣碎的水晶，这些东西的部分的表面，我们知道都是光滑的，但是并非小到极点，小到会比发出的光线的部分更小，这些表面如果连在一起，是不会反射光线的，并且比这更大的东西也不会反射。

其次，各种厚的土质形体更加应当可以分成一些极小的部分，比光线这个形体所照的那些部分更小，而光线也分成部分，分到会有一个厚的部分比那精细的东西分成的东西看起来更小。

其次，光滑的东西之会反射，如果原因在于没有可穿入的地方存在，如果其中有一种推的作用在光滑面的后面，这就会是粗糙的东西。但是，如果并没有一种东西在光滑面后面推，也不是没有一个可穿入的地方存在，光线就不应当为某种东西所反射。因为形体按照本性是并没有各种运动的，它之有各种不同的运动是受强迫的。你知道如果发亮的东西凭着本性已经使光线倾斜了，要重新改变方向只有凭强迫。其次，的确，一个表面的光滑，并不是形体中那种改变遇到光滑面的东西的本性的性态，而遇到光滑面的东西，也并不是把有光滑面的形体的某种东西推走、强迫这些形体起远离光滑面的作用的那种力量。

如果一个表面的光滑是使形体远离形体的作用的原因，它就会使两者之间的东西远离，虽然平滑面以不拘哪个位置接触着；而视觉也应当为发出的光线所触到的镜子所反射，在镜子上留下痕迹，而这并不是当光线仅仅以末端遇到了镜子的时候。如果反射的原因是在后面推的作用和往回跳跃，像球上所发生的那样，光线就应当为每个没有可穿入的地方的硬东西所反射，虽然这件东西并不是光滑的。

至于按照主张影像的人们的学说，这就会有一种方式，这种方式是包含在他们的下列说法中的：他们认为一个表面的光滑是传达影像的原因，一个表面的一切光滑面，不管大小，都是传达一定影像的原因。然而小的表面所传达的那些影像，对于视觉的辨别来说是太小了；所以它们是感觉不出的。的确，在粗糙的形体里面，黑暗与光亮相混，所以整个内部是阴暗的，而所有隆起之处对于传达一个为感觉所分辨的影像来说，是太小了。如果粗糙的形体是连续的，就不会有这种情况发生。

至于那些主张反射的人，在他们看来，这种微小是并不能说明它所造成的反射不存在的。至于他们并没有把这种微小看成原因而是提出扩散作用这一点，这种扩张作用在镜子上也是存在的（镜子接受了形状），光线从镜子上全部地向宇宙之球的一半反射，这是按照我们在关于镜子的科学里所认识到的那种道理。

也可能是粗糙的东西（因为它使光线分散）所造成的反射达不到这些镜子所达到的程度，毋宁是有时候来自粗糙的东西的那些线聚集在一个单独的点上。这是证明中的一种。

第二种研究在于光线在一个瞬间会为水所反射，而在另一个瞬间会穿入水的下面，同样地也为水晶所反射。因此就应当是：在两种东西中间的一种里面，包含着另一种以外的一个缺点：或者是水下面的可见对象并非全部被看见，而是看见一些在感觉中分离开来的点，看不见一个完全的形式；或者是由粗糙的东西造成的反射所射到的那个东西并非全部被看见，而是看见一些在感觉中分离开来的点，看不见一个完全的形式，虽然对两者之一的视觉要比对另一的视觉完全，而后者是比较有缺点的。但是事情并非如此。

第三种研究在于，光线凭着与它分离的东西所反射的东西而与前者以外的另一件东西相接，人们就会同时看见这两件东西的形式；这就会必不可免地，或者是所反射的光线的分离并不使感性事物的形式必然离开光线，或者是使它必然如此。如果不使它必然如此，为什么我们不会看见离开我们很远并且与光线分离的镜子呢？因为我们在那里并不知道一种原因，只知道光线在交换中从镜子得到另一个地方，与它落下的那个地方不同。如果这种分离使这个形式必然离开光线，我们怎样会在同一个瞬间看见镜子和形式呢?

如果是光线留在镜子上面的部分看见镜子的形式,而光线远远射向另一件东西的部分看见那件东西的形式,所看见的这两件东西就会各为光线的一个部分所见,而这两个部分就应当并不是一同看见的,例如从同一个瞳孔里射出落在赛义德身上的光线和同时落在阿密尔身上的光线,并不使人把从赛义德身上看到的东西想象成与从阿密尔身上看到的东西混在一起。

如果说其原因在于这条光线是经过通往灵魂的线而传达形式的,所以是一条唯一的线传达两件东西,而由一条唯一的线被传达的东西看起来就像同在一个地点,那么关于第一点就可以说,这种学说已经化为乌有了,人们已经反驳了发出的线是向外界观看的东西那种说法;这种线毋宁是传达者。至于第二点,并不是不可能有第二条线发出来遇到所反射的线,并且与它相连接;所以如果它的传达只是凭线中间与它相接的那一条,接着有所感知的就会是眼睛里面的机能,而不是发出来的东西。

于是,事物就应当是从这两条线一同被看到的,形式就应当是与镜子的形式并与别的形式一同被看到的,而有时候事物就应当被看成两个,这并不是由于眼睛里面的一种原因,而是由于那些分离的视线中一条唯一的视线里面的连续性。但是这样的事是并不存在也不发生的。所以,或者是除非事物正对着视觉,我们才可能在镜子里看到这件事物,而又在镜子外面单独看到它;或者是,如果它不正对着,我们就只是在镜子里看到它。

那么,就根据他们的原则,假定视觉点是 a,镜子的地点是 b,再假定一条从视觉发出的线 ab,然后假定它向一个在 c 处的形体反射。再假定另一条发出的线，亦即 ad，在 e 处与 bc 这条线相切，并假定在这个地点 ad 线与它相连。我说：根据他们的那些原则，d 的影像就应当与 c 和 b 的影像一同被看见，c 的影像就应当从 e 和 b 这两端并从 ea 和 ba 这两条线被看见。

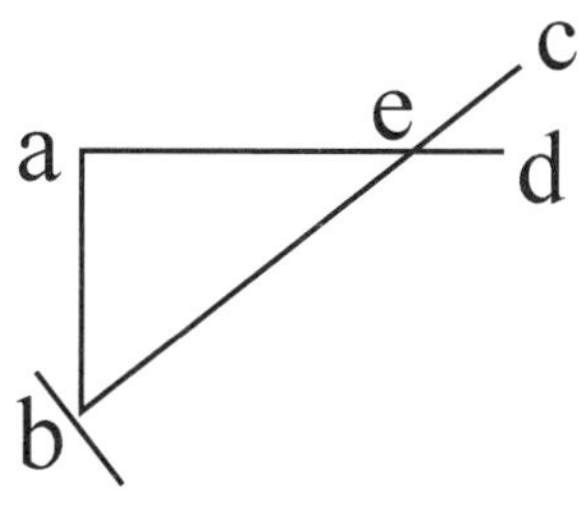

这是因为这些从视觉发出的线或者是连续的，或者是相接的。如果它们是连续的，有一些线就会像我们所假定的那样，在相连续的时候，具有接受另一些线的印象的特性，因而两者都向眼珠传达，印象就造成在这整个形体本身上面，而不造成在它的一侧的一个表面上，但是这种传达作用既不是任意的也不是人为的，而相反地是自然的；所以，如果遭受者之达到现实，是在遇到对所遇事物起作用的活动者的时候，遭受者就应当是遭受到活动者。

因为事物的实体中的那些自然性态发生作用的规律，就在于性态的本性存在于遭受者的本质之中，而并不是由于一种来自活动者的本性的东西；并且在于发生作用的东西存在于活动者的本性之中，而在遭受者的本质中是找不到这类东西的。当这种情形化为现实时，作用的发生的稳定性，就只是凭着两者之一到达另一。

所以，当活动者达到遭受者时，既然中间的东西都没有了，而前者是具有活动的机能的东西，后者是具有遭受的机能的东西，存在于两者之间的活动和遭受就会凭着本性而是必然的，因而造成一种连续性，而凭一种性态而存在的角度就会没有意义，造成一个印象的就会既不是镜子里可穿入的地点的不存在，也不是其中透明体的无有。那么，不管是可穿入的地点消失了，而有些线与它相连续，或者是可穿入的地点并不消失，而有些线与它相连续，情形都是一样，因为活动者应当活动，遭受者应当遭受。

所以，比方说，如果影像和印象不在那个有广袤的放射体本身之中，而在它的一个表面上，或者在这个放射体不在和终止处的一个点上，而这个点并不在这条线的方向上——因为这条线通过这个方向会与放射体相连续，并且遭受到它——，或者说得更明白一点，这个点是在这条线的广袤以外，那么，在这条线的起点和终点之间的东西，就会应当并无遭受，而相反地，却应当是影像突然从所触到的那个表面落到第二个表面上，而并不遭受到中间的那些部分，这是因为连续的东西并没有地方可以在现实中切断；或者是传达作用应当靠直线造成，而绝非靠角度造成，因为点和角乃是直线以外的偶性。但是这一点却是人们所不谈的。

因此很明白，ea 线通过 ce 线而遭受，是和 ba 线通过 eb 线而遭受一样的；说得更明白一点，这是比较可取和或然性较大的。这样，影像 c 就应当通过 ea、ba 这两条线中的每一条而到达，而 c 应当被看到不是单独一个东西，相反地是两个东西，其次，影像 d 应当与影像 c 一同到达，而他们却认为影像 b 与影像 c 一同到达。所以，三个影像应当一起被看见。但是这都是不存在的事。

关于这种情形，如果这些线是接触的，并且它们的所有的部分都是凭着它们的形体的全部而接受印象的，的确，凭着相接，起作用以及在最接近的东西上产生结果，就是必然的，但是，如果它们只对于正对着可见对象的东西有影响，那么，对于那些被设定为远离这个表面的那些角中间的某一个角来说，就不能承认可见的对象是从它达到视觉的。

如果有人问我们：你们有什么根据认为，当影像落在某一个与它相接触的视觉上，而不落在另一视觉上的时候，传达这种影像的作用必定发生在直线上，或者发生在某一情况下？我们就会说：至于我们，实际上，我们并不说，就空气只从某件事物的形像或影像中接受某种东西，把它带到另一件事物而言，空气是传达者；而相反地，我们说，使事物的影像达到与它正对着的东西的，是一种照耀的东西，如果两者之间没有一种阻碍（即有色物）的话，或者说得更明白一点，如果两者之间的中介是透明体的话。

但是，如果中介首先接受，然后传达，那它就会向一切视觉传达，不管它们在什么位置上，就像它把热传达到人们所触到的一切地方，不管它们在什么位置上那样。

其次，在这里应予考察的那些事情之中，还有一件，就是我们常常一下就把影像与有影像的东西一道看见了，并且我们看见这两件东西是分离为二的，我的意思是说，我们在镜子里看见一件事物的影像，而我们也连同看见这件事物本身在镜子旁边；但是有可能这种情形的发生，只是由于一道光线有两条线，一条经过直线达到这件事物，另一条则依照反射的角度。但是，因为落在事物上的两条线是两条，并且在这种情形之下，我们看见这事物好像是两件，所以现在发生了一个问题：这到底是可能的还是不可能的？

我们说：因为有两个部分落在可见的对象上面，这并不使一件事物必定被看成两个，因为，的确，照他们的说法，光线的各部分越是结合在可见对象上，越是聚集，它们的知觉作用就越是确定，在数目方面就离开错误越远。

那些反对的人承认这一点，但是并不认为当只有一道光线看见一件东西的时候，这件东西必定是一件，而如果有另一道光线落在事物上面，并且与之相连续，由于它，在视觉中就发生了一种错误，因为两道光线不可能一同触到同一件事物，不管这两道光线都是原来的，或者一道是原来的，一道是反射的。

按照他们的想法，光线乃是一个形体；的确，形体是不能穿入形体的，一道光线只能落在另一道光线上面。如果我们采取这条途径，通过两道光线的观看作用就不会是通过接触而造成的，而是一道接触，另一道从它接受，而两道光线是两条走直线的线的两个极端，还是两条中的一条走直线而另一条由反射的侧面发出，就会没有什么不同。所以，如果这里有一个原因，两道光线落在一件东西上面的动作就不会是在绝对的意义下造成的，而是依靠一个条件，就是：两道中只有一道落在事物上，而第二道也同它一道落在另一个事物上。

但是，这个范畴被我们用面对面的两面镜子证明是错误的，因为在这种情形下，光线并不在这两面镜子里分离开来；而是一道光线的所有的部分都落在两面镜子上，而尽管如此，视觉仍然一下看到每一面镜子及其影像，而两道光线在这里并不分离；所以不能认为一道光线传达一个影像，另一道光线传达另一个影像。

所以两道光线每一道都感知另一道所感知的东西，所感知的对象是同一个。所以知觉和传达不应当是两回事，而相反地，每一面镜子的形式应当只达到视觉一次，并不重复。如果它由于反射而重复，并且如果这种现象有一种很不普通的原因和来头的话，我们是可以宽容地来加以讨论以便予以承认的；所以不应当有重复之后的重复。认为从两面镜子的每一面都有多数影像达到，因而一面镜子被看到许多次，它本身虽然只被看到一次，它的影像却被看到无数次：这个意思是什么意思呢？

所以，如果我们说，当光线为这面镜子向另一面镜子反射时，它就在这一面镜子里看见另一面镜子，然后当它再一次被反射到第一面镜子时，它就在这另一面镜子里看见第一面镜子；那么，当它再一次被反射时，为什么它不像第一次看见影像那样看见这影像呢——如果不是像他们所说的那样，第一道光线以一个部分看见它，而另一道光线以另一部分看见它的话？因为如果这些部分是传达者，你就不会看到影像；所以它们不会传达别的东西，只会传达这个影像本身。

当影像曾经在光线中是一个之后，光线的各个部分落在影像的作用的不同，并不在视觉中必然造成不同。这一点我们也已经指出过了。因为，在他们看来，被反射的光线的各个部分更以某种方式进到造成反射的那个视觉对象以外。所以在这些部分里面，对象的形式应当看起来是改变了的，但是尽管如此，随着形式的改变，被反射的光线却不应当增加使第一次和第二次被看见的东西的数目增加，因为从形式传送来的东西是一个。

但是，如果这些部分是凭自身观看的，那就应当像我们所说过的那样，在造成反射的东西的影像里面不可能看见反射到的东西的影像。其次，这些影像既然很小，就不应当看到它们为某种细小的东西所反射。

他们可能说，如果光线被反复地推来推去，它的距离就会延长，所以看得就一次比一次小，第一次的与第二次的就由于小而分开。这样，首先，当那些放射的线积聚时，它们就应当不会像一条线，比原初的线更粗更强，而相反地，这些线仍然是曲折的、并列的，具有保存着的继续存在，而不是结合的。但是这个判断是不可思议的，而且不但如此，由于角度的数目所造成的斜面的远离，线就越来越小，因此他们并不能发现人们由于正面的远离而发现的东西。

其次，对于这个本身被看见的对象，他们会说些什么呢？因为，如果对于这个对象，大家同意把这些反射之间的距离拉大，人们就会因为这种微小而看不见；例如：如果视觉从镜子 a 被反射到镜子 b，它就会在镜子 a 里面看见形式 b；然后，如果视觉从镜子 b 被反射到镜子 a，它就会在镜子 b 里看见形式 a；然后，如果视觉从镜子 a 被反射到镜子 b，它就会看见形式 a；然后同样地它就会在镜子 a 里看见形式 b；假定两者之间的距离是两掌远，光线在眼睛与两面镜子之一之间所经过的距离就应当是八掌。如果我们把镜子 b 从它的位置挪开十掌多，我们就会由于小而看不见影像，因为我们刚举出的那件事之所以不可思议，乃是由于从事物本身中抽出来的形式的分离，这种形式是从事物中经过一再反射而抽出的。

的确，这一切是会在视觉中分离的；但是这两个形式是在一个接受者中从一个质料抽出来的。既然形式的分离或者是通过定义和观念而进行的，或者是在接受者中进行的，那么这两个形式是通过什么而分离的呢？可是，两个形式的观念是一个，它们的第一支持者是一个，它们两个的第二接受者也是一个。所以这两个形式不应当是两个。

而按照我们的学说，是得不出这种可怪的结论的，因为在我们看来，这两个形式是从两个接受者抽出来的，其中的一个是两者的第一支持者，另一个是光滑的形体，它以某种接纳的方式接受两者的影像，并且为了它们的形式而在眼睛里形成某种作用的方式。

其次，说到光线接着光线这个问题的不可思议，的确，如果事情是按照我们所说的那样，第二道光线不应当穿入第一道光线，而相反地，应当在外面触到它，被反射的光线会怎样触到和看到可见的对象呢？它只触到它从以前触到过它的那种东西所接受的东西。如果按照它所接受的遭受，并按照它由于与第一道光线相连续而接受到的东西的接受，它看到第一道光线所看到的东西，那就会表明按照一定角度的遭受的状况是虚假的，而且它所感知的，只是第一道光线已经感知的东西，在数量上一点也没有不同。如果一道光线从事物的那些部分中触到某种东西，与另一道光线触到过的不同，这两道光线就没有一道会一直达到知觉的深处，两道都不会感知同一件东西。

第七节　解决所提出的那些疑问，以补充那些对透明体及其光滑面保持种种不同位置的可见事物的论述

我们现在来解决所提出的疑问。

持这些意见的人[①]所主张的，是靠近会妨碍观看，以及颜色和

① 大约是指德谟克里特。——译者

形状不可能转移到它们的质料之外。因为他们不同意说，某一种观看作用或感觉作用的造成，只是靠把形式从质料中抽离出来，因为抽象就是把形式本身从质料中攫取出来，并使它进入感觉机能。

但是没有一个人是这样讲的；相反地，他们曾经说过，这是通过遭受而造成的。遭受并不是遭受者取去活动者的机能或性质，而是从它接受某种在“种”的方面与它们相似或相异的东西。我们说，视觉在自身中从视觉对象接受一种与视觉中的形式相配合的形式，而非接受其形式的具体本质。凭接近而感觉到的东西，如闻到的或触到的东西，也是这样，因为这种东西的感觉者并不取去它的形式，在其中出现的只是某种类似视觉对象的形式的东西。

然而在事物中有一种东西①凭着相遇的作用引导到遭受②，其中还有一种东西③，当被遇着的时候便有某种东西从它分离开来，这种东西是它的印象赖以产生结果的。在这里，光线需要附在可见的形式上，以使具有形式的东西④从它的形式里投出一个影像到另一件东西里⑤，与一种东西⑥相似，这种东西，凭着影像的投射，当光在其上⑦变强时，我们便看到它，与这影像一模一样；光的变强使对着光的东西染上光的色彩，于是当面对着可见事物的东西能够接受时，光线就把影像当作确定的东西传达过来，以一面镜

① 指遇到可见对象的光。——译者
② 指引起视觉的感受。——译者
③ 指视觉对象。——译者
④ 指看到的对象。——译者
⑤ 指眼睛。——译者
⑥ 指可见的形式。——译者
⑦ 指在可见的形式上。——译者

子为中介时也是一样，不过需要可见的东西是照亮了的。光线的确需要一种中介作为工具，在这方面给它帮助，这就是透明体，但是中介的容积有一定的限度，在其中是不会有最小限度的容积的。

在证明知觉者从知觉对象抽取一种影像时，要提到一种东西，这种东西寓于对视觉对象的形式的想象[①]中，使它要想象时就想象。所以你可以认为这个想象的对象就是事物本身的形式，就是已经移入想象、剥去形式的对象，这乃是事物的整个抽象。

但是相反地，影像是异于想象对象的东西，只是与它相似。当你观看了太阳，然后转过身来的时候，太阳的形式在眼睛里有一段时间，这段时间便告诉你，眼睛已经接受了影像；正如落下的雨滴被想象成一条线，急速转动的点子被想象成一个圆一样。

但是你不能想象和观看它而没有看到过它的广袤，而你又不可能看见一个在并非时间的东西里运动的点所占据的广袤，也不可能想象这件东西在两个地方。所以雨滴的存在方式就应当是先在上面，然后在下面，它的广袤就是其间的东西，而点的存在方式就是在它转动的距离的一端而又在另一端，它的广袤就是其间的东西，这是你在影像中所设想的。但是这并不是在一个单独的瞬间造成的。先行的东西的影像应当还保存着，留到继之而来的东西之后。然后感觉作用把它附到后来的东西上，两者结合成一个广袤，好像它是一个感觉对象似的。这是因为先行的东西的形式是稳定的，虽然雨滴或点已经完全离开了你们假定的限度，并没有在那里留一个时间。

---

① 指一种内部官能，其地位处在感觉与思维之间。——译者

至于他们关于眼睛前面想象的光亮所说过的话，他们关于这个问题的错误的原因，就在于按照他们的看法，这只是单单以一种方式存在，因而他们以为无法承认眼睛是某种在实体中具有一种光的东西，像我们在前面讲过的那些发光的东西那样。因此，当黑暗的时候，眼睛就发出光来，照亮它前面的东西，这是由于一种对黑暗发生影响的性质，而不是由于一种与它分离的东西。

照他们的看法，同样地，也无法承认摩擦和摸触有时在黑暗中产生一些细微的火光，例如在黑暗中摩猫背、用手摸褥子和胡须上时所发生的那样。但是你显然知道，眼珠本身几乎也属于这样的东西，在夜间发光和照明，并且把它的光线投在它面前的东西上。的确，许多动物的眼睛有这种特性，狮子和蛇的眼睛就是这样的。当它是这样的时候，它就能照亮阴暗的东西，就是由于这个道理，许多动物在黑暗中能够看见，因为它们以眼睛里发出的一种光亮照亮了事物，同时也是由于它们的眼睛的机能。

至于那些说眼珠是充实的，不容他物进入其中的人，则否认凹神经中有一种精细的形体，这种形体乃是视觉机能的承负者，即所谓视觉普纽马，它运动着，一会儿藏匿，逃走，一会儿占优势，盯着瞧。当一只眼睛闭上的时候，这普纽马就自然地离开那种闲散和黑暗，跑到另一只眼睛里，因为根据解剖学大师们所知道的，两眼中的通道是共同的。当一件东西充满着另一种东西的时候，这充满的东西就不应当具有喷射、离去、在地上消散、向世界的四方分散的本质。

至于那种关于镜子的说法（他们的问题就是一切主张这种说法的人的问题），即认为镜子里印着感觉对象的形式，可以用来答复这个问题的回答则有三种。

〔1〕一种回答是建立在一种大家知道的学说上的;这种回答就是:形式并不是由于一种性态而印在镜子里,像物质的形式按照这种性态印在它的质料里那样,而且,在这种学说里,对立的东西并没有结合起来,而是这个形式整个印在整个镜子里。在镜子里同时结合着一个黑的影像和一个白的影像,是没有害处的,因为这两者之在其中,并不是凭着它获得这种性质的样式,而是作为可知的东西存在于其中,因为理智认识黑色和白色,并不会使它们互相对立或彼此分离。

其次,视觉只达到按照三种东西之间的一定关系的东西,我的意思是指可见的对象、镜子以及观看者之间。但是并非镜子的每一部分全都发生这种关系;相反地,整个镜子的一个部分传达白色本身,另一个部分则传达黑色本身,这两个部分之间,在视觉方面,是有一定的界限的。所以是整个传达作用和限制作用在视觉中使形式与视觉对象相似。

但是,这个回答是我所不讲的,也是我所不明白的。我不了解形式怎样会印在一个质料性的形体里而不存在于其中,以及形体怎样有时会空空如也,没有形式,然而形式却印在其中。可是,形体怎样会并非空空如也,没有形式,而在镜子里却看不见它呢?不如说它所具有的形式被看见,虽然说它被看见还是这个意思。还有,它怎样会对于一个站着的人是空空如也的,对于另一个站着的人却不是空的呢?这是夸张,是勉强去做一件困难的、不对头的工作。他们并不认为形状印在一个物质的实体之中,这也是勉强去做一件困难的事,虽然他们是把形状当作不确定的东西的。他们认为黑色的形式在一个形体中，却不认为这是一种属于这个形体①的黑色，这也是勉强去做一件困难的事，虽然他们也承认其中有与白色的一刹那间的结合②，并且把黑色的形式看成非黑色，把白色的形式看成非白色。③

至于关于理智和可理解的东西的说法，放到后面再讲。

至于有人可以用来答复的那两种回答，〔2〕其中的一种严格地需要关于镜子的说法，〔3〕另一种也与它相接近。

至于严格需要镜子的说法的那种回答，的确，或者是，第一，人们说，如果有一种东西，人们需要它来使一件东西对另一件东西起作用，那么，人们所需要的这种东西，例如镜子或透明体，在这里就不应当从本原有所遭受，例如观看者④所遭受的那种遭受，所以人们就认为当剑造成痛苦时，剑在痛，当人们因为收到礼物而快活时，礼物在快活。

或者是，第二，人们说，一切有作用的形体都无疑地应当遇到可触物，这一句话并不是自明的，也不是显然的；因为，虽然根据归纳，大部分形体中存在着这种情形，却并非一切活动和遭受都必然依靠相遇和接触而存在；可以承认的毋宁是：事物对其他事物的作用的存在并不靠相遇，正如可以承认无形体者如创世主、智慧⑤和灵魂作用于形体而无须相遇一样。

① 指镜子。——译者

② 黑色与白色的结合。——译者

③ 以上似指德谟克里特的学说，因为德谟克里特认为颜色只不过是原子以某种方式排列的表现，并无自身的存在。——译者

④ 阿拉伯文原本作“第三者”，见译文 146 页第一行。——译者

⑤ 或译“灵智”，指天使。——译者

因此，一个形体作用于另一个形体而并不相遇，并不是什么怪事，有一些形体靠相遇起作用，有一些形体是不靠相遇起作用的。谁也不能够恰当地建立起一种有力的论证，来证明这是不可能的，证明在两个形体之间不可能存在这样一种性态和位置：其中的一个可以影响另一个而并不相遇。

这里只剩下一种不可思议，情形正如：如果在一切形体中，有些形体只是凭着这种分开的性态而对其他形体起作用，那么当人们看见一个活动者凭相遇而起作用时，就会觉得不可思议，同样地，现在人们是对于并不相遇而发生影响的东西觉得不可思议。

既然这种情形对于第一理智[1]来说并不是不可能的，而我们用来证明这种情形的学说的真理性使它成为必然的，根本没有任何有力的论证可以推翻它，所以我们说，凭自身发光的、照亮了的、有色的形体，是可以作用于正对着它的形体的，只要后者像视觉那样，可以接受影像，不过这两个形体中要有一个没有颜色（这是类似所见对象的形式的一种形式），才能发生影响而并不对中介起作用，因为中介由于透明，是不能接受的。

所以那种说法[2]并不是自明的，也没有什么有力的论证可以证明它，除非一个形体是凭着透明的中介绝对地作用于正对着它的东西；但是这一点对于第一智慧来说，是大家承认的，而按照我们用来证明知觉的情况的那些根据，这一点也是明显的。这并不是不可能的。

① 指真主的理智。——译者

② 主张那种形式是形体的说法。——译者

同样地，也并不是不可能有两种中介来代替一种单独的中介，即这种中介与另一种中介，以及有两种性态和位置来代替一种性态和位置，即我们已经讲过的那种性态和位置与另外一种性态和另外一种位置。因此，代替这种唯一的透明中介，会有一种有色的、光滑的中介与透明的中介在一起，代替正对这种发光和照亮的东西的性态，会有正对这种光滑的东西的性态，这种光滑的东西，是具有前面与发光的、照亮的可见物一同指出的性态和位置的。所以，这种形体可以在一切接受者之中造成一种正对着的东西，这种正对着的东西是它自己的，是光滑的，它正对着的东西乃是在透明体中。

但是，既然一个光滑的东西跟着另一个光滑的东西，一直到无限，如果这两个光滑的东西在依照了一定的位置以后发生作用，这就是它的形式，而这个形式并不是显明地在光滑的东西里起作用的。所以，透明的东西与光滑的东西，乃是一件东西作用于另一件东西时所需要的两种东西，而这种作用本身并不在这两种东西里面。所以，如果情形是这样的，并且光滑的东西的影子和别的东西的影子一同到达视觉，而且这两者一同在观看者的同一个部分里被看见，人们就会认为影子是在光滑的东西里面被看见的，与他们关于光线的说法相反。

至于导致这个结果的那条途径，则是认为不应该是所有的东西都凭着影响所有的东西而造成一种与它自身类似的结果，也同样不应该承认事物凭着影响造成与它自身类似的结果。所以，可以承认的是发光的东西与被照亮的东西两者凭着影响在空气上造成某种印象。这种印象并不为发光者与被照亮者的形式这样的影像所表象,相反地,乃是一种不为视觉或另一种感觉所感知的印象,是凭着影响产生在空气上面的。

同样地,可以承认在光滑的东西[1]上,凭着影响,或者通过透明体为中介,或者不通过中介,产生某种印象。其次,透明的或光滑的东西在视觉器官上面产生一种印象;这种印象与某种形式相似,首先对这两者的每一个发生影响。于是,这两者的每一个在受到影响后凭着影响产生一种印象,与它本身之内的东西相反,我的意思是说:产生影响的东西、可见者影响透明的东西或光滑的东西,透明的东西和光滑的东西则影响视觉。而这是屡见不鲜的,我的意思是说,一件东西凭着对另一件东西的影响,产生一种印象,与它的本性相反,然后这第二件东西又凭着对另一件东西的影响,产生某种与第一件东西的本性相似的东西,例如运动;事实上,运动在一件东西的形体上产生热,使它变热,然后这热又产生一个运动,在数量上与第一个运动不同,但是在种类上与它一样。

有时这种情形在镜子里被看到,凭着镜子,光和颜色被反射到一堵墙上,因而固定在墙上,不过对于观看者所在的那些地点说是不移动的,而且也根本不是固定在镜子里面,但是我们知道,这种固定是通过镜子而达到墙上的,如果它在镜子里被看到,那并不是作为固定在镜子里而被看到的。所以镜子凭着影响产生一种印象,这种印象是作为在其中产生的某种性质,而并不是作为一种以固定为目的的性质。视觉的性态就是根据这一点。

至于说到那种为水所屈折的状态,那些主张光线说的人曾经

① 如镜子。——译者

说，光线落在水上时，就扩张开来，但是首先破碎了，因而取得一个比较显著的地位，然后穿入水中，连同着比正对着水的东西更显著的某种东西而看到水。至于那些主张影像说的人，其中有一些人曾经说，其原因在于正对着的东西的一个部分造成传达，因为这一部分是通往对面的东西的通道的一个地区，并在于它的另一部分造成传达，因为这个部分是一面镜子。差不多人们简直是认为：一切东西之造成传达，都只在于它是一面镜子，但是内部的镜子与外部的镜子是相反的。[①]

古代注释家中那位最杰出的人[②]曾经说过，当事物不为视觉深深地凝视时，看起来就比较远，而视觉由于凝视而散开，于是事物的影像就变大。这种说法可以由下列事实证实：事物在一定的距离处，人们惯常看见它有一定的大小，如果它被想象得比它所在的地方更远，它的大小看起来却并不像使人想象的那个距离处的大小一样，而相反地它的大小比那个大小要大些，因为它实际上是靠近的，人们就会看见它的容积比它因那个距离而有的容积更大于是它就被想象成比大家所知道的更大。

其次，至于视觉的这种增益，证明这些原则的人是需要理解它的，并且需要做到完全明白真理怎样会宜于在这里面。此外，这种怀疑的来由，并不是在于它专门附和这两种说法中的一种，而排斥另外一种。因为，如果持破碎说的那些人所讲的那种破碎是造成

① 这一段相当晦涩。所谓“其原因”大约是指“视觉的原因”；所谓“通道”，大约是指恩培多克勒所谓“形体有孔道”；所谓“镜子”，大约是指“凭借反射作用造成传达”；外部镜子和内部镜子的说法不知出处。——译者

② 指阿弗罗德西亚的亚历山大。——译者

迷乱的，光线为什么会仍然遵循它的性态，为什么不会再来一次呢？因为它这样就会与那种依直线穿入的光线的本性相等了。如果对于那种遇到水就往水里跑的光线，这是不可能的，其次，如果事物钻到水里就扩大起来，光线要是破碎的，为什么会由于穿入而扩大呢？它要是很有秩序的，为什么不会凭它的扩展而扩大呢？因为推理证明，光之凭扩展而达到水，是因为它是连续的，而不是因为它扩张。总之，情形的确是这样，第一位大师[①]说得好：因为可见的对象是从广往狭扩展，并且聚集在其中，这样说，对于可见的对象来说，比起说观看者从眼睛发出、扩散到广阔处来，要更有助于肯定其形式。在这个地方，他所说的可见对象、观看者、光和镜子的位置的性态就属于连属的东西。

我们说，有时候，可见对象与发光者以及观看者是在同一种透明体里面，有时候发光者与视觉对象是在两种透明体里面，在这两种透明体之间是有一些表面的。所以，如果表面的位置是在观看者与发光者之间正对着的东西里面，造成照亮的作用，这个表面就不会被看见，像天球和空气的表面那样。

但是，如果表面在这以外，像水的表面那样，同时如果我们在空气里面，而发光体并不在那个正对着的东西里面，来自发光体的光就会被这个表面反射到视觉，于是我们就会分明地看见这个表面。因为你已经知道反射是干什么用的了。

但是如果光在反射一个可见对象的表面里面，其中的东西要是透明体，就会使可见对象被看见，要是一面镜子，也会使这个对

① 指亚里士多德。——译者

象被看见，在这个地方的镜子，就相当于正对着可见对象的东西，如果这个对象暴露在观看者面前的话；但是，如果它是遮盖着的，而镜子又在眼中发出的线与可见对象发出的垂直线相遇的地点，它的影像就会从它依直线而到达。因为如果你把一个指环投到一个盘子里，因而看不见它，而如果在盘子里倒满水，你就会看见它了。

但是如果可见对象在一个中间的透明体外面，而这个透明体是与观看者和发光体所在的那个透明体不同的，的确，这个中间的透明体就会使它被看见。而如果情形不是这样，而是可见对象在观看者旁边，的确，这个透明体就不会使它被看见，除非是有一件放在这一边的东西给它一种外来的颜色，它才被看见，就像有色水晶球的两边之一那样。

第八节　论一件东西之所以被看成两件东西的原因

关于一件东西之所以被看成两件东西的原因，我们来提出自己的意见：的确，这一节是作一种研究的地方，这是因为这种原因也是那些持光线说的人所研究的一个问题，他们说：当视觉凭着一种从视官发出的东西而造成时，这种东西遇到可见的对象，然后当这件东西的位置在视官中被打碎时，一件东西就毫无疑问地必然被看成两件彼此分开的东西，于是视官就从它看见两个。

但是他们不知道，这种说法实际上使他们与可怕的事情连在一起，这是因为，如果视觉的造成是凭一些光线的末端的接触，而这些光线却是曾经在视官中结合在一起的，那么，人们就应当会依照全部性态看见单独一件事物，而那些破碎了的光线的末端的破碎也无害于此。但是相反地，真理在于视觉对象的影像是通过透明体为中介而达到接受肢体的，接受肢体是灵活的、光滑的、照明的、透明体的实体根本不接受影像，因为影像乃是这个形式；毋宁说，它之落到正对着的东西上，并不是在一个时间里。

的确，视觉对象的影像，亦即第一个印上去的东西，只是印在水晶体液里面，虽然真正说来视觉并不是在这种体液里造成，否则一件东西就会被看成两件，因为它在两个水晶体液里会有两个影像；正如用两只手摸触时有两个感触一样。然而这个影像在两条凹神经里面到达这两条神经交叉相会的地方，这两条神经，在我们讲到解剖学的时候，是已经向你们说明过它们的性态的。

正如对于评价机能来说，从外界的形式有一个圆锥向前扩展，这个圆锥是很薄的，因而把它的角投到水晶体液的表面的对方，同样地，凭着在两条神经中传达的普纽马的中介，水晶体液中的影像就在一个圆锥的那一方面到达两条神经相会合的地点；于是两个圆锥就相会了，并且在那里彼此结合起来，而影像的形式就在承负视觉机能的那一部分普纽马里面由两个结合成一个。

其次，的确，在这后面是一种传达视觉对象的普纽马，这种普纽马并不再一次感知，否定知觉就会由于两条神经的分化而再一次分化。但是这种传达的普纽马乃是观看者的实体，它到达分布在脑子前室中的普纽马，所见到的形式就再一次印在承负通觉机能的那种普纽马里。于是通觉就接受到这个形式，这就是视觉的完成。但是视觉机能虽然来自通觉，并且受通觉领导，却与通觉不同，因为视觉机能是看的，它并不听、并不嗅、并不触、并不尝，而作为通觉的机能则又看又听又嗅又触又尝，这是你马上就会知道的。

然后，的确，作为通觉的那种机能把形式传达到普纽马的一个部分，这个部分与承负着机能的那一部分普纽马相连续，于是这个形式就印在这种机能里面，这种机能在成型机能旁边看守着它，这就是想象机能，这是你马上就会知道的，而且，它接受这个形式，并把它保存起来。因为通觉接受形式而并不保存，而想象机能则保存它所接受的东西。其原因在于在承负通觉的普纽马里面，只是在这两者与可见对象之间的上述关系延续或保存的期间，或者在一个很短的时间，才保持印着从外物取得的形式。因为当可见对象不在的时候，形式就消失了，它是固定不了一个可以计算的时间的。至于承负想象的那种普纽马，的确，即使可见对象离开了好久，形式还是固定在其中，这一点你马上就会明白的。

当形式在通觉中时，它实际上是在普纽马中被感觉到的，因而当一种关于存在的虚幻的形式印在普纽马中时，作为通觉的机能就感觉到它，关于胆汁，就有这种情形。[①] 但是当它在想象中时，它只是想象的东西，并不被感觉到。其次，的确，想象中的这种形式，当评价机能愿意，而属于评价机能的虫状突起把两个肢体之间的通道打开时，便遵循虫状体所取的那条道路达到后脑室。于是，形式就以承负想象机能的普纽马为中介，附加到承负评价机能的

① 意思是：胆汁是黄色和苦味的，人有了这种认识以后，有时一见黄色的汁，便误以为其味必苦。例见亚里士多德：《论灵魂》425a30—b4。——译者

普纽马上面，这种想象机能，在人就称为认识机能。所以，想象中的形式是印在评价机能的普纽马中。

想象机能为评价机能服务，向它传达想象中的东西，除非是这种情况没有现实地确立在评价机能之中，或者当通道洞开，两种普纽马相遇，两种机能面对面的时候。所以，当评价机能拒绝想象机能时，这种形式就从评价机能里消失了。

有一种说法，认为这种形式在评价机能中进于现实，而不在想象机能中进于现实。对这种说法的真理性的证明就是：想象有如一个仓库，但是其中的形式对于灵魂来说并不是永远现实地被想象到的，因为否则就应当有许多形式一道被想象到，不管想象中的这些形式是什么形式；但是这些形式也并不是以潜在的东西的方式存在于想象之中，否则它们就必须为外感官再摄取第二次，或者说得更明白一点，它们是囤积在想象里面的。

评价机能通过认识机能和想象机能为中介，把它们呈献给灵魂，形式在评价机能里就停止被感觉了。至于记忆，那是为了别的东西的，我们以后还要讲。这就是你应当具备的那些本原。但是我们还是回到我们的目标上。

我们说，其所以看见同一件东西是两个，原因一共有四种。第一种是把水晶体液中的影像向两条神经相会的地方传达的器官[①]的扭曲；因此两个影像并不依直线达到同一个地方，而是每一个影像各自达到视觉普纽马的一个部分，按照影像的范围排列在那里，因为当两个影像的两条线在两条神经相会处的旁边时，它们是不

---

① 在这里，器官是指视觉普纽马。——译者

能以一种穿入作用彼此相合地穿进去的。因为这个缘故，由水晶体液发出的整个影像，就应当有一个影子按照影像的范围印着，并且是按照影像的范围印在一部分视觉普纽马中。于是就会好像它们是来自外界两个分离的事物的两个影子，因为由两件事物向两个水晶体液的中心发出穿入两条神经的两条线并不是合一的。由于这个原因，你就看见多数分离的事物。

第二种原因是视觉普纽马的运动及其左右摆动，于是感知的部分就经过它的固定的自然中心，以一种激动的、扰乱的方式引向两个水晶体液；于是在两个圆锥彼此结合起来之前，影像和影子就印在这个部分里面；于是就会看见两个影像。这就像太阳的影像在静止不动的水里只描绘一次，而在激动的水里则描绘得像画了许多次的线条。这是因为存在于从视官到水的线和从太阳到水的线之间的角度（对事物的视觉是按照这个角度造成的，如同影像从镜而来一样），并不是保持同一的；而是这种激动在若干地方遇到这个角；于是这个角就会化为许多角，就会印上不止一个影像。

第三种原因来自内部普纽马向前后运动的扰乱，这种普纽马在两个圆锥的截面后面，因而它就会在两个彼此对立的方向中有两个运动，一个运动对着通觉，一个运动对着两条神经相会的地方，并且，在运动向通觉传达的东西消失之前，感觉对象的形式会再一次到达普纽马；好像是普纽马刚把形式传达给通觉，接受视觉机能所传达的东西的一个部分就马上从通觉返回来。但是，这是由于运动的速度造成的。

这可以当作一个例子：在传达的普纽马里面，已经印着一个形式，于是普纽马就把它带到了通觉；但是印着的东西有一段稳定的时间，一直到它消失为止。因此，当普纽马的第一个接受者由于它的运动的扰乱而离开它的中心时，另一个部分就会跟随着它；于是这个部分就在第一个接受所接受的东西消失之前，把它接受下来。

普纽马由于扰乱而分为一个在前的部分在可见对象的方向中(所以它知觉到这个对象，然后可见对象不在了，而形式并没有立刻离开这一部分普纽马，而是留在其中)，以及另一个同样可以接受形式的部分，因为这个部分是在一个方向中得到现实的，这个方向就是它跟着第一个部分感知形式时的方向，其原因则是扰乱；如果是这样，在两个部分的每一部分里就都有一个可见的形式得到现实，因为第一个形式还没有从能够接受的第一个向通觉传达的部分消失，也没有从另一个向通觉传达的部分消失，而另一个部分的传达，则使形式第二次印上去。这一个范畴与前一个范畴的区别，在于这种扰乱的运动是向前向后的，而那一种则是向左向右的。

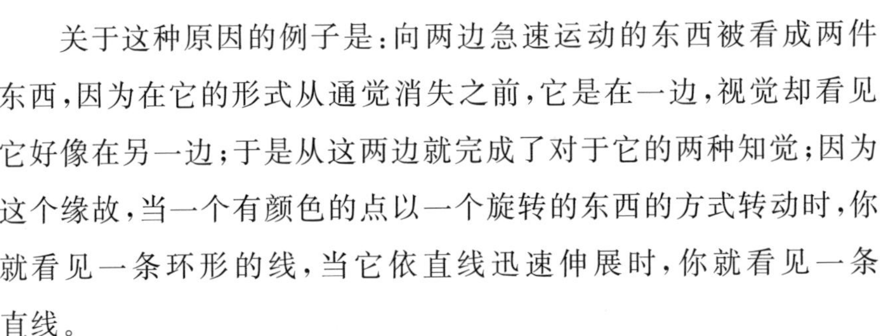

关于这种原因的例子是：向两边急速运动的东西被看成两件东西，因为在它的形式从通觉消失之前，它是在一边，视觉却看见它好像在另一边；于是从这两边就完成了对于它的两种知觉；因为这个缘故，当一个有颜色的点以一个旋转的东西的方式转动时，你就看见一条环形的线，当它依直线迅速伸展时，你就看见一条直线。

头旋病也与这种运动相似。所以，当关于医学的那几卷书所写的那些原因中的某一种出现时，它就使脑子前室中的普纽马旋转起来，视觉机能就把所感觉到的一种形式传达到在那个地方的东西，而接受这个形式的那一部分普纽马并不固定在它所在的地方，它移动着，另一个部分则跟随着它，在第一个部分接受了这个形式之后，并在这个形式消失之前，接受这个形式，而这一切都是转着进行的；于是人们就想象着所见的事物在旋转，在观看者以外变换位置，而其实只是观看的普纽马在旋转并在所见对象以外变换位置。

当观看者不动，所见的事物急速运动时，毫无疑问，它内部的影像是从观看者的一个部分进到另一个部分的。因为如果影像本身确定在这个部分里面，接受者与被接受的东西的关系就会是唯一不变的。然而，如果承负影像的东西从它的地位移开了，影像毫无疑问就会移动，它与外界的形体的关系就会发生变化。如果外界的事物移动了，也会发生与此相似的事情。

还有，观看一条奔流的河水的人，觉得他自己离开了他观看的地方，而其实他是在那里没有动的。其原因在于他想象着一切事物都倾向于与水倾向的方向相反的方向。因为运动剧烈必然使分离迅速，这就使人想象着分离是来自双方的。其原因在于影像在观看者里面移动，虽然你假定它的各个部分都有某个时间是不动的。

应当知道，与这些原因相连，还有另一个帮助这些原因的原因，即质料方面的原因，因为普纽马的实体乃是一种极端精细、可以极快地接受运动的实体，因此如果在实体中有一个原因迫使影像从一个部分转移到另一个部分，普纽马的实质就会跟着以一种哪怕极小的运动向着这部分的方向动。而这种情况的原因，在于一切知觉机能都凭着本性而被鼓动着趋向它的知觉对象，因而都是非常自得其乐的。当机能被鼓动着趋向对象时，承负机能的东西就趋向对象，或者是机能与其承负者一同趋向对象。

因为这个缘故，视觉普纽马被当作一个整体推向光，它是凭着本性而趋避黑暗的。所以，当影像趋向普纽马的一部分而不趋向另一部分时，机能也好像与它的器官一道被推向影像所趋向的那个方向。因为器官服从机能，趋向机能所追求的方向的那一边。所以，在普纽马里面，由于器官的精细以及接受印象的迅速，就开始有一种激动趋向这个方向，好像它追随着影像的运动似的。

由于这个原因，当人长久地观看一件旋转的东西时，就觉得其余的东西都在转动，因为在普纽马里面，由于它追随影像的转移，发生了一种旋转运动。同样地，当他长久观看一件以直线迅速运动的东西时，在普纽马中就开始有一种与这个方向相反的直线运动，因为事物运动的方向是与具有影像的东西运动的方向相反的。于是人们看见一切事物都向与这个方向相反的方向跑过去，因为事物的影像并不是固定的。

第四种原因是瞳孔上所发生的运动的扰乱。因为眼膜[①]很容易运动而达到一种状态，使瞳孔放大和缩小，依照直线，一会儿朝外面，一会儿朝里面，或者朝另外一个方向。所以随着眼膜转向外面，膜上便发生一种收缩，瞳孔便发生一种放大，而随着眼膜转向里面膜上便发生一种收缩，瞳孔便发生一种缩小。所以，瞳孔缩小时，看到东西较大，或者瞳孔放大时，看到东西较小；或者是瞳孔朝着一个方向时，东西就在另一个地点被看到。因此就好像首先看见的对象与第二次看见的对象不同，尤其是在第一个形式消失之

① 指虹彩。——译者

前有另一个形式被取进的时候。

但是有人会说：为什么形式不是尽管接受者[1]转移而始终如一，就像光尽管接受者转移而始终如一那样呢？这样，就会有这种情形：当接受者离开正对着的东西[2]时，形式就会从它消失，而开始存在于保持在这个地位的东西里面；这样就不会有两个形式，也不会有两个视觉，也不会有来自一个点的一条线的连续性，人们也不会看见事物在转动。

所以我们说：通觉所具有的普纽马，几乎有着不能保持形式的特性，除非是靠面对面，虽然它在离开面对面以后不能把形式保持一长段时间。因此，普纽马的保持，并不像光之为光所照亮的东西所保持，光是一下就消失的，也不像雕像之为石头所保持，雕像是维持很长的时间的；毋宁说它是在两者之间。它的这种在离开面对面之后即行放弃形式的作用，是由于一种原因造成的，这种原因在一定的时间变强，并且得到帮助，这是由于一些原因造成的，这些原因，我们发现在讲到停止运动的东西、涉及返回到本性的东西时，已经举出过了，在那个地方是讲过某种类似的事情的。

由此可见，内部普纽马之接受看到的影子，并不像接受随着面对面的停止而停止的单纯影像那样。各种感觉应当有较大的理由就是我们所知道的那一些[3]，可以说自然并不从动物性的等级进到更高的等级，除非这个等级里的一切整个是完满的。由此必然推出，所有的感觉都在我们身上得到现实。

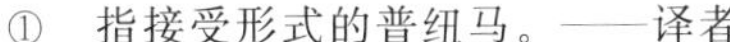

① 指接受形式的普纽马。——译者

② 指所见对象。——译者

③ 指视、听、嗅、味、触。——译者

但是，惯于用一种必然的论证来说明这一点的人，已经费了很多的气力，因为人们对这一点所说过的东西都是没有证明的，或者是我不把它了解为人们所证明过的东西，而我以外的一个人则是这样理解的。那么，就告诉你那个说法，告诉你一种并非我们的说法吧。我们已说过的是一些单纯的感觉和单纯的感性对象，而在这里重要的是通觉和共同的感性对象。那么，我们首先就来讲共同的感性对象。

我们说，我们的各种感官，有时当感觉的时候，感觉到另外一些东西，这些东西，如果它们各自孤立起来，是感觉不到的。这些东西就是容积、位置、数目、运动、静止、接近、远离、连接以及其他包括在这一类东西以内的东西。但是这些东西并非只是凭偶性而被感知的东西。这是因为凭偶性而感觉到的东西乃是并非真正感觉到的东西，而是结合在真正被感觉到的东西上的，例如我们对阿密尔的父亲和哈立德的父亲的视觉。因为被感觉到的乃是形状和颜色；然而这是偶然地结合到一件相对的东西上的。

所以我们说：我们感觉到一件相对的东西，而根本感觉不到这件东西本身，在我们的灵魂里，并没有一个得自感性事物的影子或特殊观念，一种关于哈立德的父亲之为“哈立德的父亲”的描述，也不会是这种由感官以某种方式获得的特殊观念或影子。但是说到形状和数目等等，的确，虽然它们在分离的状态下并感觉不到，它们的描述和它们的影子却必然伴随着感觉到和知觉到的东西的影子，因为例如颜色或冷热，要描写想象中的形状、数目等等之类的东西，没有它们就是不可能的。

并没这样的事情：当事物由于一件事物，通过另一件事物为中介，而在一件事物中被采纳和被感知的时候，它与真正被采纳的东西是不同的。因为有许多真正地而非偶然地被采纳的东西凭着一些中介物而存在着。既然这些共同的感性事物是可能为这五种感官所知觉的，那就无需其他感官，或者说得更明白一点，既然要知觉这些共同的感性事物没有中介是不可能的，一种孤立的感官就不可能知觉到它们。

所以视觉是凭着颜色为中介而知觉到大小、形状、数目、运动、静止的，不过对运动和静止的知觉似乎混着一种异于感觉机能的机能。触觉对于大多数事物来说，都是凭着硬或软的中介知觉这些东西的，不过有时是凭着热和冷的中介。味觉知觉到大小，是因为它感知一种充沛的、扩张的味道，它知觉到数目，是因它在形体中发现许多种滋味。至于运动、静止和形状，它也能感知，然而很微弱；我们在这一方面是用触觉帮助的。至于嗅觉，对于大小、形状、运动、静止，是很难以一种适于感知气味的知觉来感知它们的；但是以适于感知气味的知觉可以感知数目。

然而灵魂感知这一切则是凭一种推理的方式或评价机能，因为它知道气味突然中止的东西是已经离远了，而气味仍然存在的东西是没有动。

至于听觉，的确，它感知不到大小；然而有时候可以用一种关于久暂方面的不肯定的方式向灵魂指示大小，这是由于它有时候认为大的声音属于大的形体。但是大的声音每每来自小的形体，小的声音每每来自大的形体。然而有时候它感知数目，有时候它感知运动和静止，这是由于有些东西凭着稳定或分散，偶然会发生在拖长的声音里面。听觉之及于这种变化多端的情况，乃是靠限度，例如在某种距离之下。

但是这种知觉是属于灵魂所知道的一切的，灵魂是由于习惯而感知的。有时候，来自静止的东西的声音，可能以另一种声音的方式被听到，这种声音听起来好像来自运动的东西似的，而来自运动的东西的声音，也可能以另一种声音的方式被听到，这种声音听起来好像来自静止的东西似的。因此人们并不相信这种指示，这种指示也并不一定采取必然性的方式；它毋宁是对于大多数事物存在的。

至于形状，听觉是知觉不到的，除非是作为声音的形状，而不是作为形体的形状。至于被听到来自凹物的声音，人们便凭着它知道它是凹的；所以这是某种发生在灵魂上的事情，灵魂知道它，是凭着指示和反省这一方面的习惯过程。似乎视觉在它所知觉到的许多事物中，情形是与这种情形一样的，只是视觉感知事物比听觉更明白一些。

这些感性对象就称为共同的感性对象，因为有时候一定数目的感官共同具有这些对象。数目好像最能够称为共同的，因为所有的感官都共同具有它。但是有些人曾经认为这些共同感性对象具有一种存在于动物中的感官，这种感官共同地具有它们，它们通过它而被感知。但是并非如此。

因为你知道，凭颜色而被感知的东西是属于共同感性对象的；如果没有颜色，它们就不会被感知。的确，凭触觉而被感知的东西是属于它们的；如果没有触觉，它就不会被感知。所以，如果有某种这样的东西可以无须以一种性质为中介而被感知，而这种性质首先是这些感官中某一种的知觉对象，那么，那种情形就会是可能的。但是既然感知某种这样的东西在我们是不可能的，除非是以一种已知感官的知觉对象为中介，或者是在不以感官为中介而形成这种指示时，所以各种共同感性对象是根本没有一种通觉的。

第四章　论各种内部官能

第一节　本节包括一种关于动物所具有的各种内部官能的普遍的说法

至于作为通觉的官能，实际上与有些人所想的是不同的，他们曾认为那些共同的感性对象拥有一种通觉；相反地，通觉乃是那种感知一切感性事物的机能。因为如果没有一种统一的机能存在，感知有颜色的东西和触到的东西，我们就会不能把它们彼此区别开来，说这个不是那个。但是，假定这种区别作用属于理智；那么毫无疑问，理智就应当把这两者一同发现，以便使它们彼此区别开来。其所以如此，是因为就它们被感觉到并且采取来自感性事物的东西的方式而言，理智是并不能知觉到它们的，这一点我们以后还要加以说明。

但是有时候我们把它们彼此区别开来。所以它们应当是结合在分别者旁边的，或者在它本身之中，或者在别的东西里面。但是根据你马上就会知道的理由，这对于理智说来是不可能的。因此应当是在另一种机能里面。

如果它们不是已经结合在那些没有理智的、凭着欲望而倾向于甜味的禽兽的想象里面，例如：某件具有这样的形式的东西是甜的；那么，禽兽在看见它之后，就不会愿意去吃它，同样地，如果我们不想着这个白皙的人是这个唱歌者，那么，在听见他的个别的歌声之后，我们就不会确定他的个体的本质，恰恰相反。如果在动物里面没有一种东西，其中结合着感性事物的各种形式，禽兽就会难以生活了。如果嗅觉对于动物并不是一件指示滋味的东西，声音并不是向它们指示滋味的东西，一块木头的形式并不使它们想起痛苦的形式，因而使它们逃跑，那么毫无疑问，这些形式就应当在内部有一个统一的结合地点。

但是对事物的考察有时指示我们有这种机能存在，指出它具有一个异于外感官的器官，我们在想象中得到旋转的形式时看见一切事物都在旋转，就是由于这个器官。所以，这种旋转或者是所见的事物中所发生的某种偶然的事，或者是用来完成视觉的器官中所发生的某种偶然的事。当它不在所见的事物中时，它就毫无疑问是在另一种东西里。因为旋转的存在，只是由于脑子以及其中的普纽马里面的蒸气的运动。这种普纽马是偶然转动的。所以，乃是建立在那个地方的机能偶然地有我们考察过的这种事情。

就是因为这个缘故，按照我们提出过的说法，人由于看多了旋转的东西，便发生一种头旋。但是这并不是由于眼睛的一个部分里面的一种东西所致，也不是由于散布在眼中的普纽马里面的一种东西所致。同样地，根据前面所说的，依直线或圆圈运动的点的速度也有这样的表现。的确，虚假的影像的呈现，虚假的声音之被听到，有时候发生在感觉器官有毛病的人身上，或者，比方说，发生在闭上了眼睛的人身上，但是其原因的存在，只是由于这些影像呈现在这个本原[①]里，呈现在梦中出现的那些想象里，或者原因的存在是由于一个保存各种形式的仓库里面的一种描述。

但是，如果是这样，其中所囤积的一切，就一定都表象在灵魂里面，其中不会有某些形式不是如此，与另一些不同，以致后者好像是单独地被看见或听见的，或者它们的呈现是发生在另一种机能里面的。但是这或者是外部官能，或者是内部官能。然而外部官能在梦中是无用的，有时候一个人想象着颜色，眼睛里却并无所见。所以，这种机能只能是一种内部官能。但是它只能是各种外部官能的本原，当评价机能把握到仓库里的东西并向它咨询时，它是为了这另一种机能而咨询的。但是，如果是在不眠之夜里，当它很稳定的时候，它是和直接的知觉一样的。

这种机能就是称为通觉的那种机能，它是各种官能的中枢，由它分出分支，各种官能都归于它，它实际上就是感觉者。但是保存它所感知的东西的作用属于称为想象的那种机能，这种作用称为成型机能，又称为想象机能。

有时候人们把想象与想象机能区别开来，这是根据用词的约定意义。我们也属于把这与通觉中的形式区别开来的人。通觉与想象这两件东西好像是一种同一的机能，好像它们在附着主体方面并无区别，而是在形式方面有所不同。这是因为“接受”的意思并不就是“保存”。因此，感性事物的形式为称为成型机能和想象的那种机能所保存，但是这种机能根本没有判断，而只是保存。

至于通觉和外部官能，的确，它们是在一定的方面或凭着一定

① 指通觉。——译者

的判断力作出判断的。人们说这个动的东西是黑的，那个红的东西是酸的。但是保存的东西对于某种属于存在物的东西是无所判断的，除非是对于它的本质之中的东西，因为其中是有这样一种形式的。

其次，有时候我们毫无疑问地知道，我们的本性之中有一种能力把某些感性事物与另一些组合起来，把其中的某些与另一些区别开来，而并不根据我们在这些外界的感性事物中所发现的那些形式，也不以对于一件属于感性事物的东西的存在或不存在的同意为媒介。所以在我们身上应当有一种机能，凭着这种机能来做这种事，这种机能，当理智使用它的时候，就称为认识机能，当一种动物机能使用它的时候，就称为想象机能。

其次，我们有时候对感性事物作出一个判断，是凭着我们不能用感官感知的一些观念，这或者是因为这些观念在本性上就不是可以感觉的，或者是因为它们是可以感觉的，但是我们在作判断的一瞬间不能感觉它们。至于那些在本性上就不是可以感觉的观念，比方说，就是讨厌、恶劣，就是羊在狼的形式中所感到的厌恶，总之，就是使羊躲开狼的那个观念，就是羊从它的同类感到的那种亲切，总之，就是使羊与它的同类亲近的那个观念。这些乃是动物灵魂所知觉的东西，而感官是不向它指示这些东西的。因此人们用来知觉这些东西的机能是另一种机能，称为评价机能。

至于那些可以感觉的观念，比方说，就是：我们看见一件东西是黄的，于是我们就作出判断说，这是蜜，而且是甜的。的确，在判断的一瞬间，感官并不把这传达给评价机能（虽然这是属于感性一类的），因为判断本身根本不是感性的；似乎判断的各个部分属于感性的一类，而感官并不能感知判断；就判断的情形来说，它只是我们用来判断的一种判断。但是有时这种判断里是有错误的，因为错误也属于这种机能。

在人身上，在所有的判断里面，评价机能具有一些特殊的判断，灵魂曾经加以研究，因而阻止了那些既不被想象也不印在评价机能之中的东西的存在，评价机能拒绝同意这些东西。这种机能毫无疑问是在我们身上的，是最高的机能，它在动物身上作出一种判断，这种判断并不像理智判断那样是一种属差，而是一种想象的判断，与特殊性和感性形式相联系，动物的大部分活动是由此而来的。

人们习惯于把通觉的知觉对象称为形式，把评价机能的知觉对象称为观念。这两者各有一个仓库。所以，通觉的仓库就是想象机能，它的地点是在脑子的前部。因为这个缘故，当那一部分遭受一种损害时，这个范畴的理解作用就损坏了，这或者是因为想象到一些并不存在的东西的形式，或者是因为存在的东西难以在那里确立。

感知观念的东西的仓库，就是称为保存机能的那种机能，它的固有地点是大脑的后部。因为这个缘故，当那一部分受到损害时，专门保存这些观念的东西里面就有损坏。这种机能又称为回忆的机能。所以，它是一种保存的机能，因为它保藏着在其中的东西，它又是一种回忆的机能，因为当它把那种东西遗忘了的时候，它可以凭着追忆很快地把它确定下来并加以理解。

当评价机能把它的想象机能向前翻转，把存在于想象中的那些形式一个一个呈献出来，做到好像它看见具有这些形式的事物时，就是这种情形。当曾经与消失了的观念一同被知觉到的形式在这种机能里出现时，那个观念就会向它呈现，就像过去在外界呈现的那样，而保存机能则在自身中加强这个观念，就像过去加强的那样，这样，就有了回忆。

有时候是从观念达到形式。因此，所寻求的回忆对象与记忆仓库里的东西的关系，是并不存在的；它毋宁是与想象仓库里的东西有关系。因此，它的重复出现，或者是由于回到了记忆中的这些观念，因而观念引起形式的呈现，于是关系就再一次回复到想象里面的东西上；或者是由于回到感官。

第一种情形的例子是：当你曾经知道所回忆的对象与一种形式的关系，而你把这种关系忘掉了的时候，你就会回想其中发生过的那种作用。当你知道了这种作用，已经把它发现了，知道了什么滋味、形状和颜色与它相合时，关系就会凭着这种作用而确立了。于是你就会发现它；它与想象的形式的关系就会现实化，它在回忆中的关系就会整理好。

的确，储存活动的仓库就是记忆，因为活动来自观念。如果你在这方面还有怀疑，还觉得不明显，感官就会把通过在想象中确立而再现的东西向你提供出来，与观念的关系就会通过在保存的机能中确立而再现出来。这种把形式与形式、形式与观念、观念与观念组合起来的机能，好像是评价机能加上附着主体，这并不是就它承负一种判断而言，而是就它为达到判断而活动说的。脑子的中央已经被设定为评价机能联结观念和形式的两个仓库的地点。

评价机能看来是这样一种机能，它凭着本身而是认识机能，也是想象机能，也是记忆机能；它凭着本身而是承负一种判断的机能；因此它是凭着它的本质而承负一种判断，而凭着它的运动和活动，它则是想象机能和记忆机能，因此它是凭着它借以作用于形式和作用于观念的那种东西而是想象机能，凭着它的作用所及的那种东西而是记忆机能。至于保存的机能，则是它们的仓库的机能。看来那种通过意向而来的回忆，乃是一种单单属于人的观念。

〔的确，形式的仓库就是造型机能和想象，观念的仓库就是保存机能。评价机能既然凭着它的本质而判断，就并非不可能是想象机能，而它既然凭着它的运动而是想象机能，也就并非不可能是回忆的机能。〕①

第二节　论这些内部官能中成型、认识的机能的各种作用。本节包括一篇关于睡眠、清醒、真正的梦和欺骗以及一种预见的特性的论述

我们首先概述一下关于成型机能的论述。我们说，作为想象的成型机能，乃是感性事物的形式确立于其中的最后一种机能，它朝着感性事物的那个方向，就是通觉，通觉把各种官能传达给它的东西通过纳入仓库而传达给成型机能，所以它是把这种东西纳入了仓库。

但是成型机能有时也囤积一些并非得自官能的东西。凭着组合和分析的作用，认识机能有时应用成型机能中的那些形式，因为

① 括弧中的文句各种抄本均缺，仅见于德黑兰版石印本。——译者

它们是服从它的。所以，当认识机能组合或分离一个形式时，有可能设法把它保存在成型机能里面，因为成型机能并不是这种形式的一个仓库，这是由于这种形式是联系到一件事物上的，并且是从内部或外部而来的，或者说得更明白一点，成型机能并不是为这种形式而设的仓库，因为它是凭着这种抽象作用而变成这种形式的。

如果这种形式之为这种形式，是由于凭组合和分离而出现于其中的东西是从外面得来的，这种成型机能就会使它稳定，当它由于另一种原因而呈现于这种机能时，情形也会一样。但是，如果为了某种原因，或者是凭着想象和反省，或者是由于某种天上的成型作用，一种形式偶然地呈现在成型机能之中，而心灵并不在那里，或者在休息而并不考察它，那么，它就可能凭自己本身按照通觉的各种情况而印在通觉里面。

因此，人们可以听到一种声音和看见一种颜色，而这种声音和颜色并没有在外界的存在，它们的原因也并不在外界。这种情形的发生，常常是在各种理智机能休息或者评价机能没有挂虑的时候，以及理性灵魂在想象和评价机能方面被占据的时候。在这种时候，成型机能和想象机能是有力量发挥它们自己的作用的，因而它们从那些形式提供出来的东西表现得好像是各种感官所感知的形式。但是我们要对这一点作一个补充说明，我们说，我们在后边将要说明，这一切机能都属于一个统一的灵魂，它们都是为灵魂服务的。

我们要承认，这一点是肯定了的，并且要知道，如果灵魂为这些机能中的某一个所占据，这个机能就把它拖住，不让它帮助其他的机能起作用，或者不让它维持其他机能不受歪曲，或者不让它把别的机能应用在适宜的事物上。因为当灵魂为内部的东西所占据时，它会忽略对外部的东西的观察，不像它应当做的那样去观察那些被感觉到的东西。当它为外部的东西所占据时，它就忽略对各种内部机能的运用。因此，当它集中注意外界的感性事物时，在它引向这种东西的一瞬间，它的想象和它的回忆是无力的。当它偏向于情欲机能的活动时，愤怒机能的活动就从灵魂停止了。当它偏向于愤怒机能的活动时，情欲机能的活动就从它停止了。

总之，当它偏向于完成有关运动的作用时，有关知觉的作用就变得无力，反过来也是一样。所以，当灵魂不为各种机能的作用所占据，不为某一种机能的作用所占据时，或者说得更明白一点，当它静止得好像分离开来时，那种最强的、最活跃的机能就会起支配作用。但是当灵魂为某一机能和某一偶性所占据，而不为恢复另一机能的作用所占据时，前者就会凭着灵魂或者与灵魂相悖的评价机能的注意，垄断这另一机能（除去凭着它的那些过分的运动）；这种机能就会成为主宰，它就会在它那些凭本性而存在的作用中突出：空气已经为它让路，它又挺起腰来了。

这种情形偶然地在灵魂中发生，是由于它不为一种或各种机能的作用所占据；有时候是由于一种损害或衰弱分散了它的完成，例如在疾病中，又如在恐怖中；或者是由于某种休息，例如在睡眠中，或者是由于一种加倍的倾向，力求脱离另一种机能而运用所倾向的那种机能。

其次，的确，想象机能是这样一种机能，灵魂有时以两种方式分散它所固有的作用：有时候，是作为灵魂为外部官能所占据时所产生的东西，这时，灵魂把成型机能引向外部官能，凭着成型机能由自身呈献给外部官能的东西推动外部官能，以致认识机能并不让位于想象机能；于是想象机能所固有的作用被分散了，成型机能的孤立状态也被想象机能所分散了，而这两种机能对于通觉的需要是不变的，在外部官能的占据中取得地位；这是两种方式中间的一种；有时候，是在灵魂运用想象机能的那些由于分别和反省而与灵魂相联系的作用的时候。

这种情形也是以两种方式产生的，其中之一是灵魂摆脱想象机能，让想象机能为它服务，而通觉与灵魂一同合成各种形式及其具体本质，并把它们分析开来，这是在灵魂所具有的一个方面进行的，在这个方面有一个真实的目标；就是因为这个缘故，想象机能在它的凭本性应当自由活动的对象方面，并不摆脱凭它选择的作用；相反地，当理性灵魂对它做安排的时候，它是以某种方式被支配的。

第二种方式是灵魂使它避开那些与存在于外界的东西不相合的想象；灵魂把它推开，宣布那些想象是虚妄的。于是想象机能就不能在影像中产生这些想象，也不能有力地把它们提供出来。

如果想象机能在两个方面都分散了，它的作用就微弱了。但是如果它不再在这两方面被占据（例如在睡眠状态中），或者不再在一个方面被占据（例如在使身体衰弱的疾病中），而灵魂在理智和分辨方面被分散了（例如在恐怖中），因而灵魂无力，灵魂离开了理智，可以承认不存在的东西，总之，由于它的那种来自有形体的事物的软弱和恐惧，它放弃了理智，不去指导理智，那么，想象的把握就可能变强，它就可能引向成型机能，运用成型机能，这两者的结合就可能同时变强，于是成型机能的作用就变得更明显，成型机能中的形式就表象在通觉中。于是形式看起来就好像是存在于外部的,因为从来自外部和内部的东西所知觉到的印象,都是表象在成型机能中的东西,只是在关系上不同。

但是,当感觉对象真正是所表象的东西的时候,一个表象的性态,在这种场合,同来自外面的东西的性态是相像的。由于这个原因,发疯的、恐惧的、虚弱的以及睡着的人看成存在的影像的,同他在健康状态中真正看到的是一样的;他也是像这样听到一些声音。然而当辨别力或理智补救这种事情时,当它们唤起注意,从而把想象机能吸引到自己的方面时,这些形式和影子就消失了。

有时候,在某些人身上,想象机能生得异常有力,占支配地位。以致各种感觉都不能控制它,成型机能不能抗阻它,虽然灵魂也很有力,它那种对于理智和先于理智的东西加以注意的作用,并不能破坏它那种对于各种感觉的倾向。由于我们还要再讲到的这种性态,这些人清醒时具有别人睡着时所具有的东西,这就是睡着的人知觉到看不见的东西,而就这些东西的状态或它们所具有的模式加以肯定时的那种性态。的确,这些人在清醒时也会发生这样的事情,并且他们常常以此为中介,最后可以离开感性事物,好像他们得了一种昏迷病,但是昏迷病并不常常发生,而他们却常常凭事物的性态看见事物,常常凭睡着的人把所见的东西想象成模式的那种原因想象那个模式,这种原因我们稍后就要加以说明。常常有一种影像呈现在这些人面前,他们以为自己所知觉到的东西只是这种影像的一种告诫,这是由于听到过的一些话把它保存下来,而且得到转述。这就是由想象机能造成的那种特殊的先知。还有另外一些先知不久就会得到解释。

在人们当中，没有一个不会受梦境和醒时发生的各种知觉的性态感染。因为突然在灵魂中出现的那些观念的原因，只不过是某些未知的连续物，而与这些观念连续的东西并不在它们之前，也不在它们之后，因为灵魂从这些观念过渡到另外一种东西上去，这种东西是不同于与这些观念同类的东西的。但是这种东西有时是属于整个“种”的，因为它属于可理解的东西，属于非常稀有的东西，因为它是像感觉一样产生出来的，因为它按照能力、习惯和道德装备而有所不同。

但是这些观念之所以存在，是由于呈现在灵魂中的那些大部分是隐藏的原因，它们的存在有如一些忘掉了的观念的显现，这些观念并不是固定了的，人们也想不起它们来，除非是灵魂以一种十分完备的巩固作用奔赴它们；灵魂所起的最大的作用，乃是使想象去注意一类与想象中的东西没有关系的东西。而属于想象机能的，是不断地倾向于成型机能和记忆这两个宝藏，并不断地使形式显现出来，以一个感觉到或回忆起来的形式开始，从这个形式过渡到一个相反的或相似的形式，或过渡到某件由于一种原因而从这个形式发生出来的东西上去，于是这个感觉到或回忆起来的形式就是形式的本性。至于怎样决定想象机能从一件东西转移到和它相反的东西而不转移到和它相似的东西，或者转移到和它相似的东西而不转移到和它相反的东西，这个问题，还有许多特殊原因没有列举出来。

总之，在这当中，原因的本原应当在于：灵魂使各种有关观念和形式的关系接近了的时候，便从观念过渡到最接近灵魂的形式，这种过渡或者是绝对的，或者是由于对观念的感性直觉在时间上

偶然接近，因为这两者[①]在感觉或评价机能中是组合在一起的；而从形式过渡到观念，情形也是一样。

但是，那个使一个形式特殊化而不使另一个形式特殊化、使一个观念特殊化而不使另一个观念特殊化的第一原因，乃是某种曾经呈现在他们面前的东西，这种东西或者是来自感觉而通过感觉使它们个体化，或者是来自理智，或者是来自评价机能而通过评价机能使它们个体化，或者是由于一种天上的东西而呈现在他们面前。所以当形式和观念已经由于这个原因而特殊化了的时候，它们的持续存在和它们的转移作用就变得特殊化了，这是由于这两个本原曾经接受的那种特殊化作用，并由于那种来自习惯的附加的东西的性态，或者是由于某些形式和观念在时间上的接近。有时这也是由于某些天体的性态而造成的，有时则是在与此有关的第一次特殊化之后，由于那些出自理智和感觉的性态而造成的。

要知道，理性的思考为想象机能所验证，这是出于紧张工作时的想象机能的本性。因为灵魂对某一形式应用这种引向一定目标的机能时，迅速地过渡到与这个目标无关的另一件东西上，并且由这另一件东西过渡到第三件东西上，而这种机能使灵魂忘掉它据以出发的第一件东西，因此灵魂需要回忆，同时要作方向相反的分析，才能回到本原。

所以，当灵魂在清醒状态中知觉到某件东西时，或者当灵魂在睡眠状态中以某种方式与那个符合我们稍后将要详述的东西的非感性世界相接时，如果这种想象机能因为灵魂在休息，或者因为灵

① 指观念与形式。——译者

魂离开了，不能阻止它从事设立这件东西，因而把这件东西设立起来，如果灵魂不能胜过这种机能，而为它缩短了必要的时间，使它得以设立在灵魂看来处在这种机能的想象物中间的东西，那么，由记忆中取来的这个形式，就会以一种完备的方式，按照事物的面貌和形式而被设立起来。这样，就不会需要对清醒时的回忆，也不会需要对睡眠时梦境的解说，也不会需要对天启的诠释了。因为在这里，解说梦境和诠释天启都是遵循回忆的道路的。

因此，如果灵魂按照适宜的做法，并不企图在记忆的机能中建立灵魂从这里看到过的东西，相反地，如果想象机能把睡眠中所见到的对象的完全单纯的成分与一种单纯的或复合的影子对比，或者把在睡眠中所看见的对象的复合成分与一个单纯的或复合的影子对比，那么，如果它不断地把在那里所见到的东西与一个由形式和观念组成的相似物对比，灵魂的那种企图在自己身上建立它所见到过的东西的活动，比起成型机能或回忆机能的那种企图建立想象物所提供过的东西的活动来，是会更为微弱的。

因此，在记忆中并不建立梦中显示过的那种关于非感性世界的东西，而是建立与此类似的东西。但是，人们所见到的关于非感性世界的东西，常常是某种好像本原和好像开端的东西，而想象机能常常控制着灵魂，使灵魂脱离补足它所看到过的东西的活动，因此灵魂不停地转移了又转移，而不能把它所见过的关于非感性世界的东西传给这些转移。因为这种活动已经打断了。所以这是一类梦；整理对于它的解释，只是一件无关紧要的事，属于这一类的，是杂乱无章的梦。而属于受想象支配的那一类梦的，则必须要有一种解释。

有时人在自己的梦中得到他的梦的解释，这真正是一种回忆作用。因为认识机能由于本原和形构之间的一种关系，首先从本原过渡到形构，不用说它也同样由形构过渡到本原。认识机能常常遇到这样的情形：它的某一活动曾经在另外一次被想象到了，于是这个活动就被看成好像某一个说话的人以此向认识机能说话似的。常常情形也不是如此；而是好像认识机能以一种完备的方式亲眼看到那件东西，而灵魂并没有和非感性世界相联系，说得更明白一点，一种来自想象机能的形构变成了形构，因此包含在本原里面。这一类真正的梦有时来自想象，并无另一种机能帮助，虽然这是形构表现在其中的本原，因而形构是包含在其中的。有时想象用另一种形构来表象这个形构，于是它就需要详梦人的另一次解释。但是这些都是并未彻底认识的东西和性态。

在人们当中，有些人有更真实的梦；这种情形出现在他们的灵魂已经习惯于真实性并习惯于制御虚假的想象掌握的时候。但是有更多的人，他们的梦在他们自己的梦中得到了解释；这是那些注意自己所见过的东西的人。所以当他们睡着时，他们对于自己所见过的东西的注意连同它的性态继续存在着，想象机能则开始将它原先表象过的东西以反面的意义表象出来。

据说：赫拉克留斯王做了一个梦，心中大惑不解，在详梦人那里得不到解惑的解释。后来他睡着时，这个梦在他睡眠中得到解释了。这个梦包含着关于将要在世界上、在他自己的都城和他自己的帝国中发生的事情的宣告。这些预言曾经记录下来了，后来得到应验，正和他在睡眠中得到的解释一样。这样一件事情，是在说到另一件事时已经给你说过的。

在那些清醒时看见这些东西的人当中，有这样的人，由于灵魂高尚和有力，并由于想象机能和回忆机能的力量，见到了这种事，所以感性的东西并不使灵魂固有的作用分散。另外有这样的人，因为他的分离状态已经中止，因为他所具有的灵魂脱离分离状态，所以见到这种事。由于这种原因，如果他的想象很强，完全有能力在清醒时接受看不见的东西，那么当然，灵魂要接受看不见的流，是在两个方面需要内部机能的。其中一个方面是为了使一种被保存的概念的特殊观念在灵魂中得到理解。另一个方面是为了使内部机能帮助灵魂，安排灵魂的意志官能，但是它并不支配灵魂，而是把灵魂引到它的官能中去。

因此，在看不见的东西这一方面和灵魂与内部想象机能那一方面之间，需要有一种关系，在灵魂和内部想象机能之间，也需要有一种关系。这样，如果官能应用这种机能，或者理智以我们讲过的一种理智方式应用它时，内部想象机能就不会空空如也，没有其他的东西（不像一面镜子从一个方向转到另一个方向时那样空空如也，因为许多具有被印在镜子中的特性的东西既然很快地被拿开，或者由于两者之间的一种关系而彼此妨碍，就不能印在镜中），这是因为内部想象机能的忙碌来自官能，或者是因为理智控制了它。所以当官能或理智开小差时，看不见的东西这一方面和灵魂与想象机能那一方面之间的必然关系，以至灵魂和想象机能之间的必然关系就立刻出现了；于是在想象机能中就会以习惯的方式呈现出所呈现的东西。例如，关于想象的掌握，我们的讲演就已经谈过梦的问题，根本没有任何障碍阻挡我们略略指出产生睡梦的预言的那种本原，我们这样做时，是通过我们以某种方式提出的一些东西，这些东西，只有在第一哲学这门学科中，我们才能找到解释。

所以我们说，在过去、现在和未来的观念中间，我们这个世界所产生的一切事物的观念，是以一种方式存在于造物主和理智天使们的认识中，并以另一种方式存在于天上的天使们[1]的灵魂中。不久你将在另一个地方明白这两种方式，并将明白人类灵魂因为有感性形体，对于天使实体[2]比对于理智天使是更为合适的。那里并没有贬抑，也没有褫权。隐藏只是对于那些接受的实体的，这或者是因为它们没入形体之中，或者是因为它们被走向下面的东西所沾染。但是当它们对这些活动来说非常接近于一种不动状态时，默想在下界的东西，就在接受的实体中进于现实了。所以最适于成梦的，乃是与这个人或者与他的亲朋、他们家乡、他的地域有联系的东西，因为这个缘故，我们所讲的那些梦，大部分属于曾经梦见这些梦的人，并属于与他非常接近的人。对于注意可理解的东西的人，就呈现出可理解的东西；注意人们的交往的人，就看见和想象到交往。这一方面的事情就是这样。

但是这些梦都不是真的，应当加以研究的就是这样一些梦。因为想象机能的表象并非一律属于那种从看不见的世界涌到灵魂上面的东西；相反地，大部分来自看不见的世界的东西只有当这种机能已经离开那些与它最接近的东西的表象时，才像这样存在。在那些与它最相近的东西当中，有一些是自然的，有一些是随意的。那些自然的东西是由混合四种体液的力量形成的东西，属于

①② 均指星球。——译者

成型机能和想象机能拿来当作载具的普纽马。因为首先想象机能只涉及这些东西，也只注意这些东西。但是有时它也涉及形体中的一些痛苦以及其中的一些偶性，例如射精的力量为射精而动作时所发生的事，那时想象机能就由于灵魂而表象出一些形式，以便去把它们结合起来。对肚子饿的人，它就涉及食物，对要大便的人，它就涉及厕所，对于有一个肢体由于受热或受冷而感到热或冷的人，它便涉及他的手是放在火上或放在冷水中。

在许多惊人的事情中间，有这样的事情：正如从射精的自然动作发生某一种想象的掌握，同样地，由于某种原因，常常从所欲求的一个形式发生某一种想象的掌握。于是天性被引得把精液聚集起来，输送出使交合器官膨胀的普纽马，并且常常把精射出来。这种情形有时在梦中和醒时都发生，虽然当时并没有挑逗，也没有淫行。

至于随意的东西，如果在清醒的时刻，灵魂的注意中有某种东西，致使灵魂去默想和思考它的各种后果，那么，当人睡着的时候，想象机能就开始涉及这种东西以及与这件东西同类的东西。但是这种情形属于清醒时的思考的残余。这一切都是杂乱无章的梦。不过有时候这些梦的发生还受到天上的形体的影响。因为这些天上的形体按照它们的各种关系，按照它们的灵魂的各种关系，并按照能力，在想象中激起一些形式，而这些形式并非来自看不见的世界的某种东西的表象，亦非来自预言。至于需要说明和解释的东西，乃是我们并不归入这一类的一种东西。

因此我们知道，梦的产生是由于某种外部的原因，梦是有所指的。因为这个缘故，诗人、骗子、坏人、醉汉、病人、苦恼的人，以及为坏的性格或忧愁所支配的人的梦大都不是真的。也是因为这个缘故，只有黎明时刻发生的梦大抵是真的，因为这个时刻所有的想望都休息了，各种影像的运动都已经平静下来了。所以当想象机能在睡眠状态中、在这样的一个时刻不为形体所占据，然而并不脱离记忆和成型机能时，说得更明白一点，当它为这两者所巩固时，它应当有更大的理由在这一方面为灵魂服务得很好，因为毫无疑问，对于从记忆和成型机能拿到想象机能来的东西来说，灵魂是需要这种东西深深地印在这种机能里的，因为那些想象的东西或者是它们本身，或者是它们的形构。

但是应当知道，那些拥有最真实的梦的人，乃是性格最适中的人。因为性格枯燥的人虽然能很好地保存，却不能很好地接受，性格流动的人虽然能够很快地接受，抛弃得却很快，因而好像没有接受一样，不能很好地保存。而性格热烈的人则有放肆的行动，性格冷淡的人则愚笨。其中最完美的人是已经习惯于真实的人。习惯于虚伪和错误认识，会使想象腐化、在动作上无助于理性引向正确方向的活动；说得更明白一点，这种想象的性态乃是性格一团糟的人的想象的性态。

当这种情形属于有关睡眠和清醒的事情时，应当在这里简单地提一提睡眠和清醒的问题。我们说，清醒是这样一种性态：在这种性态中，灵魂毫不勉强地凭着意志，把各种官能或运动机能使用到外界。睡眠则是这种性态的缺乏。在睡眠中，灵魂已经从外界转向内部，而它的转向必须有一个动力，这个动力或者是由于偶然从内部来到灵魂上的一种疲倦，或者是由于从内部来到灵魂上的一种忧虑，或者是由于器官对灵魂的抵抗。出于疲倦的转向，就在于有一种称为普纽马的东西存在，这种东西在讲到的时候[①]你就会知道的；这种普纽马已经稀薄了，变弱了，没有展开的力量，于是消失在内部，而其他的生活机能也跟着消失。

但是这种疲倦有时是来自形体的运动，有时来自思想，有时来自恐惧。因为有时睡眠由恐惧而来，甚至于死亡来自恐惧，有时思想使人入睡，这并不是从内部，而是因为思想使脑子变热；各种体液被吸引到脑子里，脑子填满了体液，就由于潮润而入睡。但是，那种由于内部的专注而发生的转向，则在于食物和体液已经在内部混合起来，因而需要普纽马带着所有的自然热向这些体液流去，使食物完全消化。所以外面是静止不动的。来自器官方面的转向之所以存在，是因为神经为各种蒸气以及渗透进来消化的食物所充塞，或者是因为普纽马由于浓浓地吸收了体液而过于沉重，不能动作。

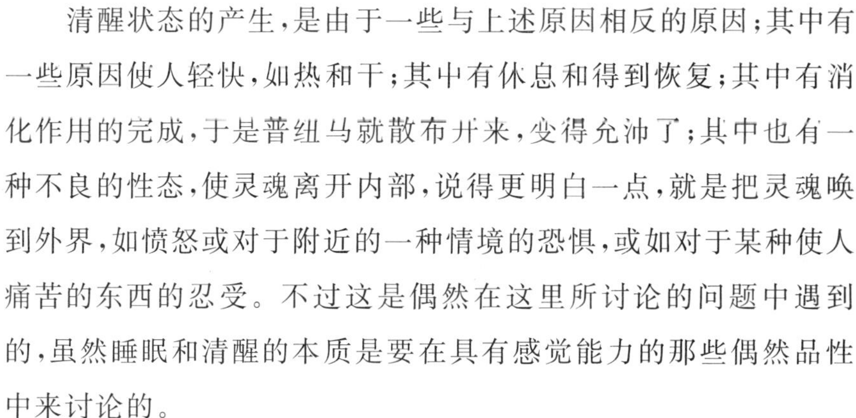

清醒状态的产生，是由于一些与上述原因相反的原因；其中有一些原因使人轻快，如热和干；其中有休息和得到恢复；其中有消化作用的完成，于是普纽马就散布开来，变得充沛了；其中也有一种不良的性态，使灵魂离开内部，说得更明白一点，就是把灵魂唤到外界，如愤怒或对于附近的一种情境的恐惧，或如对于某种使人痛苦的东西的忍受。不过这是偶然在这里所讨论的问题中遇到的，虽然睡眠和清醒的本质是要在具有感觉能力的那些偶然品性中来讨论的。

---

① 参看第五章第八节第二段以下。——译者

第三节　论回忆机能和评价机能的各种活动，以及这些机能凭各种形体器官作出的一切活动

我们在讲完想象机能和成型机能的性态之后，应当讲回忆机能的性态，讲回忆机能和认识机能之间的东西，以及评价机能的性态。

我们说，评价机能是动物身上的大判断者，它是凭着有关想象掌握的一种刺激来下判断的，它的判断并不要得到证实。这很像人发现蜜和胆汁有相似之处而讨厌蜜，因为评价机能根据一个判断而断定蜜是如此，而灵魂跟着评价机能所掌握的这个观念走，虽然理智宣布这是错误的。但是动物以及和动物相似的人，在他们的行动中，就只遵循没有理性鉴别力的评价机能的这种判断；相反地，这种判断只是凭着某种刺激造成，虽然有时由于与理性邻近，在人的各种官能和机能上会发生这样一件事实：人的各种内部机能快要变成理性机能，异于禽兽的机能。

因为这个缘故，人借助于各种复合的声音，各种复合的颜色，各种复合的气味和滋味，借助于希望和欲望，获得一些别的动物所不能获得的东西，因为理性的光亮似乎涌泄到这些机能上面；并且这也是因为人所具有的想象，在曾经作为动物的评价机能的附着主体之后，已经变成理性的附着主体，因而人在科学中能够利用理性；他的记忆力也在科学中变为有用，例如他凭记忆保存下来的各种经验，以及各种特殊的观察等等。

但是我们还要来讲一讲评价机能。我们说，研究者必不可免地要研究和考察：评价机能在进行评价活动的状态中并没有理智伴随，怎样会接触到那些在感性事物之中的观念，而感官接触到这些事物的形式，却感觉不到这些观念中的任何东西，而且在这种状态之下，这些观念中有许多也并不是属于有利的或有害的。我们说，这样的事以好多种方式属于评价机能；其中有些方式是那些从真主的慈悲中涌到整个世界上的本能，例如新生婴儿在依赖乳房那一方面的状态，又如幼儿站立起来时由于他要跑到抱他的人那边去的活动而几乎跌倒的那种状态，这是由于灵魂中的一种天性所致，这种天性是由真主的灵性放在灵魂之中的；当儿童的眼珠由于某种东西作梗而感到不适时，他在了解发生了什么事情以及什么东西对他的眼睛发生了作用之前，就赶快闭上眼皮，好像这是眼皮的本性似的，其中并没有思考的选择。同样地，动物也具有一些天赋的本能。

其原因是存在于这些灵魂之间的某些关系，这些关系的本原是常住的，不中断的，不同于那些可有可无的关系，例如理智的成就性，以及正义的观念。因为所有的东西都来自这个下界，但是以这些本能为凭借的评价机能却知道一些与有关利害的感性事物混在一起的观念。所以羊总是提防着狼，尽管它从来没有见到过狼，并且没有受过狼的任何损害；许多动物提防着狮子；其余的鸟提防着鸷鸟，弱小的鸟都无须经验就厌恶鸷鸟。这是一个范畴，另一个范畴的存在则是由于经验这种东西。

这就是：当动物感到痛苦或快乐时，或者当它遇到一件与一个感性形式相结合的有利或有害的感性事物时，这个事物的形式，以及与它相结合的东西的形式，就印在成型机能中，而这两者之间的关系的观念，以及对这两者所作的判断，则印入记忆中。记忆得到这个，是凭着它自己，凭着它的本性。所以这个形式从外界呈现于想象机能时，就在成型机能中动作，而那种有利害观念与它相结合的东西（总之，即记忆中的观念），则凭借着想象机能的本性中的转移和表象作用，同它一齐动作起来；于是评价机能就感觉到这一切，并且看到与这个形式在一起的观念。但是这种事情的产生是由于与经验相连的动力。就是因为这个缘故，狗见到干的胶泥块、木块等等就害怕。

但是有时在评价机能中会通过比较，突然产生另一些判断，因为事物具有一个与评价机能的一个观念相结合的形式，这是就某些感性事物而言，但是并非永远有这种结合，也不是全部都有这种结合；因此，当这个形式存在时，评价机能就对这个形式的观念加以注意，而观念有时是改变的。所以，评价机能既然是动物身上的判断者，在行动中就需要动物所具有的各种机能服从它。评价机能最经常需要的，是记忆和各种官能的服从。至于成型机能，由于记忆和回忆，评价机能也对它有所需要。

记忆有时也存在于其余的各种动物中。至于回忆，乃是把已经遗忘的东西重新唤起的技巧，照我的想法，这种技巧只有人类才有。这种技巧意味着建立一种指示，表明有某种东西曾经存在过，后来不见了，这种指示只属于一种理性的机能；而如果它属于一种非理性的机能的话，就可能属于经过理性装点的评价机能。所以，如果其余的动物能够回忆，好，那就回忆！可是，如果它们不能回忆，那它们就不希求回忆，这就使它们得不到观念，或者说得更明白一点，这种对回忆的欲望和追求只属于人；回忆是与一件过去在灵魂中存在过的东西有关的东西，一方面和学习活动有一致处，另一方面又有所不同。

就其与学习的一致之处来说（因为回忆是一种转移，从在外界或内部知觉到的东西出发，进到异于这些东西的东西），学习也是一样的，因为学习也是从一个已知物到一个未知物的转移，为的是认识未知物。但是回忆乃是——举例说——设法使过去曾经成为现实的东西在将来成为现实，而学习则仅仅使另外一件东西在将来成为现实。

此外，在回忆中，的确，人们从那些一定要求既定目标成为现实的东西出发，是达不到既定目标的，而要以一些符号为中介。当这些符号当中最接近既定目标的符号变为现实的时候，灵魂就向既定目标过渡，这是当情况不变的时候。但是，如果情况与此不同，虽然回忆到最接近的形式或它的观念，灵魂也会并不必然过渡；例如，某一个人的思想上呈现出他心里的一本书，于是从这本书回忆到跟他一同读这本书的老师，而不必每个人的思想上都回忆到这本书的形式，或者回忆到它的使这位老师呈现的观念。至于学习活动，所走的途径必然是向既定目标转移，这就是三段论和定义。

在人们当中，有些人学习比回忆容易，因为那些为转移所必需的东西对他们说是天赋的。而在人们中间，有些人却相反。在人们中间，有些人强于记忆而弱于回忆，这是因为他们的性格枯燥，因而只保留着他们所取得的东西，而灵魂的活动并不喜欢想象的各种活动和表象中的东西。而在人们中间，有些人则相反。但是回忆最敏捷的人们最能理解符号。因为符号造成由感性事物到异于感性事物的观念的转移。所以对于符号敏感的人,在回忆方面也敏捷。

在人们当中,有些人是强于理解而弱于记忆的,而关于理解的事,是和关于记忆的事差不多对立的。因为理解需要有一种接受的元素,来接受各种内部形式,这种元素接受印象的能力很强,但是只接受有助于使它潮润的印象。至于记忆,则需要一种质料,这种质料是很难与在其中理解过和表象过的东西分开来的。这样就必须要有一种干燥的质料。因为这个缘故,两件事是很难结合的。所以最善于保存的人,乃是活动不多、关心的东西也不变换的人;而多所关心、活动很多的人,就不能很好地回忆。

所以,记忆连同有关的质料需要灵魂以一种完善的方式、怀着热情趋赴形式和观念(这两者是已经确立了的),不要由于专注于别的事情而离开这两者。就是因为这个缘故,儿童尽管性格流动,却特别能保存,因为他们的灵魂并不专注于成年人所专注的东西;所以儿童的灵魂并不因为专注于别的事情而忘记自己所趋赴的东西。至于成年人,因为他们感情热烈和行为激动,尽管他们的性格枯燥,他们的记忆力却不同于儿童和少年的记忆力。而老年人也是这样,由于他们的流动性占了主导地位,他们连自己刚刚看到的东西也记不起。

有时候,一接触到来自愤怒、愁闷、悲哀等等的记忆,就突然发生与产生那些感情的情境相合的心境。而事情就是根据这种状态发生的。这是由于造成悲哀、愁闷和愤怒的那个原因只是作为这种形式在内部官能中的印象而存在于过去的事情中;所以当那个形式再现时，它就造成这样的事情或者类似的事情。欲望和希望就造成这种事。但是希望并不是欲望，因为希望是对于带有判断或主张的某件东西的想象，这是因为希望最常有的情形是变化；至于欲望则是对某种东西的想象和欲念，而如果这种东西是存在过的，就会发生对于一种快感的判断。恐惧通过对照而与希望对立，而失望则是希望的缺乏。这一切都是评价机能的判断。

现在我们还是限于我们关于知觉机能，亦即动物机能这个问题所说过的东西，并证明所有的机能都用工具造成动作。我们说：说到机能当中那种感知外界特殊形式的机能，有一种性态对于抽象作用以及与物质分离的作用来说，是不完善的，并且像外部官能所感知的那样，是根本不能摆脱与物质的关系的，根据这种性态来看，就很明显，很容易了解，感知者的知觉是需要一些形体工具的。这是因为只有当质料出现和存在的时候，这些形式才被知觉到。但是出现、存在的形体只是符合着一个形体而出现、存在，而不是符合着一个并非形体的东西在这一次出现，在那一次不出现。因为它与一种在出现和不出现这一方面是单纯的机能并没有关系。在一个地点的东西，与不在一个地点的东西，就符合于它的出现和对于它的不出现来说，是没有关系的，或者毋宁说，就出现所归属的东西而言，出现只适用于出现的东西的一个位置或一个距离。但是当出现的东西是一个形体时，只有出现所归属的东西是一个形体或者在一个形体中，这一点才有可能。

有人按照一种完全抽去质料的抽象作用（例如想象作用），知觉到那些特殊的形式，但是各种质料关系并没有被抽掉，对于这种人来说，也是需要一种形体工具的。因为只有想象的形式以一种

为形式和形体所共有的印象印在想象之中，想象作用才能想象。因为由“赛义德”这个人的形式、根据他的外形、他的轮廓，以及他那些像我们观察到的那样在想象中有别的肢体的排列位置而印在想象中的形式，是不能按照想象的形式应当被想象到的那种方式被想象到的，除非是这些部分以及他那些肢体的方向应当印在一个形体之中，而这个形式的方向是与这个形体的方向不同的，这个形式的部分也与这个形体的部分不同。

现在我们从赛义德的形式转到方形 a，b，c，d 的形式上，这个方形里面，面积、方向、性质和角的数目差异是一定的；我们再画两个方形连在它的 a，b 两个角上，这两个方形彼此是一样的，各有一定的方向，然而在形式上两者是相等的。从这整个图形，在想象中印下一个有翼的、特殊的、数目上单一的、确定的图形的形式。

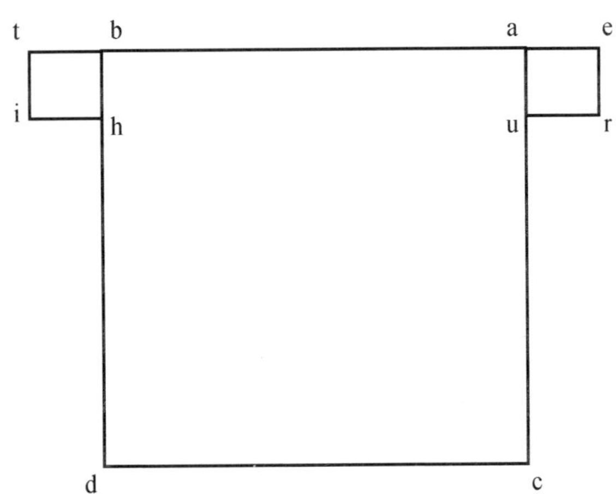

我们说：方形 a，e，r，u 突然看起来好像与方形 b，h，t，i 不同，并且在想象中与它分离，因为凭着想象中所想象、所指示的位置，前者是与后者有区别的。因此必不可免地，或者是：方形 a，e，r，u

之所以存在，是由于“方形性”的形式，或由于它所具有的一种特殊偶性，这种特殊偶性是由于“方形性”而来的，异于“方形性”的形式；或者是：它之所以存在，是由于它印在其上的质料。

但是不能承认它所具有的变易性来自“方形性”的形式那一方面。这是因为我们已经假定这两个方形有同样的图形，是相似的，相等的。也不能承认这种情况之所以存在是由于它所特有的一种偶性。因为说到第一个方形，为了把它想象在右面，我们并不需要在其中挑引出一种偶性，这种偶性在其中只不过是质料的方向而已。至于第二个方形，的确，这种偶性或者是这样一种东西，这种东西之在其中，是由于它的本质；或者是这样一种东西，这种东西之属于它，是由于与各种存在物中那个是它的图形的东西相比较，以致这个方形好像是从一个存在物抽引出来图形，而这个存在物是属于这个影子的，或者是这样一种东西，这种东西之属于方形，是由于与现实化的质料相比较。

但是不能承认这种偶性在这个方形所特有的各种偶性中间，是本身就属于这个方形的，因为偶性是或者不可分开地伴随着，或者消失的。但是从本质说，它不可能不可分开地伴随着方形，除非它是不可分地伴随着那种在“属”上和方形结合的东西。的确，这两个方形既然从地位说在“属”上相等，一个不可分地伴随着的偶性，是不可能属于这个方形而不属于另一个方形的。此外，的确，如果偶性是在一个不可分的机能[①]中（各种有形体的机能是可分的），那就不能承认某种东西发生在这个方形上而不发生和它相似

① 指理智机能。——译者

的另一个方形上，这两者的接受者是唯一的，不可分的，这就是接受机能。

但是不能承认这个偶性消失，因为如果这种东西消失，方形的形式就必须在想象中改变。想象作用只把方形想象成方形那样，并不想象这种东西与它相结合。所以，如果这种东西消失了，方形就会改变了。所以想象作用仅仅这样想象方形，并不是因为有一种东西把偶性与方形结合起来；毋宁说想象作用把方形想象成它原来那样。想象作用不能把这种偶性与另一个方形结合起来，把它想象成第一个方形；说得更明白一点，只要偶性存在于第一个方形中，情形就是如此，而想象作用也把它看成这样，并不注意另一件把偶性与方形结合起来的东西。

因为这个缘故，我们不能说，提出偶然的东西，就把想象作用放在这种性态中，像我们对于可理解的东西里面那种与此相似的东西可以这样说那样。这是因为这句话停留在它的性态上。所以有人说：一件东西，其结果是偶然的，以致将这种性态专门归给这个方形，使它与第二个方形有区别，这件东西是什么呢？至于普遍的东西，理智是在那里把偶然的东西与方形结合起来的，这就是“在右边”这个定义，或者“在左边”这个定义。所以“在右边”这个定义与一个方形结合起来时，这个方形在这以后就好像在右边了。

但是定义只属于一种可理解的、普遍的东西，而在这种情况下，定义是合适的，因为这是一种相对于一个假定的东西，在概念中随假定而来。至于这种并不凭假定而存在的特殊的东西，说得更明白一点，它在想象中只是被设想为从一个感性对象中不加改变地取得的一种形式（所以它是像在它本身中被观察到、想象到的那样建立起来的)，我们不能说这个形式具有这个定义而不具有另一个定义，除非是对于这样一种东西：由于这种东西，这个形式就值得加上这个定义而不加上另一个定义。并不是想象带有一个把偶然的东西与形式结合起来的情况，才把形式像这样提出来；说得更明白一点，它是就形式本身是这样而突然把形式想象成这样的。它并不提出形式(所以它想象这个方形在右边，那个方形在左边)，除非是由于有一种情况与这个方形和那个方形相结合，这样结合以后，想象作用才把这个方形放在右边。把那个方形放在左边。

但是在理智的范围内，“在右边”这个定义和“在左边”这个定义，都是结合在方形上，并且这是这样一个方形，对于它来说，并没有提出任何别的东西作为将普遍者加到普遍者上去的结合物，因为在理智中，可以建立一个普遍的东西而并不把某种东西与它结合起来，但是普遍的东西可以被提出来，使某种东西与它相结合。至于想象，当造成个体化作用的东西还没有把想象中的观念个体化的时候，观念是不呈现在想象之中的。

就是因为这个缘故，我们可以承认，通过假设使一个观念与另一个观念相结合，是理智的能力范围之内的事。但是说到想象，当它没有为呈现的东西而首先出现在一个一定的、特殊的位置上的时候，这件东西是并不印在想象中的，也并不是可以加以假定的东西。这就已经表明，我们绝不能认为，这种区别[①]的造成，是由于一种偶然的东西不可分离地伴随于其中，或者并非不可分离地伴随于其中，或者被假定了。所以我们说：我们不能承认，这种区别

① 指这两个方形的区别。——译者

的造成，是由于与一件存在的东西相比较，而这件东西的影子就是想象中所表象的东西。

这是因为我们常常想象到并不存在的东西，并且，如果这两个方形之一与一个形体发生一种关系，而另一个方形则发生另外一种关系，当这两个方形的接受者[①]不可分时，是不能承认这种关系会发生的。因为两个想象的方形之一不再能同两个外面的方形之一发生关系，其中的另一个情形也是一样，除非这两个想象的方形中的一个已经在一种关系中（这种关系是由这个想象的方形所根据的形体产生的，这个形体把这个想象的方形带到两个外面方形之一上面去），而另一个外面的方形不在这种关系中；所以，在这种情形之下，这个方形的接受者就会不同于那个方形的接受者，想象机能就会是可分的，虽然它本身是不可分的，或者说得更明白一点，想象机能就会由于其中所包含的东西的划分而成为可分的，因此就会是有形体的，而形式就会印在形体中了。

所以，这两个方形不可能由于两个存在的方形的划分，并由于与它们的关系而在想象中分离开来；那么剩下来的就是：这或者是由于接受机能中的两个部分的分离，或者是由于这种机能借以活动的工具的分离。但是无论是怎样的情形，的确，由此得出的结果都是：知觉只有凭借一种与有形体的质料发生关系的机能才能完成。因此很明显，想象的知觉也只有凭借一个形体才能完成。

从说明这一点的那种理由来看，我们想象那个想象的形式，例如人们的形式，如较大的形式或较小的形式，是像我们观看这两个

① 即想象。——译者

形式那样想象的，毫无疑问，这个形式之作为较大的形式印着，以及它之作为较小的形式印着，并不是印在本身与这件东西相似的东西上面，因为如果是形式印在与这件东西相似的东西上面，小和大中间的不规则性的存在，就会或者是由于与被抽引出形式的那件东西有关，或者是由于与抽引出形式的那件东西有关，或者是由于这两个形式本身。

但是不规则性不能由于与被抽引出形式的东西的关系而存在，因为在想象的形式当中，有许多根本不是从一件东西抽引出来的，有时小和大是同一个个体的形式，而不规则性也不能由于两个形式本身而存在，因为两者在定义上和在“维何性”上相同，而在大小上则不同；所以这是不能由于这些形式本身而存在。所以这样看来，这是由于与接受的东西的关系而存在，因为形式有时印在较大的接受的东西的一部分上，有时印在较小的接受的东西的一部分上。

此外，我们也不能在一个唯一的想象影像中想象黑色和白色，把黑白两者融合在这个影像中，而在想象影像的两个为想象作用看成分离的部分中，我们是可以这样做的。但是如果这两部分从位置上说并没有区别开来，说得更明白一点，如果这两个影子印在一个不可分的东西上，所说的这件东西就不会在这两个影子所证实的东西和可能的东西之间分离开来。所以，这两个部分在位置上是有区别的，想象作用是在两个部分上想象这两个有区别的部分。

如果有人说：理智也是一样的，我们就会答复他说：理智是在同一时间内，作为理解或者作为同意，同时认识黑和白。所以这两种颜色的附着主体不可能是一个，而想象作用却并不同时想象黑白两者，也不是照理解的方式和同意的方式来做，虽然想象的活动只是照理解的方式而不是照别的方式进行的，并且它在与自己不同的东西中是没有任何活动的。

在认识了想象作用的这一点以后，你们已经由评价机能认识这一点了，而评价机能，照我们上面所解释过的，只是由于与一个特殊的、想象的形式的关系，才能知觉到它的各种知觉的对象。

第四节　论运动机能的各种性态并论一类依靠这些性态的预见

既然我们在动物灵魂的各种机能中间，已经讲过了那些知觉机能，我们就宜于来讲一讲其中的那些运动机能。

我们说，动物在并不明确地要求某种东西的时候(感到自己的要求，或者想象到这种要求，或者并不感到这种要求)，是并不激动起来通过行动去追求这种要求的。但是这种要求并不属于知觉机能中间的某一种，因为这些机能只具有判断和知觉，如果人们凭着各种感官和评价机能来判断和知觉，是不应当要求这种东西的。因为人们在感觉和想象的时候，在知觉到自己所感觉到的、所想象到的东西这一点上，是彼此一致的，然而在要求自己所感觉到、所想象到的东西这一点上，就有差别了。

但是，单单属于人的那种性态，有时在这一点上是有变化的，因为人在饿的时候想象食物，要求食物，而在饱的时候就不要求食物了。此外，品行端正的人在想象各种被认为要不得的快乐时，并不要求这些快乐，而别的人却要求它们。这两种性态不单单属于人，也属于所有的动物。

要求有时候是有变化的，因为有的要求变弱了，变淡了，有的要求增长到必须作出决定，但是决定并不是要求。因为有时对事物的要求增长了，但是人们根本不决定去行动，正如想象的掌握是很强的，但是人们并不要求自己所想象的东西。当有可能下决心的时候，那些运动机能就服从命令，肌肉的收缩和伸张，只是属于这些机能的。

但是这并不是要求本身，也不是决心。因为受动作阻碍的东西并不会受要求的强度和决心的阻碍。但是受动作阻碍的东西在另外一些仅仅能够运动的机能中是得不到一种服从的，这就是那些在肌肉里面的机能。在这种意欲机能的各个分支中间，有愤怒机能和情欲机能。要求那种使人欢乐的东西和被认为有益的东西，并且激动起来取得这些东西的那种机能，就是情欲机能，而要求克服和驱除被认为不相容的东西，并且激动起来驱除这种东西的那种机能，就是愤怒机能。

但是有时候，我们在动物身上发现有一些激情，并不是为了它们的欲望而发的，说得更明白一点，例如我们就发现母兽对于自己生的幼兽有一种倾向，驯养的禽兽对自己的伴侣有一种倾向。它们的那种想逃出樊笼摆脱锁链的要求也是这样。因为这虽然不是情欲机能的一种欲望，对于想象机能的一种欲望来说，这确实是某种要求。

的确，对于被知觉的东西来说，知觉机能是专门属于动物的，这也是对那种凭着感性直觉，在各种被唤起的东西中间，或者在各种形式中间进行安排的东西说的，例如一种专门属于动物的快乐。并不快乐的动物在反省时，就凭着本性要求快乐，审虑机能作出决定，把器官推向快乐，它之作出决定，是由于情欲机能和愤怒机能，也是由于各种可理解的东西中间的美好的东西。所以追求欢乐的欲望的强度是属于情欲机能的，而决心则属于意欲机能；战胜的欲望的强度属于愤怒机能，而决心则属于意欲机能。同样地，为想象所特有的东西也属于想象。

但是恐惧、苦恼、愁闷则通过与各种知觉机能的一种联合，从愤怒机能的那些偶性中产生出来，因为当愤怒机能动作时，以及当它在进行一种想象的或理智的理解之后衰弱时，这些偶性就开始存在；当它跟随着一种理智的或想象的理解而动作时，恐惧就产生了。但是，当它并不产生恐惧时，它就变强，并且发生苦恼，当苦恼不能排斥愤怒时，至少在苦恼的到来并不产生恐惧时，由苦恼就必然变成愤怒。

欢乐属于胜利的范围，也是这种机能的目的。贪婪、饕餮、肉欲、淫佚以及诸如此类的东西，属于兽性的情欲机能，和气和欢悦则来自各种知觉机能的偶性。至于各种人性的机能，也偶尔发生一些专门属于它们的性态，这些性态我们在后面就要讲到。

审虑机能跟随着前面所指出的那些机能，因为当那些机能的倾向增强的时候，它才考虑。但是所有的机能又跟随着评价机能。这是因为除了在评价机能掌握了所要求的对象之后，一种要求是根本不存在的。有时候，评价机能的掌握是有的，但是根本没有要求。但是有时候，当形体痛苦时，本性时时发出一种驱除这些痛苦的动作，这种动作必然要引起评价机能的活动。因此，这些机能是走在前面，把评价机能的活动引到它们所要求的东西上去，正如在最经常的、大部分的情况之下，评价机能把这些机能引到评价的对象上去那样。因为在动物身上，评价机能在各种知觉机能的领域内具有权威，而情欲机能和愤怒机能则在各种运动机能的领域内具有权威；审虑机能跟随着这两种机能，然后是那些在肌肉中的运动机能。

所以我们现在说：这些活动和偶性是来自一些偶然的品性的，这些品性，当灵魂在形体之中时，就来到灵魂中，而在灵体不分有形体时，就不来到灵魂中。就是因为这个缘故，形体的各种格局一与它们接触，就发生变化，而这些偶然的品性也是与各种形体的格局一同开始存在的。因为在某些格局后面，跟随的是愤怒的倾向，而在另一些格局后面，跟随的则是情欲的倾向，怯懦和恐惧则跟随着另外一些格局。在人们中间，禀性易怒的人很快就发怒，而在人们中间，胆小惊惶的人则是怯懦的，很快就害怕。

这些性态只是凭着分有形体而存在。而那些凭着分有形体而属于灵魂的性态，则属于几个范畴：有些性态首先属于形体，然而这是因为形体具有一个灵魂；有些性态首先属于灵魂，然而这是因为灵魂在一个形体之中；也有一些性态以均等的方式处在这两者之间。睡眠和清醒，健康和疾病，都是属于形体的性态，它们的本原来自形体；因此它们首先属于形体；然而它们之所以属于形体，只是因为形体具有一个灵魂。至于想象、情欲机能、愤怒机能之类的东西，则是就灵魂具有一个形体而属于灵魂，就自己首先属于形体的灵魂而属于形体，虽然它们之属于灵魂是联系到具有一个形体的东西，我并不从形体方面讲。

忧虑、苦恼、愁闷之类的东西也是一样，因为在这些东西里面并没有什么东西发生在形体本身上面；然而这些东西是一件与形体相结合的东西的各种性态，这些性态只存在于与形体结合的时候。所以它们是从灵魂的方面属于形体，因为它们首先属于灵魂，虽然它们之属于灵魂是从具有一个形体的东西这一方面，我并不从形体方面讲。

至于痛苦，则来自格局受到打击，发生改变，因为痛苦时所发生的事是在形体中进行的，这是因为连续性的解散和格局都属于形体本身的性态，而且，痛苦是在感到痛苦的东西本身的感官中进行的，然而原因还在于形体。看来饥饿和食欲也属于这个范畴。

至于想象的掌握、恐惧、苦恼和愤怒，则是首先发生在灵魂上的遭受。愤怒和苦恼，作为愤怒和苦恼，并不是使形体发生痛苦的一种遭受，虽然有一种使形体发生痛苦的形体遭受跟随着它，例如热度的烧灼，或者热度的骤降，或者别的。因为这并不是愤怒和苦恼本身，而毋宁是某种跟随着愤怒和苦恼的东西，我们并不反对，就这种东西在一个形体中而言，对于这种东西最合适的，是属于灵魂，我们也不反对，在形体中有一些为形体所特有的遭受跟随着这种东西。

因为想象的掌握，就它的存在方式是知觉而言，也并不是形体一起就具有的那些遭受中的一种，——有时候，想象的掌握发生这样的事情：某一个肢体伸展开来了，却并不是由于一种自然的原因必然使一种格局发生改变，使温度变高，使一种蒸气产生出来，并且使它渗入这个肢体使之伸展。相反地，当一个形式在评价机能中已经开始存在时，它就必然通过一种格局的改变引起变化，必然引起一种热，一种潮润，一种普纽马。如果没有这个形式，在自然中就不会有什么东西推动这几种东西了。总之，我们说灵魂的特性就在于：使一种变化凭着一种格局的改变，在形体的接受元素中产生出来，而这种格局的改变的造成，是无需形体的活动和遭受的。

所以，一种热并不是从一个热的东西产生的，冷也不是从一个冷的东西产生的。说得更明白一点，当灵魂想象到了一个影子，而这个影子又在灵魂中变强了的时候，形体的接受元素就立即接受一个与此有关的形式或一种性质。这是因为灵魂属于这样一些本原中的某种本原的实体，这些本原以建立各种质料的形式把自身中所包含的那些质料包裹起来，这样，灵魂从关系上说离这种实体要比离另一种实体更近，而这种情形的发生，是在那些质料的倾向性完备的时候。但是它们的大部分倾向性之所以存在，只是由于那种因性质的改变而发生的变化，像我们在前面说过的那样。

但是在最常见的情况之下，性质的改变，只是由于灵魂的想象掌握的那些对立面。因此，有时候，当这些本原以一个构成一个自然的“属”的形式把接受的元素包裹起来时，是由于建立在这两者之间的某种关系，所以也差不多可以说，它们是把性质包裹在这些质料上，而并不需要一种来自对立方面的形体的接触、活动和遭受；相反地，灵魂中的形式乃是在接受元素中开始存在的东西的本原，正如医生的灵魂中有关健康的形式乃是通过治疗而开始存在的东西的本原，木匠灵魂中的床的形式也是如此。然而这种本原属于这样一些本原，这些本原只是通过一些器官和中介，被引导到对这种本原施加压力的东西的那些对立面上去，而这些对立面之需要这些器官,只是由于无力和软弱。

你可以想一想自以为痊愈了的病人的状态,以及自以为病了的健康人的状态。因为常常有这样的事发生:当形式在他的灵魂和评价机能中得到巩固,他的接受元素为形式所困扰时,就会有健康或疾病。这比医生凭着各种器官和中介所做的更有效。由于这个原因,例如,就可以有这样的事:一个人要在一根丢在破坏了的路上的棕榈树干上跑,可是如果这根树干是放在那里当桥使的,下面是一道深渊,那么,他是不敢在这个棕榈树上爬过去的,除非是很慢地爬,因为他的灵魂中以一种非常强烈的方式想象着摔下去这个形式。所以,这个人的本性和他的肢体的力量是同意这一点的,而不同意它的反面,即桥的稳固和过桥的活动。所以,当那些形式的存在在灵魂中得到巩固时,对这些形式的信仰也应当存在。所以常常可以发生这样的事:质料以通过各种形式来感受为特性,它通过形式得到感受,这些形式存在着。

这种情形如果是对于那种属于上苍和世界的普遍的灵魂而存在,那就会对整个自然界发生影响,如果是对于一个特殊的自然而存在,那就会对特殊的自然发生影响。但是灵魂常常像影响自己的形体一样,对另一个形体发生影响,情形有如毒眼和活动中的评价机能之发生影响[①]。当灵魂有力、高尚、与本原相似时,世界上的接受原素就服从它,由它得到感受,而且在接受元素中出现已经在灵魂中理解了的东西。其所以如此,是因为正如我们马上就会

① 指因仇恨和妒忌而产生的恶毒眼光落在人身上可以伤人,对仇人发出的恶念和诅咒也可以伤人,由喜爱而发出的赞美和祝愿则可以使人得益。这些都是古代人的观念。——译者

说明的，人的灵魂并非印在它自己的质料上，而是灵魂的注意力引向质料。

因为，如果这一种依赖性使灵魂在形体所要求的东西以外，可以致使那种与形体有关的接受元素发生转化，那就毫不足怪，高尚的、异常有力的灵魂，就其对各种形体中为它所固有的那个形体所发生的影响说，是极端活跃的，而灵魂在倾向于这个形体时，深入得并不厉害，并不强烈，但是尽管如此，这种倾向在这个形体的本性中是起支配作用的，在它的稳定的性态中是异常强烈的。因此，这个灵魂把病人治好，使坏人生病，而随之发生的是有些本性受到破坏，有些本性得到巩固，灵魂凭着自身，使各种元素发生转变。于是不是火的东西变成火，不是土的东西变成土，此外，更由于它的意志而得到雨水和丰稔，正如发生荒歉和瘟疫一样，这一切都是由于那位可理解的、必然的最高实体[①]；总之，由于它的意志，与接受元素在各个对立面中的改变有关的东西，才能进于存在。

的确，接受元素凭着它的本性服从那位必然的最高实体，并在其中产生出呈现于必然的最高实体的意志中的东西；因为接受元素完全服从灵魂，而且它对灵魂的从属大于对那些影响性质的对立面的从属。而这也是那些与预见有关的机能的特性之一。在这种特性以前，我们已经讲过一种与灵魂的那些想象机能有关的特性；但是那种特性乃是一种与那些动物性的知觉机能有关的特性，而现在讲的这种特性则是一种与那些动物性的运动机能有关、与拥有伟大预见的先知者的灵魂的审虑机能有关的特性。

① 指真主。——译者

当我们明白地见到一切动物机能都只是通过形体而活动，并且见到这些机能只是在活动的时候才存在时，我们就说：各种动物机能，只有当它们作为有形体的东西而活动时，才是存在的，只有当它们是有形体的东西时，才有它们的存在，在形体毁灭以后，它们并不能继续存在。但是(这种说法是不见于前人的著作的)，我们已经在我们的医学著作中讨论过，不同的人由于自己的本性、由于自己的各种性态的差异而具有的那些倾向，如倾向于欢悦、苦恼、愤怒、怨恨、妒忌、和善等等，是出于哪些原因，也同样地讨论过它们的差别和它们的现实化。所以，请大家在那些著作中去读它吧！

第五章 〔论理性灵魂〕[①]

第一节 论各种属于人的活动和遭受的特性，并说明人类灵魂的思辨机能和活动机能

我们已经把关于各种动物机能的讲述结束了，所以我们现在宜于来讲人性机能。我们说，人具有他的灵魂所产生的各种活动的特性，这些特性其余的动物是没有的，其中的第一种特性就是：当人出现在提出来当作他的目的的“存在”之中的时候，他不应当在生存的期间脱离社会，不应当像其余的动物那样，在营求它的生活资料的时候，仅仅局限在自己本身和各种按照它的本性而存在的东西上。

然而说到人，如果在生存的时候只有他单独一个，只有那些按照他的本性而存在的东西，那他就会消灭，或者是他的生活资料就会坏到不能再坏。其所以如此，根据你在另外一些地方马上就会认识到的道理来看，原因就在于人具有杰出的性质，而其余的动物是不完满的。说得更明白一点，人需要的东西要比自然界的东西多得多，例如需要做好的食品，缝好的衣服。因为存在于自然界的

① 标题译者增补。

东西，例如未经人工调制的食品，确乎是不适合于人的，以这些食品构成的生活资料是不美好的。存在于自然界的东西，例如可以拿来穿的东西，有时候也需要给它加上一种性态和一种性质，人才能够穿它。至于其他动物，它们的衣服却是天然地生在它们身上的。

就是因为这个缘故，人首先需要农业，并且需要其他的各种技艺。唯独人不能单凭自己实现他所需要的一切，只有凭着社会，才能办到这个人给那个人做饭，那个人给这个人织布，这个人给那个人把外地的东西运来，而那个人又拿出某种东西给外地来作为交换。

所以，由于这些原因，以及另一些比这更隐蔽，但是更有力的原因，人需要在他的本性中具有一种能力，凭着一种约定的信号，把自己心里的东西告诉别人，告诉自己的伴侣。最适于拿来做这件事的东西是声音，因为声音分化为一些字母[①]，字母结合到形体上，毫不费力地就形成多数的组合，而这些组合乃是一种并不固定、并不恒定的东西。所以有人认为一个人不必觉察到它，就可以获知它。

次于声音的是符号。因为同样情形，如果声音的表达力比符号强，那只是由于符号仅仅在视觉所及的范围内起指点作用，由于符号来自一个特殊的方向。当人们要识别所企望的目标的时候，必须用一些复杂的动作，把眼睛移到一个特殊的方向，靠这些动作才能观察到这个符号。至于声音，当人们借助它的时候，有时也要

① 声音实指语音，字母实指音素。——译者

使它来自一个特殊的方向，也要用一些动作去观察，但是尽管如此，要觉察到它是并不需要一个中介的，正如颜色不需要中介一样，不像符号需要中介。因此自然赋予灵魂一种能力，用各种声音组成一种东西，以达到告诉别人的目的。

在其他动物中，也有一些用来彼此传达内心状态的声音；然而这些声音只是凭着本性来表达的，只是一般地表示同意和厌恶，并没有现实化、细致化。但是人所具有的，则是通过名词的设置。这是因为人所遇到的事件是几乎无限的，不能用无限的声音来表示。

因此，这种要求所表示和传达的需要，乃是人所特有的东西，这是由于人有一种必要，要求采取和提出一个正确的比例，并且有另外一些必要，如要求选举议会和创造技艺。但是其他的动物，特别是鸟类，也拥有一些技艺，因为它们筑巢，——更不用提蜜蜂了。然而这并不是出于一种发明或一种理性作用，而是出于一种本能和一种强制，因为这个缘故，它并没有“属”内的差别，而是分配在各个“属”中间的。大部分动物的技艺是由于动物的性态完备，是由于“属”的需要，而不是由于个体的需要。但是在人所具有的那些技艺中间，有一些是由于个体的需要，有一些是由于个体所具有的一种性态状况良好。

在人的各种特性中，随着他对于珍奇的东西的知觉的，是一种称为惊讶的感情，接着是笑。随着他对于有害的东西的知觉的，是一种称为忧虑的感情，接着是哭。在社会里面，真正属于人的是称为“注意现实”的那种优点——注意应当做的全部行为，以及不宜做的全部行为；因为人在童年时就听到人家这样告诉他，就受到这样的教育，从童年的时候起，就经常听说宜于不做这些行为，因而这种信念对于他已经习惯成自然。另外一些行为则与此相反;因为前者被称为坏行为,后者则被称为好行为。

但是其他的动物却没有这种情形。因为它们如果不做那些属于它们的行为,例如驯养的狮子不吃主人,也不吃自己的幼狮,原因并不在于灵魂中有一种信念、一种意见,而在于另一种灵魂的性态,这就是每一个动物都天生愿意使它得到享受的东西存在和继续存在下去,而为它提供食品养它的人已经对它变得可爱了,因为一切有益的东西,在获益者看来,天然是可爱的。所以阻止狮子吃主人的并不是一种信念,而是灵魂的一种性态和另一种偶性。

有时候,这种偶性的发作,可以说是由于天性,出于一种神圣的灵感,例如每一种动物都无须任何一种信念就爱自己的幼兽;而不是以某个人见了一件有用或可爱的东西就想攫取、见了一件形式上是他要躲避的东西就想躲避的那种方式。但是有时候,这是由于人的那种因另一种知觉而引起的知觉:他做了一件公认为不宜做的事,就会引起一种称为羞耻的灵魂感情。这种羞耻的感情也同样处在人的各种特性之列。

有时候人也发生一种灵魂的遭受,这种遭受是由于他有一种看法,认为某件东西在将来会伤害他,这就称为害怕。但是其他的动物大部分只是联系到当下片刻而具有这种遭受,或者是由于它们与当下片刻相接触。与害怕相反,人也具有希望,而其他的动物则只是由于与当下片刻接触而具有这种遭受,因为在远离当下这一刻的时候是没有这种遭受的。它们之所以作出准备,也并不是因为它们看到了那个时候以及那时将要发生的事,毋宁这也是一种本能。蚂蚁感到要预防一场将要下的雨而把粮食匆匆运入蚁穴，是因为感到这是这一个时刻将要发生的事，正如动物躲开敌对的东西是因为感到这件东西在这一刻将要打击它一样。

当人思考到将来的事情，思考到是否宜于去做这些事情时，他所具有的感情也属于这一类。因此，他做他自己的思考会要求自己不在另一时刻做的事，或者说，在这一时刻而不在自己所思考的那个时刻去做；他不做自己的思考会要求自己在另一时刻做的事，或者说，在这一时刻而不在自己所思考的那个时刻不去做。其余的动物之具有一些涉及将来的性态，则仅仅是由于一种天赋的东西，由于这些性态的后果是有利的或不利的。

在各种特性中，最为人所固有的，是理解那些普遍的、可理解的、完全以抽象的方式与质料分离开来的观念，按照我们已经讲过和证明过的方式，从已认识到是真实的东西出发，通过同意和理解，达到对于未知的东西的认识。上面所指出的这些性态和活动是属于人的东西，其中的一些主要的性态标志了人的特点，虽然其中有一些是属于形体方面的；然而它们之所以属于人的形体，乃是由于为人所具有而不为其他动物所具有的那种灵魂。

或者，说得更明白一点，我们说人可以凭着选择，在一些特殊的东西里面使一种作用得到完成，并且可以凭着选择，在一些普遍的东西里面使一种作用得到完成，但是在普遍的东西里只有一种信念本身是实际的。因为有信念的人是有一种普遍的信念：如房子应当怎样建筑。单从这种信念里，是不能通过前一种途径产生出一所特殊的房子的作用的。的确，各种作用是通过特殊的东西而得到的，是从特殊的意见产生出来的。这是因为普遍者本身不通过特殊的东西是不能成为特殊者的。关于这一点的说明，我们还是把它放在本书的末尾，你们将在最后一卷关于智慧的科学[①]里的一个地方看到它。

因此，人具有一种机能，这种机能是专用于各种普遍的意见的；并且具有另一种机能，这种机能是专用于思考各种特殊的东西，思考去做还是避免有益的事和有害的事，思考美和丑、好和坏的。这种机能的产生，是通过一种真实的或不牢靠的推理和思考，其目的在于对各种可能的事物中一件特殊的未来事物确立一种意见，因为人们是并不思考必然的和不可能的东西，以使它们存在或不出现的。并且人们也并不去思考如何创造已经存在的东西之为已经存在的东西。

当这种机能作出了判断的时候，就有一种动作随之而来，这种动作是属于那种推动形体的审虑机能的，正如在各种动物中动作随着另一些机能的那些判断而来一样。但是这种机能是仰给于那种用于普遍的东西的机能的。因此它从那里取得与自己所思考的东西有关的大前提，并且对于各种特殊的东西作出结论。

因此，人的灵魂的第一种机能，是一种与思辨有关、称为思辨理智的机能。第二种机能则是一种与实践有关、称为实践理智的机能。前者是判别真和伪的，后者是判别特殊事物中好和坏的。前者是判别必然、不可能和可能的，后者是判别丑、美和尚可的。第一种机能的各种本原来自第一性的前提，第二种机能的各种本原则来自已知的东西，来自先入的意见和假定的东西。来自假定的东西的不牢靠的经验，是与牢靠的经验不同的。这两种机能各

① 即形而上学。——译者

自具有先入的观念和假定的知识;先入的观念是我们借以作出断语[1]的那种信念,假定的知识则是我们容许第二项[2]倾向的那种信念。

但是并没有一个人一思想就已经相信了,同样地,也没有一个人一凭着官能有所知觉就已经认识了,或者一想象就已经思想了、或者相信了、或者看见了。因此,在人身上有一个对于官能的判断者,一个在想象的掌握范围内对于评价机能的判断者,一个思辨的判断者和一个实践的判断者。各种推动人的审虑机能去推动肢体的本原,乃是与想象、实践理智、情欲机能和愤怒机能处在关联之中的评价机能,而其他的动物则具有三种。

实践理智在它的一切活动中,是需要形体和属于形体的机能的。至于思辨理智,对于形体及其机能也有一定的需要,然而并非任何时候都需要,在任何观点上都需要。正好相反,有时候它是自足的。但是这两者都不是人的灵魂。毋宁说灵魂是具有这两种机能的东西。像已经说明过的那样,灵魂是一种分离的实体,具有一种进行某些活动的能力,在这些活动中间,有一些只是凭着器官而得到完成,这是因为灵魂要求就它们的整体来获得它们;另一些从实体方面说,是并不需要器官来满足某一种需要的,而另外一些则根本没有任何需要。这一切我们将在后面加以说明。

因此,人的灵魂的实体,本身是能够成就一类成就性的,但是处在实体之上的东西并不需要处在实体以下的东西。这种属于灵

① 指大前提。——译者

② 指小词,对象是个体。——译者

魂的实体的能力来自那种称为思辨理智的东西,它能够预防来自社会的各种损害,像我们将在适当的地方说明的那样,并且在便宜行事的时候,能够按照对它适宜方式,对社会进行自由的活动。但是,这种属于灵魂的实体的能力之所以存在,是凭着一种称为实践理智的机能,这种能力乃是灵魂的实体在形体方面所具有的主要的机能。至于在这以下的东西,则是一些由实践理智派生出来的机能,这是因为形体能够接受这些机能,并且从其中得到好处。灵魂是具有这种机能方面的各种伦理习惯的,这一点我们在前面的论述里已经指出了。

这两种机能都具有一种能力和一种成就性。这两种机能的这种纯粹能力,就称为质料理智,我们可以把它看成思辨理智或者实践理智。在这以后,这两者所发生的情形都只不过是:在它们中间,那些使它们的活动得到完成的本原达到了现实;但是属于思辨理智的是那些第一性的前提以及这一等的东西,而属于实践理智的则是那些已知的前提和其他各种性态。因此这两种理智都是装备的理智。然后对于这两种理智来说,所获得的成就性都达到了现实。这一点我们在前面已经说明了。我们现在应当说明:这种能够凭着质料理智接受可理解的东西的灵魂并不是一个形体,它也并不是作为它的形体中的形式而存在。

第二节 证明理性灵魂的存在并非印在一种有形体的质料上;这一点之所以毫无疑问,是因为人是这样一种东西和一定的实体,它接受可理解的东西而加以采纳

我们说,作为接受可理解的东西的接受者的实体并不是一个形体,它之所以存在,并不是凭借一个形体,由于它以某种方式作为这个形体中的机能或这个形体的形式。因为如果接受可理解的东西的接受者是一个形体或一定的量,那么理智形式就会或者把一件单一不可分的东西[①]当作这些可理解的东西的接受者,或者只把一件可分的东西当作它们的接受者。但是形体的不可分的东西,毫无疑问就是一个像点那样的极端。那么我们首先就来考察:理智形式的接受者能不能是一个不可分的极端?我们说这是不可能的。

其所以不可能,是因为点是一个极限,在位置方面与线分不开,或者说,与以点为界限的量分不开,对于这个量来说,点是这样一种东西,有另外一种东西建立在这种东西里而并不在这个量的某种东西里,说得更明白一点,既然点只是那种本质上是一个量的东西的一个本质极端,本身并不处在分离状态中,我们也就只能以某种方式说,点把一件包含在以点为极端的量里面的东西的极端

① 指纯粹的、可理解的形式。——译者

当作接受者。

因此，这件东西将会不言而喻地以偶然的方式处在这个量中。而既然这件东西是不言而喻地以偶然的方式处在量中，它也就是偶然地以点为终结。因此一个凭着偶性的极限，是与一个凭着本质的极限同时并存的，正如一个凭着偶性的广袤与一个凭着本质的广袤同时并存一样。

但是，如果点接受某种东西，点就会是一种分得开的本质。这样，点就会具有两个方面：一个方面将是与线衔接的，而点与这条线将是分得开的；另一个方面将是与线分开的，因为它与线对立。这样，点就会在它的存在方面与线相离，与点相离的线就会具有一个极限，而且毫无疑问这将是另外一个与相离的点相遇的点。因此线的终结将会是那一个点，不是这一个点。

但是说那个点和说这个点，将会是一样的事，而这就会使我们进而认为，从线的方面说，点是双重的，不管是有限的线还是无限的线。但是这件事的不可能，我们已经在另外一些地方弄明白了。因为已经弄明白，通过点的双重化，并不能组成一个形体，并且也已经弄明白，我们并没有作出一种区别，说有一个地位，适合于我们所说的两个点的一个极端，对这个极端毫无妨碍，因为我们说，假定是两个点在一个单一的点的两个方面与这个点衔接，那么这个居间的点就有可能会把这两个点分开，这两个点就会不接触，那就会得出结论说，按照你已经知道的那些原则，居间的点就会分裂了。

但是这是荒谬的，也可能中间的点并不阻碍周围的那两个点相接触，这样，理智形式就会包含在所有的点里面，所有的点就会像一个唯一的点一样了。但是我们已经肯定这个单一的点与线相离。因此就线与点相离来说,线具有一个异于点的极端,凭着这个极端与点相离。因此那个点在地位上就会与这个点分离,而所有的点却已经被肯定为在同样的地位上,这将是荒谬的。这样,就已经证明:说可理解的东西的接受者是一件与形体不可分的东西,乃是一种虚妄的说法。

因此,余下来的就是:可理解的东西的接受者是某种与形体分开的东西。那么我们就来假定一种在分开的东西里面的理智形式。如果我们假定一些在分开的东西里面的部分,就会进而认为形式是分开的;这样,就不可避免地会承认:两个部分或者是相似的,或者是不相似的。如果两者是相似的,一种并非这两者的东西怎样会把它结合起来呢?因为全体就其为全体而言,并不是部分,除非是就体积的增长或数目的增长而言,并非就形式而言,这个全体是某种来自两者的东西。因为这样一来,理智形式就会是一种一定的外部形状或一个数目,然而没有一种理智形式是一种外部形状或一个数目,而这样一来形式就会变成想象的,而不是理智的了。

你们知道,人们可以说这两个部分每一个都凭着自己本身而是全体;可是,第二个部分怎样会内在于全体的观念而外在于另一个部分的观念呢?因为很清楚明白,两个部分中间的一个是不能单独表示完满的观念本身的。但是,如果两个部分是不相似的,那就应该考察一下:怎样会能够是这样的,以及理智形式怎样会能够有一些不相似的部分?因为不相似的部分是没有存在的可能的,除非是作为定义的部分,定义的部分就是“种”和“属差”。

由此出发，必然会得出一些不可能的东西来，其中就有：形体的每一个部分也都潜在地以无限的方式接受划分。这样，各个“种”和“属差”就应当潜在地是无限的。但是这是不可能的。所以，各个“种”和本质“属差”理当属于一个单一的东西，并非潜在地无限。

同时，关于这件事情，我们不可能有一种想象，想象出一种划分，把“种”和“属差”分开来，我们觉得没有疑问的毋宁是：如果有那么一个“种”和一个“属差”，都值得在接受者中分别开来，这种分别是不会停止在对于划分的想象上面的。这样，各个“种”和“属差”就会应当也是现实地无限的了。所以各个“种”、“属差”和定义的部分理当属于单一的东西，从任何观点看都是有限的。如果各个“种”和“属差”能够现实地是无限的，它们就不能通过一种合乎这个形式的结合，在形体中结合起来。因为这就会要求单一的形体现实地与无限个部分相离。

其次，如果我们承认有一种划分，把已经分割开的东西与一个体积划分开来，那就会一方面分出一个“种”，另一方面分出一个“属差”来。这样，如果我们变换一种分法，那就会或者是不可避免地要分割出一个“种”的一半和一个“属差”的一半来，这是一个方面；或者是“种”和“属差”必然要转化为两个部分，“种”和“属差”必然要各自整个地倾向于划分的一个部分，而我们的这个评价的假定或我们的这个假定的划分必然要使“种”和“属差”从一个地方回转头来，好像它们各自按照一个意愿者的意志跑去占据一个一定的方向，又各自从外面跑来，因为这样做毫无用处似的。这样，我们就会有在一个部分里猜忌另一个部分的可能了。

此外,任何一个可理解的东西都是不可能分为一些比它更单纯的可理解的东西的。的确,有一些可理解的东西是最单纯的可理解的东西,是组成其余的可理解的东西的本原,但是它们并没有“种”和“属差”,也不在量的方面分化,也不在观念方面分化。

由此可见,所假定的那些部分不可能是相似的,各自在全体的观念里,而全体只能造成结合。它们也同样不可能是不相似的;因此理智形式是不可能分化的。

但是,既然理智形式不可能分化,也不可能以一个与量不可分的极端为接受者,而是必然应当在我们之中具有某种能接受的东西,那么,就不可避免地要作出一个判断:可理解的东西的接受者是一种并非形体的实体,在我们之中也没有一件东西会作为形体里的一种机能进行接受。

的确,从划分出发,就会把属于形体的东西连到理智形式上去。这以后还会引起其余的一些不可能的事情来。

说得更明白一点,我们之中的理智形式的接受者是一种非形体的实体,这一点我们用另外一种证明来证明,说:理智机能是把各种可理解的东西从确定的量、从地点、从位置以及前面说过的其余的东西里抽象出来的东西。

因此,对于这种从位置抽象出来的形式本身,应该考察它是怎样从其中抽象出来的:这是通过与它从而抽引出的那件东西进行比较,还是通过与进行抽引的那件东西进行比较?我的意思是说:这种为理智所掌握的、从位置抽象出来的本质的存在,究竟是在与外界有关的存在之中呢,还是在包含于理智实体之中的存在里?

但是我们绝不能说它因此就在与外界有关的存在里。因此我们余下来的就是说：只有当它存在于理智之中的时候，它才与位置和地点分开来。因此当它在理智中的时候，它是不具有一个位置的，只有在它的中间有一个记号可以表明位置、表明占据一个地点、表明一种划分或者某种类似这个观念的东西[①]时，它才会具有位置。所以它不能在一个形体中。

此外，如果处在统一状态中的、不可分的、在观念方面属于不可分的东西的形式是印在具有体积的可分的质料上，那就会不可避免地或者是：被假定在质料之中的那些质料的部分，在有关体积的方面，没有一个是与可理解的、具有单一本质的、不可分的、抽离了质料的东西有一种关系的；或者是：所假定的质料的部分都具有一种关系；或者是：有一些部分具有，其他的部分则不具有。

那么，如果它们没有一个具有，它们的全体就也不会具有，因为由分离的东西合成的东西也是分离的。但是，如果它们中间有一些具有，另一些不具有，那些没有这种关系的就会根本不属于具有这种关系的那些部分的观念。而如果被假定在其中的每一个部分都具有某种关系，被假定在质料中的一切部分，作为部分，就会或者与本质有一种关系，或者与本质的一个部分有一种关系。因为如果一切被假定的部分作为部分都与本质有一种关系，这些部分就会不是可理解的东西的观念的部分；正好相反，它们会各自分别地是一个可理解的东西。而如果所有的部分都具有一种独特的关系，异于另一个部分与本质的关系，那就会认为本质在可理解的东西中是可分的了。但是我们已经肯定了本质是不可分的；所以

① 指一切属于形体的本性的东西。——译者

这是矛盾的。

如果一个部分与一件具有本质的异于本质的东西有关系，而这件东西又与另一个部分有关系，本质的划分就会更加明显。由此可见，印在有形体的质料上面的那些形式只不过是特殊的、可分的东西的形状。再者，那种就定义的部分说是多数的东西，在它的成就性方面，是具有着不可分的东西的统一性的。那么就来考察一下：这种单一的存在，作为单一的存在，怎样会印在可分的东西上面呢？可是，说这种统一性，和说按照定义就不可分的东西，乃是一样的。此外，我们已经肯定，所假定的那些可知的东西（是理性机能的特性使它们一个接着一个被认识）乃是潜在地无限的。并且已经确认：优于那些潜在地无限的东西的那种东西，既不能是形体，也不能是一个形体中的机能。这一点在前面几卷里已经得到证明。因此接受可理解的东西的那种本质绝不能附存于一个形体里，它的活动也决不存在于一个形体里，或者凭借一个形体而存在。

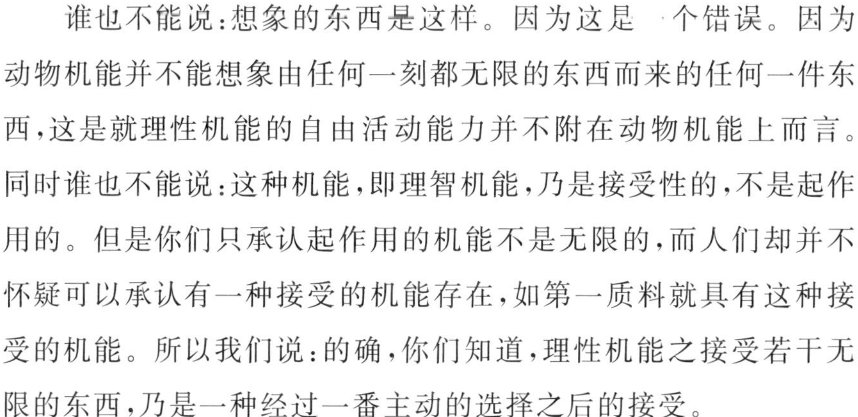

谁也不能说：想象的东西是这样。因为这是一个错误。因为动物机能并不能想象由任何一刻都无限的东西而来的任何一件东西，这是就理性机能的自由活动能力并不附在动物机能上而言。同时谁也不能说：这种机能，即理智机能，乃是接受性的，不是起作用的。但是你们只承认起作用的机能不是无限的，而人们却并不怀疑可以承认有一种接受的机能存在，如第一质料就具有这种接受的机能。所以我们说：的确，你们知道，理性机能之接受若干无限的东西，乃是一种经过一番主动的选择之后的接受。

我们再引一件事作证，这件事是我们在前面的论述里证明过的，在那里我们研讨的是理性灵魂的实体，以及理性灵魂所特具的那种活动，凭借的是对于实体所具有的其他各种活动的性态的证明，这些活动乃是我们讲过的那种东西所固有的。我们说，如果理智机能是凭着有形体的器官来认识的，因而它所固有的活动只能凭着运用这个有形体的器官而得到完成，那么，它就应该不认识自己的本质，不认识器官，也不认识自己曾经认识了。因为在它和它的本质之间并没有器官，在它和它的器官之间也没有器官，在它与它曾经认识的东西之间也没有器官。然而，它认识它的本质和属于它的器官，也认识自己曾经认识；所以它是凭自己认识的，并非凭一个器官；这是已经证明了的。

我们说，必不可免的是：它认识它的器官的那种方式之所以造成，或者是由于它的器官的形式的存在；或者是由于另外一个形式的存在，这另一个形式尽管还是在这个形式和它的器官里面，在数目上是与它不同的；或者是由于另外一个形式的存在，这另一个形式尽管在这个形式和它的器官里面，在“属”上是异于那种属于理智机能的器官的形式的。

那么，如果这是由于那种属于理智机能的器官的形式的存在（这个器官的形式凭着联合作用永远在这个器官和理智机能里面），理智机能就该永远认识它的器官，因为它只会由于形式来到它那里而认识。

但是，如果这是由于有一种属于它的器官的、在数目上异于那种属于理智机能的器官的形式的形式存在，那就会是错的。首先因为：那些作为一个唯一的定义的内核的东西之间的不同，或者是由于质料、性态和偶性的殊异，或者是由于普遍者与特殊者、抽离质料者与存在于质料之中者之间的殊异。但是这里并没有质料的殊异,也没有偶性的殊异。因为质料是一致的,存在着的偶性也是一致的。在这里也没有抽象与质料中的存在的殊异,因为这两者都在质料中。在这里也没有普遍者与特殊者的殊异,因为如果一种特殊性企图有所获得,特殊性就会只能由于特殊的质料,以及由它所处的那种质料方面而来的那些附着的品质,企图获得二者之一。但是这个观念真正说来并非属于二者之一而不属于另一,也并非与此有必然联系,以便灵魂知觉到自己的本质,因为灵魂是永远知觉到自己的本质的,虽然根据我们已经说过的,它能够知觉到的本质大部分是附着在它所接触到的那些形体上的。

你们也知道,这不能是由于有另外一个并非那个属于理智机能的器官的形式的形式存在。这是最不可能的,因为可理解的形式如果以理智实体为接受者,那它就会由于可理解的形式是理智实体的形式,或者由于可理解的形式与理智实体有关,因而产生出这种理智实体了。这样,有关的东西的形式就会是理智实体的形式的内核;但是可理解的形式从本质上说,并不是理智实体的器官的形式,也不是一件与器官有关的东西的形式,因为这个器官的本质是一个实体,而我们肯定和考察的只是实体的本质的形式。实体,从它的本质来说,绝不是相对的。

这是一个显明的证明。因为我们绝对不能承认,在知觉中,知觉者是为器官所知觉的。由于这个道理,官能只感觉一个外部的东西,而不感觉它自己,也不感觉它的器官,也不感觉它的感觉。同样地,想象也根本不想象它自己,也不想象它的活动,毋宁是:如果说它想象它的器官,那并不是就这器官为它所固有来说的,毫无疑问也不是就只有这器官属于它来说的，而只是官能在可能范围内把它的器官的形式提供给它。因此，想象只不过是转达一个由官能引来的、并非与想象中的一件东西有关的影像，这样，如果官能并不是想象的器官，器官就不会想象影像了。

此外，有一种情况向我们证明了这一点，并且使我们感到满意。这就是：对于那些凭借器官的知觉机能来说，有时候由于活动过久，会使这些机能疲劳，因为运动过久使器官疲劳，并且有损于作为器官的实体和本性的那种构造；那些强烈的、难以知觉到的东西使器官衰弱，有时甚至使器官受到损害；这些机能不能知觉到直接跟随着难以知觉到的东西而来的最微弱的东西，是由于这些机能在那种由难以知觉到的东西造成的遭受中被穿透了，官能中的性态也是如此，因为难以感知的对象加上一再出现，使官能发生疲劳，有时甚至使它蒙受损害，如过强的光之于视觉，暴雷之于听觉，官能在知觉到强烈的东西时，是没有力量知觉微弱的东西的。因为看见一道强烈的光的人在看见这道光的同时和以后看不见一团微弱的火，听见一个强烈的声音的人在听见这个声音的同时和以后听不见一个微弱的声音，尝到强烈的甜味的人在尝到这个滋味以后尝不到一种微弱的甜味。

但是关于理智机能的情形却刚好相反。因为理智机能活动的长久，以及它对各种最强劲的东西的理解，都使它获得一种力量和一种便利，可以顺利地接受随着最强劲的东西之后而来的比较弱的东西；因此，如果说有时理智机能在某些时刻也会发生厌倦和疲劳，那将是由于理智要求运用器官的想象来协助，而器官疲劳了，因为想象不在为理智服务。如果这是由于另外一种原因，疲劳就会经常发生或者屡屡发生了，但是事实与此相反。

此外，所有的形体部分，就发挥它们的机能来说，在发育末期和停止发育以后（四十岁以下或四十岁时）就衰退了，但是这种知觉可理解的东西的机能却常常只有在这以后才强有力；如果它属于形体的机能，它就会在全部性态上总是变得衰弱了。然而这种情形只存在某些性态中，并不是所有的性态都如此，而且是在遇到了故障的时候。由此可见，理智机能并不属于形体的机能。

从这些事例可以看出，一切凭着器官来感知的机能都不能知觉到它自己，也不能知觉到它的器官，也不能知觉到它的知觉；活动的增多使它衰弱，弱者不能知觉强者的印象，而强者又使这种印象变弱，这样的机能的活动是因器官的衰弱而衰弱的。但是理智机能与这一切是对立的。

有些人以为：身体患病和衰老的时候，灵魂忘掉了它那些可理解的东西；不执行它的活动，它这时之所以如此，是因为它的活动只是凭着它的形体来完成的。这种意见并无必然性，也不是真的。但是，有时候这两样东西可以互相结合在一起，这是因为：灵魂当没有任何东西阻碍它、使它脱离活动的时候，是凭着它自身而具有一种活动的，同时，灵魂当有一种性态来自形体的时候，有时失去它自己的活动；这样它就不起作用，脱离活动了，而这两个说法是仍然不矛盾的。如果情形是这样，我们就无须乎对这种枝节问题多加注意了。

我们说，灵魂的实体有两种活动。它有一种与形体有关的活动，这就是对形体的支配，它又有一种与它的本质和它的本原有关的活动，这就是凭借理智的知觉。而这两种活动是互相对立的，互相抗衡的，因为灵魂的实体为两种活动中的一种所占据时，就脱离另一种活动，就难以把两件东西结合起来。

它为形体方面占据的情况就是感觉活动、想象的掌握、各种肉体快乐、愤怒、惧怕、伤心、愉快和痛苦。这种情形你们可以凭以下的事实得知，这就是：当你开始思考一件可理解的东西时，这些情况对于你就会是无用的，除非是它们压在灵魂上面，对灵魂实行强制，把它曳引到它们那一方面。你们也知道，官能是阻碍灵魂进行理智活动的，因为灵魂倾向感性对象时，就脱离了理智对象，这时并无须乎理智的器官或灵魂的本质以某种方式遭受到损伤。

你们也知道，其所以如此，原因在于灵魂为一种活动所占据，不为另一种所占据；当理智的活动在病中停止进行时，情况和原因也是如此。如果存在着一种情形，就是：所获得的理智装备，由于器官的缘故，已经消失了，受到了损害，那么，器官恢复它的性态，就需要获得这个本原[①]。但是事情并不是这样。

的确，当形体恢复健康的时候，灵魂就恢复它的装备和它的认识性态，以及它凭着它的性态所认识到的一切。所以，灵魂所获得的东西，是已经以某种方式与灵魂一起存在过的，只不过灵魂已经不专注于它了。绝不是灵魂的两类分歧的活动使灵魂的实体的各种活动必然互相妨碍；刚好相反，是同一类众多的活动有时候凭着自身使这种情况成为必然。因为恐惧分了痛苦之心，肉体快乐分了愤怒之心，愤怒分了恐惧之心。但是这一切的原因是一个，就是灵魂整个引向一件单独的东西。

---

① 指理智装备。——译者

因此很明显，当一件东西于被另一件东西占据之际不执行它的活动的时候，它并不是必不可免地不能执行它的活动，而只是在占据它的这件东西存在的时候不能执行。

要对这个范围作出解释，我们是可以毫不勉强地显一番身手的，只有在得到充分的解释以后，再对研究对象作出全盘的论述，才可以有所改进，不至于给自己提出一种困难的任务，去解决某种并无必要的问题。因为从我们已经建立的那些原则已经可以看出，灵魂并不是印在形体上的，也不是依靠形体而维持存在的。因此，灵魂之据有形体，乃是由于灵魂中的一种特殊性态要求它采取这种方式，这种性态引导它去占领形体，以一种适合于形体的重大的关怀来指导形体。由于这种性态，灵魂才像我们所见到的那样，伴随着它自己的形体的存在，以及形体的各种性态和形体的构造。

第三节 灵魂包含着两个待证明的问题

其中的一个问题是：人的灵魂是怎样利用各种官能的？第二个是：怎样建立它的存在的开端？

某些动物机能，在有些事情上，对理性灵魂有所帮助，在全部这些事情上，各种官能向理性灵魂提供特殊的东西。因为从这些特殊的东西里为灵魂产生出四件事情。其中的一件是精神所进行的抽象，把单纯的普遍者从特殊的东西里抽引出来，从质料中、从与质料的关系中、从与质料结合的各种品质中抽象出这些东西的观念，着眼于共同的东西，异于共同者的东西；具有本质的存在的东西，具有偶性的存在的东西。由此便为灵魂得出理解的各种本原,而这是靠想象和评价机能造成的。

第二件事情的完成,是由于灵魂以否定或肯定的方式,在这些单纯的普遍者之间建立起一些关系。只要在这些单纯的普遍者中间,通过一种否定或一种肯定,存在着第一性的、自明的组合,灵魂就把它抓住,只要不是这样,灵魂就加以拒绝,直到遇见中项为止。

第三件事是各种实验前提的现实化,这就在于通过官能找到判断的一个不矛盾的、与主项相关的述项,而判断的形成,是凭一个肯定或一个否定,判断可以是通过结合而得到规定、肯定、否定的,也可以是通过对立而得到肯定、否定的。但是这种情形并不是存在于某些时刻而不存在于另一些时刻,更不是通过等同;恰好相反,它具有常住的存在,因为灵魂只要有下列的情况就满足了,这就是:在这个主项和这个述项的本性之间有这种关系,以及这个被规定项的本性是这个前项的后果,或者它的本性之与前项对立是由于这个前项的本质,而不是由于偶性。因此这乃是由一种官能和一种推理造成的一种信心,像我们在关于《逻辑》的那几卷里所说明过的那样。

第四件是由于转移得强有力而表示同意时所凭借的那些凭据。所以,人的灵魂是借助形体来使这些理解和同意的本原得到现实化的。其次,灵魂使这些本原得到现实化的时候,就回复到它自身。因为如果有某一种低于灵魂的机能在那种最接近灵魂的性态方面占据了灵魂,这种机能就会使灵魂脱离它的活动,或者使灵魂的活动受到损害。但是,如果这种机能不占据灵魂,灵魂在它的最为固有的活动中也就不需要这种机能,除非在另外一些事情上才需要;在这些分外的事情上,在另一个时候,一种特性是会需要各种想象机能恢复的。但是这将是采取一个异于已经得到现实化的本原的本原,或者是帮助活动去表象想象中所提出的目标;这样,借助想象的那种对于所提目标的表象,就会由于理智而变得完满了。这是在开始的时候发生而不在以后发生的情形,哪怕是稍后一点。

因此,就这一点说,当灵魂完善有力的时候,它在它的各种活动上是独立于绝对的官能的,但是各种感觉机能、想象机能以及其余的形体机能却使灵魂脱离它的活动;例如人有时候需要一匹驮兽和一些工具,以便用它们来达到他所提出的目标;这样,他就达到这个目标了。其次,在各种原因中间,有时候也有某一种阻碍他接近目标。使他达到目标的原因凭着自身变成了阻碍的原因。

我们说,各个人的灵魂并不是离开形体而存在,然后进而存在于形体之中,因为各个人的灵魂在"属"和观念上是彼此一致的。因为如果假定灵魂具有这样一种存在,这种存在不是与形体一同开始的,或者说得更明白一点,如果它的存在是一种分离的存在,那就只能承认,在这种存在中,灵魂是多数的。这是因为事物的繁多性之所以造成,或者是在于维何性和形式的方面,或者是在于与接受元素以及与繁多的质料的关系方面,它之所以变成繁多,是由于一种东西,这种东西就是各个以某种方式包围着全部质料的地点,以及当"属"开始时为"属"的各种质料所固有的时间,以及各种把质料划分开来的原因。

但是各个灵魂在维何性和形式上彼此并无差别,因为它们的形式是同一个;所以,它们之间的差别只是在接受维何性的东西方面,以及通过据有而取得维何性的东西方面。这就是形体。但是,如果灵魂能够离开形体而存在,灵魂在数目上就不可能彼此区别了。对于所有的东西来说,都是绝对如此。因为各种东西的本质只是观念,它们的"属的性质"之变成繁多,只是由于它们的个体。因为这些东西的繁多性只是由于那些在支持、在接受、在凭着这些东西来感受的主体,或者由于一种与这些主体及其时间的关系。

但是,当这些东西脱离了任何质料的时候,它们就不能凭着上述的东西彼此区别了。因为说它们之间有差异性和繁多性,乃是荒谬的。所以我们已经证明过,说灵魂在进入形体之前在数目上具有繁多的本质,乃是错误的。

我说:灵魂不能在数目上具有单一的本质,因为当两个形体进入存在的时候,在这两个形体里有两个灵魂进入存在。这样,就或者是:这两个灵魂是这个单一的灵魂两个部分(没有大小、没有体积的单一的东西是潜在地可分的),但是按照我们在自然科学里所建立的那些原则以及其他这一类的原则,这是一个明显的错误;或者是:那在数目上单一的灵魂在两个形体之中,但是这种说法是不用花许多气力去反驳的了。

我们用另外一种解释说:这个灵魂之与它的"属"个体化成为一个单一的灵魂,只是凭着那些与它结合在一起的性态,但是这些性态不能伴同着这个灵魂之为灵魂,否则所有同"属"的灵魂就会共同具有这些性态了。可是,各种附着的偶性的附着,是从一个显然是时间上的开始出发的,因为这些偶性是由一个偶然来到某些性态而不到别的性态的原因所引起的。

再则,灵魂的个体化乃是一件有开始的事情;因此灵魂并不是永恒的，但是并不消灭。灵魂与一个形体一同开始。因此可以正确地说，灵魂开始存在，是在一种可供灵魂使用的有形体的质料开始存在的时候，而开始存在的形体则是灵魂的地盘和工具，在与一个一定的形体一同开始存的灵魂的实体中（这个形体的功绩在于使灵魂凭着一种性态从那些最初本原中开始存在），有一种自然倾向，要占据这个形体，要使用它，要考虑它的各种性态，并且要使自己引向它；这个形体是灵魂所专有的，它使灵魂脱离一切异于它的形体。

因此必不可免的是：当各个形体个体化时，它们的这种来自各种性态的个体化的本原，就是一个个体赖以得到决定的东西。这种性态是灵魂占有这个形体所必需的，是与这两者的彼此投合相称的，虽然我们看不见这种性态和相称。那些具有成就性的本原期待着灵魂，灵魂通过形体而具有它们，不过这个形体必须是它自己的形体。

然而有人可以说，当灵魂离开了形体的时候，这种不确定[①]就伴随着你们来到灵魂问题上了，因为或者是那些灵魂变成一个，然而这将是你们所不愿闻的一种具体本质；或者是它们仍然是多数的，但是照你们的说法，它们是与那些质料分离的，那么它们怎样会是多数的呢？

我们说，说到灵魂与形体分离以后，毫无疑问，每一个灵魂是作为一个分离的本质存在着，这是凭着它们的曾经取得存在的质料的殊异性，凭着它们开始存在的时间的殊异性，凭着它们由于对

① 指不确定灵魂是一还是多。——译者

它们的殊异的形体发生关系而具的那些性态的殊异性。

因为我们毫不怀疑地知道，使普遍的观念作为一个一定的个体而存在的人，要使它作为一个个体而存在，至少要在它的“属”的性质以外再加上一个使它赖以成为一个个体的观念；这个观念是从它开始存在时伴同着的那些观念出发的，这些观念必然地与它结合在一起，不管我们知道还是不知道它们。

但是我们知道，灵魂并非在所有的形体里是一个。如果灵魂是一个或者凭着关系而是多个，它就会在一切有知和无知的形体里，阿密尔的灵魂里的东西赛义德就不会不知道，因为与许多东西有关的一个东西可以根据关系而分化。至于那些属于“一”的东西，它们是在“一”的本质之中，“一”并不因它们而分化，所以，当一个年青的父亲是许多儿子的父亲时，他之为年青只是比之于所有的儿子，因为他在自身中具有年青的性质，所以他是一切关系的内核。同样情形，认识、无知、意见以及诸如此类的东西只是在灵魂的本质中，它们从灵魂方面说，乃是一切关系的内核。

因此灵魂并不是一个，它在数目上是繁多的，而它的“属”则是一个；它是像我说明过的那样开始存在的。因此毫无疑问，灵魂是凭着一种一定的东西而个体化的，虽然这个东西就人的灵魂说并不是质料上的印象。因为关于这一点的意见的错误是大家已经知道的了。毋宁说，这种东西是一种一定的性态，一种一定的机能，一种一定的精神偶性，或者是这些东西合在一起。灵魂的个体化的造成，是靠它们的联合，虽然我们不会知道它们。

当灵魂个体化、分离开之后，并不能承认它和其他灵魂在数目上变成一个单一的本质。因为我们已经多次论述过，它是不可能在若干个地点的。然而我们确切地知道，我们可以承认：当灵魂与一个一定的格局一同开始存在的时候，有一种性态为灵魂而开始存在，帮助各种理智的活动和理智的遭受；同有别于灵魂与另一个灵魂相比之下所具有的那种思辨性态的一堆机能并列，存在着两个形体中两种格局的差别；同样地，称为现实理智的那种获得的性态，是遵照一个一定的限度的，灵魂就是凭着这个限度以别于另一个灵魂；有一种对于灵魂的特殊本质的理解来到灵魂；并且这种理解是灵魂中的一种一定的性态，是另一灵魂所没有的一种特性。

同时也可以承认：在各种形体机能方面，有一种性态开始存在于灵魂之中，作为特性，而这种性态与那些有关道德装备的性态是有关系的：或者是它独立自在，并没有这种关系，或者是还有另外一些不为我们所知的特性，在灵魂开始存在之际或之后以不可分离的方式伴随着灵魂，并且由于这些特性的一些相似之点产生出各个有形体的“属”的个体；因此个体彼此有别，是由于有这些特性存在。各个灵魂的情形是这样的：它们彼此有别，是靠它们之中的那些决定成分，不管形体存在还是不存在，我们认识这些性态还是不认识它们，还是认识它们中间的某几种。

第四节 论人的灵魂并不毁灭也不轮回

灵魂[①]之所以不与形体一同死亡，是因为一切事物之由另一件事物的毁灭而毁灭，乃是就其以一种依存关系依存于另一件事

① 指理性灵魂。——译者

物来说的。而一切事物对另一事物的依存,或者是在存在方面后于这另一事物的东西的依存;或者是在存在方面先于它的东西的依存,而所谓在先,是就本质而言,不是就时间而言;或者是在存在方面与另一事物相等的东西的依存。

如果灵魂对形体的依存是作为在存在上与另一事物相等的东西的依存,那么,这种依存对于它既是本质性的而非偶性的,这两件东西就会在本质上与它的伴侣相关,而无论灵魂或形体就会都不是实体;然而灵魂和形体都是实体。

如果这种依存是与偶性有关的,并不是本质性的,如果二者之一毁灭了,另一个(偶性的方面)就会从关系中消失,但是随着它的毁灭,本质并不会在这个依存关系的涉及者中间毁灭。

如果一物对另一物的依存是在存在方面后于这另一物的东西的依存,形体就会在存在方面是灵魂的原因。而原因一共有四种。[①] 或者是,形体对于灵魂乃是作用因,给予灵魂以存在;或者是,形体对于灵魂乃是采取组合方式的接受因,如各种元素之于形体,或者是采取单纯方式的接受因,如青铜之于雕像;或者是形式因;或者是成就因。

但它不可能是作用因,因为形体作为形体是不活动的;它只是潜在地活动。如果它凭着它的本质而活动,而不是潜在地,每一个形体就都会作出这种活动了。其次,所有的形体机能都或者是偶性,或者是质料形式,但是这些偶性和形式凭着质料而存在,绝不

① 参考亚里士多德所说的形式因、质料因、作用因、目的因。下文接受因即质料因,成就因即目的因。——译者

可能给予一个凭自身存在的、不在一种质料中的本质以存在，给予一个绝对实体以存在。

形体也不可能是接受因。因为我们已经证明并且解释过，灵魂根本不是印在形体中的。因此，形体并不是按照单纯方式或组合方式为灵魂的形式形成起来，使形体的部分中的一些部分通过某种组合和某种混合而组合和混合起来，并使灵魂印在这些部分中。

但是形体也不可能是灵魂的形式因或成就因。因此最合适的是情形正好相反。因为灵魂对形体的依存并不是一种由一个本质原因造成的东西的依存，虽说混合物和形体对于灵魂来说乃是偶然的原因。当一个可以做灵魂的器官和地盘的形体的质料开始存在时，各种分离的原因创造出特殊的灵魂，也就是说，灵魂从这些原因中开始存在，因为这些原因的这种不靠一个固有动力的创造作用不可能是一个灵魂的原因而非另一个灵魂的原因。

由于我们已经证明过的道理，这些原因的加入会阻碍灵魂在数目上的繁多性的偶然来到，因为必不可免的是：每一个产生出来的东西，在尚未存在之先，要有一种质料，在这种质料里存在着接受这个产生物的性态，或者存在着与它发生关系的性态，这一点在其他的科学中已经看得很明白了。

因为如果我们也可以承认一个特殊的灵魂开始存在，而这个灵魂赖以得到成就和活动的一种器官却并不为它开始存在，那么它的存在就会是无用的，可是在自然中并无无用的东西。这种东西既然不可能，我们也就不可能去论述它。

然而，如果那种发生关系的性态以及那种为了器官的准备会开始存在，随之而来的就是：会有一件东西由于那些分离的原因而开始存在，这就是灵魂。但是这种情形不仅仅对灵魂存在；而毋宁是在各种形式中间，一切开始存在的东西的存在，在还不存在的时候，其所以胜于不存在，只是由于有它所具有的质料作准备，并且因为对于它来说，质料变成这样或那样，乃是适宜的。

当一件东西于另一件东西开始存在时必然开始存在的时候，这件东西并不随着那件东西的毁灭一同毁灭。这种情形只有当这件东西的本质依存于那件东西并且在那件东西里的时候才会发生。有时候，有些东西来自另一些东西，它们能够毁灭，但是在它们的本质不依存于另一些东西之中时，尤其在给予它们以存在的东西是另一个东西，而不是那种只是为了自己的存在而给予它以存在的东西时，它们是可以一直存在下去的。

但是给予灵魂以存在的并不是一个形体，也不是一个形体中的一种机能，而毫无疑问毋宁是一种存在着的、与质料和各种大小无关的本质。因此，当灵魂的实体的存在来自这种东西，而从形体中只产生出它认为值得存在的那个时刻的时候，灵魂的实体就存在本身来说是并不依存于形体的，形体只是凭着偶性而作为灵魂的原因。这样就不能说，这两者之间的依存关系以一种一定的方式要求形体凭着一种在因果方面对灵魂的在先性而在先了。

至于第三个范畴，乃是我们在开头说过的那种东西的范畴。这个范畴在于灵魂对形体的依存是在先的东西在存在方面的依存。这样，或者是这一方面的在先与时间有关，那么灵魂的存在就会不可能依存于形体，因为灵魂在时间上已经在形体之前；或者这种在先是本质上的，不是时间上的（但是这种在先在于在存在上在先的本质是作为存在的东西），那么就会得出结论：在存在方面在后的东西的本质是从在先的本质获得的。

但是，如果假定这个在后者已经取消了，在存在方面在先的东西并不会不再存在；并非如果假定了这个在后者的取消，就一定要取消这个在先者。然而，除非是首先在这个在先者的本性中就发生了取消在后者的东西，这个已被取消的在后者才会不存在，这样，这个在后者才会被取消；所以，假定取消这个在后者，并不要求取消这个在先者；然而这个在先者的取消是会被假定的，情形也是一样，因为只有在这个在先者自身偶然被取消之后，人们才假定这个在后者被取消。

可是如果事情是这样，取消的原因就会出现在灵魂的实体里面。这样，形体就会与这个实体一同毁灭，虽说形体绝非由于一个一般说来属于灵魂的实体的原因而毁灭。然而形体的毁灭之所以造成，是由于一个一般说来属于形体的原因：混合与组合的改变。事实上，灵魂绝不可能按照本质上在先的东西的那种依存而依存于形体，其次，形体的确是由于自身中的一个原因而毁灭的。所以两者之间并没有这种依存关系。但是当事情是这样的时候，就表明所有的各种依存关系都是错误的。

灵魂只剩下一条路，就是在存在方面，并没有对形体的依存关系；灵魂的实体的依存，毋宁是由于另外一些既不变化也不毁灭的本原所致。我还说，一个另外的原因绝不能取消灵魂。这个意思就是：在一切具有由于某种原因而毁灭的特性的东西中，都有一种毁灭的潜在性，而且在毁灭以前，在其中有一种持续存在的活动。但是他的毁灭的性态并非凭着它的持续存在的活动而存在。因为潜在的观念不同于活动的观念,这种潜在的关系也不同于这种活动的关系,因为这种潜在的关系涉及毁灭,而这种活动的关系涉及持续。因此这两种存在于事物中的异质的东西具有这两个观念。

我们说,在复合的东西和存在于复合物内的单纯的东西里面,一种持续的活动和一种毁灭的潜在性可以相结合。但是在具有分离的本质的单纯物中,这两件东西却不能相结合。我并且在一种绝对的意义下说,绝不能承认这两个观念在某个具有单一本质的东西里相结合。这是因为一切事物虽然具有毁灭的潜在性,然而由于也具有持续的潜在性,所以持续存在,因为它的持续存在并不是一种不可避免的必然性。而当它不是一种必然性时,它就是可能的。但是这种处在两端之间的可能性就是潜在性的本性;因此事物在它的实体中具有持续的潜在性和持续的活动。但是很明显,毫无疑问,属于事物的实体的持续的活动并不是持续的潜在性。这是很明白的。

因此,属于它的那种持续的活动,乃是某种偶然来到具有持续的潜在性的事物上的东西。因为这种潜在性并不属于现实的东西的本质,毋宁属于一种东西,现实的持续是偶然来到这种东西的本质上的,而这并不是它的本质的真理。

由此可见,这件东西的本质是由两种东西组成的:凭着其中的一种东西,当这件东西存在时,它的本质就现实地存在,这就是一切事物的形式;而这种活动的现实化,则是为了其中的另一种东西,它的潜在性存在于这件东西的本性中,也是凭着这另一种东西,这就是它的质料。

因此,如果灵魂是单纯的,绝对的,它就并不分为质料和形式;

如果它是复合的，那我们就忽略这种组合，研究作为这个组合的质料的实体，把论述引导到它的质料本身上去，以一种不太高明的方式来讲它，说：或者是质料会永远这样分下去[①]，并且肯定"永远"这个词(但是这是不可能的)，或者是作为实体和根源的东西不会毁灭。

我们的论述就讨论这个作为根源和本原的东西，我们称之为灵魂。但是我们的论述并不讨论一件与灵魂并与另一件东西相结合的东西。由此可见，在任何一件单纯的、非复合的或者作为一件复合物的本原和根源的东西里，都没有持续的活动以及在对它的本质的关系上被取消的潜在性与它结合。因为如果在这种东西里有被取消的潜在性，在其中就不可能会有持续的活动，而如果其中有持续和存在的活动，其中就不会有被取消的潜在性。由此可见，在灵魂的实体中，并不存在毁灭的潜在性。

至于那些产生出来的毁灭的东西，以及其中的可以毁灭的东西，乃是结合的复合物。但是，毁灭或持续的潜在性并不包含在复合物赖以成为一件东西的观念中，而毋宁包含在潜在性地容纳这两个对立物的质料中。因此，在可毁灭的复合物中并没有持续的潜在性，也没有毁灭的潜在性，这两者并不在其中相结合。

而说到质料，或者是，它的持续并不像那些非哲学家所想的那样，凭着它赖以能够持续的一种潜在性；或者是，凭着它赖以能够持续的一种潜在性；或者说得更明白一点，毁灭的潜在性乃是另外一种在质料中开始存在的东西。但是，质料中那些单纯元素的潜

① 指质料又分为形式和质料。——译者

在性，乃是在质料的实体中，并不是在这些元素的实体中。

有一种论点，肯定一切产生出来的东西都是对持续和消灭这两种潜在性的限度来说可以毁灭。这种论点仅仅对于由一种质料和一种形式产生的东西，肯定其质料中存在着一种潜在性，使这种形式在产生出来的东西里面持续。这一点你们是已经知道的。我们并且指出过，人的灵魂绝不毁灭。这就是我所作过的论述的目的；愿庇佑我们的真主为这一点作证！

并且我们已经说明过，灵魂之开始存在以及成为多数的，只是伴同着一种属于形体的性态，这是按照形体的性态要求其灵魂的存在从分离的原因涌出来说的。由此可见，这只是通过命运和幸运而造成，因而，开始存在的灵魂的存在，并不是由于这样的格局被认为配得上一个开始存在和进行活动的灵魂。

然而，灵魂当一个形体与它一同存在时已经存在了；所以形体是依存于灵魂的。的确，这样的东西绝不是繁多性的一个本质原因，但是却可以是一个与偶性有关的原因。我们已经知道，本质原因乃是那些应当首先存在的原因，然后有时候那些与偶性有关的原因与本质原因相连。如果情形是这样，每个形体在它的质料格局开始存在的时候，就都会被认为配得上有一个属于它的灵魂开始存在。但是只有一个形体被认为配得上这样，另一个灵魂则不会被认为值得如此。因为各个“属”的各个个体在那些构成它们的东西上是彼此无区别的。我们不能承认，一个人的形体可以被认为配得上一个使它得到完成的灵魂，而另一个形体在“属”上是遵照它的格局的法则的，却不能被认为配得上如此；或者说得更明白一点，如果有这种情况，它就会存在，如果没有这种情况，它就不会存在，因为这是不会属于它的“属”的。

因此，如果我们假定一个灵魂在一些形体之间流转，而又假定每个形体凭自己而被认为配得上一个开始为它存在并且依存于它的灵魂，那么在单一的形体中就会存在着两个灵魂了。其次，灵魂与形体之间的联系的发生，并不是通过印象作用，像我们多次指出的那样；正好相反，这两者之间的联系乃是灵魂借以为形体所占据的联系，因而灵魂能够凭着这个形体知觉，形体能够承受这个灵魂。

但是每一动物在安排和支使它自己的形体时，都感到它的灵魂是一个。因此，如果动物身上有另外一个灵魂，是它所不认识的，也并不是它的灵魂，更不为形体所占据，这个灵魂就会与形体没有联系了，因为既然根本没有所谓灵魂的轮回，联系也就只能以这种方式存在。

对于这一切，我们已经作了一个长篇的论述，在这以后，希望这些篇幅足以供愿意作撮要的人利用。

第五节 论我们的灵魂中的活动理智，并论因我们的灵魂而有所遭受的理智

我们说，人的灵魂有时是潜在地在认识，然后它才变得现实地在认识。一切从潜在过渡到现实的东西，都是凭着一个现实的原因使它过渡。因此在这里这一个原因是使我们在可理解的东西方面从潜在过渡到现实，而这就是使我们得到各种可理解的形式的

原因，这个原因只是一个现实的理智，在这个理智里有着各种可理解的纯粹形式的本原。

这个理智与我们的灵魂的关系，有如太阳与我们的视觉的关系。因为正如太阳是凭着现实的太阳本身而被看见，某种并非现实地可以看见的东西是凭着现实的太阳光亮而被看见，我们灵魂中的这种理智的性态也是如此。因为当理智能力看见想象里面的特殊事物，我们里面的活动理智的光（这是我们指出过的）照在这些事物上的时候，这些事物就变得从质料中、从与质料的联系中抽离出来，印在理性灵魂上面，这并不是就这些事物本身从想象过渡到我们的理智而言，也不是就荷负着对质料的关系的观念（观念本身以及它的关系本身都是抽象的）造成与它相类似的东西而言；意思毋宁是指：理智机能的沉思为灵魂作出准备，使来自活动理智的抽象形式涌现于灵魂。

这些思考和沉思确乎是为灵魂接受这个涌流作出准备的运动，正如各个中项以最有效的方式为保证结论的接受作出准备一样，虽说前者是通过一种方式造成的，后者是通过另一种方式造成的。这一点我马上就会告诉你。因此，当理性灵魂通过活动理智的照耀为中介，进而与这些形式发生一种关系的时候，有某种东西由于这个照耀而开始存在于灵魂中，这种东西一方面属于这些形式的“种”，而另一方面又不属于它们的“种”。

同样地，当光落在有色的对象上的时候，光便通过这些对象在视觉上产生一种印象，这个印象并不是从所有的观点看来都与全部有色对象相合的。因为各种影像本是一些潜在的可理解的东西，变成了现实的可理解的东西，这些东西并不是潜在的可理解的东西本身，而是从其中撷取来的。正如以光为中介染上可感觉的形式的印象并不是这些形式本身，而是另外一种与这些形式成比例的东西，这种东西是以光为中介在进行接受的那个在对面的东西里产生的，同样情形，当理性灵魂考察这些想象的形式，而活动理智的光亮以一种连续性与它们处在连续状态中的时候，理性灵魂有一种自然性态，使这些形式的抽象物（不带任何混合物）凭着活动理智的光在理性灵魂中开始存在。

因此，人的理智中的第一个特点，是这一个东西：这些想象形式的本质成分和偶性成分，这些影像赖以在质上彼此同一的那种东西，以及它们赖以彼此有别的那种东西。因此，这些影像赖以彼此无别的那些观念，是通过它们彼此相类似这一点，在理智的本质中变成一个单一的观念。同时，在理智的本质中的东西，是通过这些影像赖以有别的那一点，变成一些多数的观念。

因此理智具有一种能力，可以把是一的东西化为多，也可以把各种观念中是多的东西化为一。化多为一，有两种方式。一种方式的产生，是由于那些多数的、按照各种想象材料而在数目上有别的观念，当并非在定义上有异时，变成了一个单一的观念；而第二种方式的产生，则是由于从各个“种”和“属差”的观念凭定义组成一个单一的观念。

化一为多的方式的意义则与这两种方式相反。

这些方式属于人的理智的特性，而不属于别的机能。因为别的机能把是多个的东西知觉为多个，把是一个的东西知觉为一个，而不能知觉为一，单纯元素；它们所知觉的，毋宁是作为各种事物及其偶性的整个组合物的一。但是这些机能并不能把各种偶然的东西分开，把它们从本质的东西里抽出来。

当官能提供某个形式给想象，想象又把它提供给理智时，理智就从其中抽出一个观念来。因为如果有另外一个形式被提供给理智，仍然是这一个“属”的，只是在数目上不同，理智是绝不会抽出一个与它所抽出过的那个观念不同的观念的，除非是在那个为另一形式所固有的偶性本身方面才有所不同，因为理智所抽出的观念一方面是抽象的，另一方面也伴随着这个偶性。

因为这个缘故，我们说赛义德和阿密尔这两个人在人性这一方面构成一个单一的观念，而并非那个联系在阿密尔的特性上的人性本身就是联系在赛义德的特性上的人性，好像赛义德和阿密尔有着一个单一的本质，情形有如友谊或权威或者别的东西那样似的。正好相反，人性在存在方面是多数的；因此并没有一种单一的人性存在，在存在方面为外在的东西所分有，因而本身就是赛义德和阿密尔的人性。这一点我们在关于智慧的艺术里马上就要说明。

同时这一点的意义在于：当这种人的形式为灵魂所知的时候，第一个人在这种人的形式上所提供的东西，就是人性的形式，因为第二个人绝不会提供出另外一种东西。或者说得更明白一点，印在灵魂中的人的形式的观念是单一的；它是第一个影像的具体本质，而不是第二个影像的一种影响。因此，这两个影像每一个都能够在另一个之先，凭自身在灵魂中造成这样的印象，而不像人这个“属”或马这个“属”的两个个体那样。

但是当理智知觉到一些东西的时候，在这些东西里是有先有后的，理智在接触它们时，必须认识时间，这并不是在一段时间里，而是在一个瞬间，理智是在一个瞬间认识时间的。至于理智所进行的组合（三段论和定义），毫无疑问是在一段时间内造成的，但它的理解（结论和规定）却是突然造成的。

有些东西处在可理解性的极限上，处在从质料进行的抽象作用的极限上；理智认知这些东西时的那种软弱无力，并不是对于这些东西的本质中的某种东西而存在的，也不是对于理智的本性中的某种东西而存在的，而是由于灵魂在形体之中，为形体所占据。因为在许多事情上，灵魂都需要形体。因此是形体使灵魂远离它的最出色的完满状态。

眼睛不能看太阳，并非只是由于太阳里有某种东西，也不是由于眼睛异于太阳里的这种东西的本性，而是由于眼睛所归属的形体的本性里有某种东西。因为如果这种毛病和这种障碍离开了我们的灵魂，对这些东西的理解，对于灵魂来说，将是灵魂的最好的理解，最清楚，也最能令人满意。

但是因为我们的论述在这个地方的对象只是灵魂本身，只是联系在这种质料上的灵魂，所以不宜于去讲灵魂的存在的最终状态，从而过渡到关于智慧的艺术，在其中研究各种分离的东西，这是就我们现在正在讲自然来说的。至于关于自然的艺术的研究，本来是应当讲对事物相宜的东西的，而自然事物就是那些与质料和运动具有一种关系的东西。

或者说得更明白一点，我们说，理智的理解是因事物的存在而异的。因为理智有时候由于有些事物的存在很强，具有优越性，因而不能知觉到这些东西；而有些东西的存在很弱，例如运动、时间和质料，有时候也难以认知，因为它们的存在太弱。绝对现实的理智不能认知缺乏,因为缺乏之被知觉,是就具有未被知觉来说的。因此作为缺乏而被知觉的缺乏,作为坏而被知觉的坏,乃是潜在的东西。而如果一个理智知觉到一种完满性的缺乏,它之所以知觉到这一点,只不过是因为它与这种潜在的完满性发生关系。因为理智如果不和某种相混合,就既不能认识作为缺乏的缺乏,作为坏的坏,也不能理解这两种东西,在绝对意义之下坏的存在里,是什么都没有的。

第六节　论理智的活动的等级,并论最高级的理智活动,即神圣理智

我们说,灵魂的认识,是把各种可理解的东西的抽去质料的形式采取到自身之中。但是抽象形式的存在方式之所以存在,或者是因为理智把它抽象出来,或者是因为这种形式本身就是纯粹与质料无涉的。灵魂理解它自己,它对自己的理解使它成为理智,这种理智既能够理解,又是可以理解的。但是它对这些形式的理解并不使它如此,因为在形体中,灵魂在它的实体方面永远是一个潜在的理智,虽然在某些事情上它向现实过渡。

但是,有人说灵魂本身变成了可理解的东西本身,这种说法依我看是完全荒谬的。因为我不懂得他们这种"一件东西变成另一件东西"的说法,也不知道这种说法会怎样。如果说,这种说法是根据一件事实,即:一件东西脱下一种形式,然后再披上另一种形式,就会以第一种形式作为一件东西,以第二种形式作为另一件东西,那么,第一件东西是并不会变成第二件东西的,而是第一件东

西已经消灭了,保持的只是它的附着主体或它的一个部分。

不过,假定事情不是这样,我们就来看看会是怎样的。如果我们说,当一件东西变成另一件东西的时候,在变成这样以后,第一件东西就或者是存在的,或者是不存在的;那么,如果第一件东西是存在的,另一件东西,即第二件东西,就也会或者是存在的,或者是不存在的,而如果第二件东西是存在的,这两件东西就会是两个存在物,而不是一个单独的存在物。但是,如果第二件东西是不存在的,第一个存在物就会已经变成不存在的东西,而不是变成了另一件存在的东西,然而这是无法相信的。如果第一件东西已经是不存在的,它就并没有变成另外一件东西,或者说得更明白一点,它本身既然已经是不存在的,另外一件东西怎样会得到存在呢?

那么,灵魂怎样能够变成各种东西的形式呢?在这个问题上,那位为人们写下了《引论》的人[①]使人们受到最大的困扰。他爱说出一些想象出来的、带诗意的、神秘的话,这些话把他局限在想象的范围内,无论对他自己、对别人都是如此,而他所写的《论理智和可理解的东西》以及《论灵魂》等书却给能够分辨的人指出了这个问题。

的确,事情是这样的,各种东西的形式以灵魂为接受者,装点灵魂,修饰灵魂,灵魂对于这些形式来说,是作为一个以质料理智为中介的处所。如果就形式本身是活动这一点看,灵魂是现实的存在物中间的一个,那么灵魂就会凭着它的本质而是一种活动。

① 指波尔费留。——译者

但是在形式的本质中并没有接受一件东西的那种机能。接受的机能只是在能够有所接受的东西里。这样,就应当是:灵魂并没有一种接受另一个形式和另一件东西的机能。但是我们却看到灵魂接受另一个并非第一个形式的形式。

如果这另一个形式与第一个形式无区别,那就会引起一些可怪的事情,因为接受性和非接受性就会是同一件东西。而如果它是有区别的,如果灵魂是可理解的形式,灵魂就会毫无疑问变成异于它的本质的东西;但是事情完全不是如此。

毋宁是:灵魂是能够理解的,我们把理智仅仅了解为灵魂借以进行认识的那种机能。或者是,我们会把理智了解为这些可理解的东西本身的形式,而因为形式在灵魂中,这些东西也就得到了认识。这样,理智、能够理解的东西和可理解的东西就不会是我们灵魂中的一件单一的东西了。的确,按照我马上就要在适当的地方予以驳倒的那种说法,这是可以在另外一种东西里面的。这样,如果我们把质料理智了解为灵魂的绝对能力,这种绝对能力就会在我们中间永远保持着,只要我们继续存在于形体之中;而如果我们把质料理智了解为相对于一件一件东西的能力,这种能力在活动存在时就会消灭。然而这是已经确定了的。

我们说,对于可理解的东西的理解,有三种方式。其中的一种是进行分别和排列时灵魂中所进行的那种理解。但是有时候这种分别和排列并不是必然的,毋宁说是宜于加以更改的;例如,当你对"所有的人都是动物"这个命题中的那些词的观念作了分别的时候,你就会发现这些普遍的观念每一个都只是在一个无形体的实体中被理解,而且你会在这个实体中发现对于理解这些观念来说占第一位和占第二位的东西。如果你把它加以更改,使被理解的那些观念的排列成为与你那个命题相反的排列(在那个命题中“动物”是被当作“所有的人”的述项),你就不会怀疑,这个排列,就它是这些普遍观念的排列来说,只是设定在一个无形体的实体中,虽说它还以某种方式设定在想象中,因此是作为被了解的东西,不是作为可理解的东西。但是这两种设定是有别的,而纯粹与无形体的实体无涉的可理解的东西却是一个。

第二种方式是:理解已经现实化,已经被获得了;这时灵魂离开理解,并不转向这个可理解的东西;相反地,它已经由这个东西过渡到另一个可理解的东西——比方说。因为我们的灵魂不能同时一下认识各样东西。

还有最后一种理解,例子就是:当有人问你一个问题,问的是你已经知道的东西,或者是接近你已经知道的东西时,对于这个问题,你心里所发生的事情。问题的回答就在这一刻就对你呈现了,因为你确切地知道你能够对你所知道的东西作出回答,这里面并没有任何分别。但是相反地,你只有从你的灵魂中的分别和设定开始,虽说你应当从出于你自己的一种确切知识的回答开始,因为你是在作出分别和设定以前知道这个回答的。

因此,第一种理解和第二种理解之间的区别是明显的。因为第一种理解是作为某种你已经从仓库里拿出并且正在使用的东西;第二种理解是作为某种为你所具有、你愿意使用时就加以使用的储备的东西;而第三种则与第一种不同,因为它根本不是某种在思想中有了安排的东西,而正好相反,是从这种东西与确切知识的联系方面作为这种东西的本原;它也与第二种理解不同,因为它并不是作为我们离开的某种东西，而相反地是作为以某种方式现实地被考察的某种东西，作为一种确切的知识，所以从第三种理解这一方面说，特点是与作为储备物的东西的一个部分的关联。

因此如果有人说，第三种理解也是一种潜在性的认识，不过这种潜在性接近于现实，那就错了，因为具有这种认识的人就会有一种现实的、现实化的确切知识，他不会需要凭着一种遥远的或接近的潜在性来达到这种知识。因为这种确切的知识在愿意知道的时候确切地知道，这种知晓乃是在第三种理解中进于存在的东西，它的这种确切知道的状态是现实的，因为这种进而存在的东西既然为它确切地知道，也就是现实的。

现实化乃是某件东西的现实化；我们所指称的这件东西之所以是现实化的，是因为我们不可能确切地知道，在现实的未知物旁边储备着一个已知物。因为如果不是对象本身从它的确切认识者方面说是已知的，我们怎样会确切地知道这件东西的性态呢？

但是，如果从现实地确知的东西，以这种简单的方式，把在现实地确知的东西旁边储备着的现实地已知的东西称为现实地已知的东西，现实地已知的东西就会在现实地确知的东西旁边被知道了；然后，现实地确知的东西有时会得到允许，以另一种方式使现实地已知的东西被知道。但是这会引起一些可怪的事情，这就是：作出一个回答的人(当他告诉别人时，在他的灵魂中就已经一下理解到某一种分别)，在把这个回答告诉人的时候，以第二种方式得知他的认识，因为这个形式是由它的各个词的设定而在他心中陆续设定起来的。

因此这两种认识中的一种乃是反省的认识，通过它，当反省的认识得到安排和组成的时候，只是完成了充分的成就性；而第二种认识则是单纯的认识，这种认识并没有那种随着一个形式而在自身中具有另一个形式的特性。然而，单纯的认识乃是在能接受形式的东西里涌出各种形式的唯一的认识。因此，我们称之为反省认识的，乃是一种起作用的认识，它的单纯认识乃是本原。它是那些与活动理智相合的灵魂的理智机能。

至于分别，乃是属于灵魂本身的，灵魂有多久不具有它，它就有多久不具有一种属于灵魂的认识。至于以下一点，即：理性灵魂怎样具有一个异于灵魂的本原，拥有一种与灵魂的认识不同的认识？这是对你的灵魂进行一项研究的地方，你应当认识你的灵魂。

你要知道，在纯粹的理智里面，这两种认识根本不产生形式后面的形式的繁多性，也不产生这种形式的设定；而正好相反，纯粹理智乃是一切形式的本原，一切形式都从这个本原涌向灵魂。但是根据这一点，就应当相信与各种分离的、纯粹的东西有关的那种性态，这种性态是在与它们对事物的知识有关的东西里。因为它们的理智乃是制造和创造形式的那种理智；这些分离的东西，是不能属于形式，或者在形式之中的。

属于世界的那种作为灵魂的灵魂的理解，乃是那种进行设定和分别的理解；就是因为这个道理，无论从哪个观点去看，灵魂都不是单纯的。的确，所有的理智知觉，都是以前面所指出的那种方式，作为一种同一个与质料及其质料偶性分离的形式的一定的关系。灵魂具有这个，是因为灵魂是一个接受印象的实体；而理智之具有这个，是因为理智是一个实体，一个活动的、创造的本原。因此，理智的本质由于理智的本原的状态而固有的东西，就是理智的现实可理解性。而灵魂由于它凭着理智的现实可理解性、凭着自己所具有的接受性进行的理解而固有的东西，则是灵魂的现实可理解性。

而关于灵魂中各种形式的性态，我们应当认识的，就是我现在要讲的：说到想象的东西以及与它们相联系的东西，当灵魂拒绝了它们的时候，它们就储备在一些机能里，这些机能是为了储备之用的，实际上并不是知觉机能，否则就会同时既是知觉机能又是仓库了；或者说得更明白一点，当从事判断的知觉机能（即评价机能）回顾想象的东西时，那些机能就是仓库，这样，灵魂或理智就发现这些东西现实化了。因为如果灵魂或理智不发现它们，它们是会借助研究或回忆而得到恢复的。

如果没有这个原因，就会在引起怀疑的那一点上又发生一个问题：如果整个灵魂忘掉了一个形式，为另一个形式所占据，这个形式会存在呢，还是不存在——如果不是在潜在性中的话？然而在这一点上会有一些怀疑：形式怎样能够恢复呢？形式如果不在灵魂中，为了使这个形式恢复，它会在什么东西里面，灵魂会与什么东西相结合呢？

然而动物灵魂的各种机能是分离的，每一种机能是赋有一个分离的工具的，评价机能有时候忽略的那种形式是赋有一个仓库的。评价机能有时候忽略的那些观念也是赋有一个仓库的。因为评价机能并没有一个处所使这些东西稳稳地处在其中；它是作出一个判断的。所以我们应当说，评价机能有时候考察那些储备在两种机能的两个自然处所的形式和观念，而有时候评价机能却拒绝它们。

那么，对于那些人的灵魂，以及人的灵魂获得了而又在忙于另一些可理解的东西时忘掉了的那些可理解的东西，你怎么讲呢？这些可理解的东西是完全现实地存在于灵魂中吗？毫无疑问，人的灵魂认识的是那些完全现实的可理解的东西，或者是，这些可理解的东西在一个为了灵魂而把它们保存起来的仓库中。这个仓库可能是各种可理解的东西的本质，可能是它们的形体，可能是某种属于它们的有形体的东西。

但是我们已经说过，它们的形体以及依靠它们的形体的东西对于这一点是不适宜的。因为不宜于有一个接受者来接受这些可理解的东西，可理解的形式也不宜于具有一个位置，而它们与形体的结合应当会使它们具有一个位置。但是，如果可理解的形式变得在形体中具有一个位置，说它们是可理解的东西就不对了。

我们或者说，这些可理解的形式乃是一些自存的东西，其中每一个形式都是一个自存的"属"；并且说，理智在一次中间或者考察它们，或者忽视它们。如果理智考察它们，它们就呈现于理智，如果理智拒绝它们，它们就不呈现于理智。这样，灵魂就好像是一面镜子，而各种可理解的形式就好像是一些外面的东西；它们有时呈现于灵魂，有时又不呈现于灵魂。这是根据灵魂和各种可理解的形式之间的种种关系而造成的。或者是：活动的本原按照灵魂的要求，使一个形式接着一个形式流向灵魂。如果灵魂拒绝它，这个流就停止了。如果是这样的，那么，为什么不会每一次都需要根据一个本原来学习呢？

我们说，真理是后面这个范畴。但是我们这样说的意思是：我们不可能说，这个形式完全现实地出现在灵魂中，而灵魂并不完全现实地认识它。因为“灵魂认识它”的意思，只不过是“它出现在灵魂中”。说形体是形式的一个仓库，乃是荒谬的，说灵魂的本质是形式的仓库，也是荒谬的，因为灵魂的本质是形式的仓库，这种情形是不存在的，而只不过是这个形式作为可理解的东西出现于灵魂中，灵魂通过这种方式认识形式。

但是记忆和成型的机能并不是这样的。因为知觉到这个形式并不是成型机能的事，毋宁说成型机能是保存这个形式的，而这个形式之被知觉到，乃是通过另外一种机能。回忆起的、理解到的形式并不存在于某种是知觉的东西里，正如感性对象的形式并不存在于那种是官能的东西里一样。就是因为这个缘故，形体(感性对象的形式是出现在这些形体中)并不知觉；相反地，知觉应当属于以某种方式专门接受这个形式的印象的那种东西，这是就官能是一种知觉机能而言。

至于记忆和成型机能，形式之印在这两种东西之中，只是就它们是工具，它们具有一个形体保存这些形式而言；这个形体与荷负知觉机能的东西相接近(知觉机能就是评价机能)，以便知觉机能在愿意的时候考察这些形式，正如这种形体保存着各种感性形式，与官能相接近，以便官能在愿意的时候观照这些形式一样。因此记忆和成型机能是接受这种解释的，而灵魂却不接受它。因为可理解的形式在灵魂中的存在就是知觉，知觉正是灵魂所具有的。

其次，我们还要在第一科学[①]中说明，这种形式并不独立存在。因此余下来的是：真实的范畴是后一个范畴。学习乃是寻求

① 即形而上学。——译者

那种结合到本原上的完善能力，这样，从这种结合中便出现了那种单纯的智慧。从这个单纯的智慧，便在灵魂中通过思考为中介涌出各种分别开来的形式。因此在学习以前，这种能力是有缺陷的，在学习之后，这种能力则是完善的。

但是，当结合到所寻求的可理解的东西上的那种东西达到理念，当灵魂转向思辨的方面时，思辨的方面既然是回到产生理智的那个本原上，学习也就具有与这个本原相结合的特性。从这个本原涌出纯粹理智的机能，随之而来的即是分别的涌流。但是当灵魂拒绝这个本原时，纯粹理智的机能却在其中恢复。于是这个形式就变成潜在的；不过这是一种非常接近现实的潜在。因此，开始学习有如对于一种眼疾的治疗。因为当眼睛好了的时候，它愿意时就去看自己从中抽出某种形式的东西，但是如果它离开了这件东西，它所做过的一切就变成接近现实的潜在性了。只要共同的、人的灵魂还留在形体里，它就不可能一下接受活动的理智，正好相反，灵魂的性态是我们所说过的那一种。

人们说某人认识可理解的东西时，意思是指：这是就只要他愿意，他就使可理解的东西的形式呈现于自己的心中而言。这个意思也就是；只要他愿意，他就能够通过一种结合，结合到活动的理智上，由于这种结合而在自身中理解这个可理解的东西，而无须这个可理解的东西呈现在他的心里，永远在他的理智里现实地被理解，无须这个可理解的东西在学习之前。这种理智是通过一种现实化作用而成为现实的，然而却是一种在灵魂中达到了现实的潜在性，为的是使灵魂通过它认识它所要认识的东西。因为当灵魂愿意的时候，灵魂就结合到活动的理智上，在灵魂中涌出可理解的形式。然而这种形式事实上是获得的理智，而这种潜在性就其应当去认识而言，乃是在我们之中现实的理智。至于获得的理智，就它是一种成就性而言，乃是现实的理智。至于理解想象的东西，则是灵魂回到感性对象的仓库。

前面的[①]是一种向上的观看，而这里的[②]则是一种向下的观看。因此如果灵魂摆脱了形体和形体的偶然品质，它就会能够凭着一种完满的结合与活动理智相结合，在那里遇到理智的美和永恒的欢乐，这一点我们将在适当的地方讲。

要知道，不管学习是来自并未知道的东西的，还是来自已经知道的东西的，在学习这件事上面，是有一些不同的等级的。因为在学生中间，有一些人是直接去理解的，因为他们的能力在我们所讲过的那种能力之上，是比较活跃的。因此，如果人在他和他的灵魂之间的东西方面具有这种能力，这种活跃的能力就称为理智直觉。但是这种能力有时候在一定的人身上增长，因而他为了与活动理智相结合，并不需要多数的东西，也不需要教育和教导；相反地，他在能力方面是很强的。因为这个缘故，有第二种能力在他身上达到现实，说得更明白一点，就好像他是由自己认识所有的东西似的。这是这种能力的最高等级。

质料理智的这种性态应当称为神圣理智；但是这种性态属于装备理智这个“种”，除非神圣理智是最高的。它并不属于人人共同具有的东西。这些与神圣理智有关的活动，有一些由于它们的

① 指灵魂与活动理智的结合。——译者

② 指理解想象的东西。——译者

潜在性以及它的高度，差不多对想象机能涌出一股流。想象机能通过前面那些感觉的例子[①]，是与这些活动相似的，这些例子我们已经以上述方式讲述过了。

可是，这是怎样证明的呢？这是因为我们已经很清楚地知道，我们得以获得的那些可理解的东西之所以获得，只是由于三段论中的中项达到了现实。但是有时候这个中项之达到现实是出于两种方式。因为有时候它之达到现实是通过理智直觉，然而理智直觉是心灵借以由自身发现中项的一种活动，而智慧则是理智直觉的机能；有时候它之达到现实是通过教导，然而教导的本原乃是理智直觉。的确，那些毫无疑问地达到理智直觉的东西，是由教师们从这些理智直觉发现了的。然后教师们使这些东西达到学生们。因此，可能是理智直觉凭着自身在人身上出现，三段论在人心中成熟是无须教育的。

但是这属于那种在量上和质上包含着不同等级的东西。在量的方面，这是因为某些人具有着数目上最为繁多的理智直觉，以便发现中项；在质的方面，这是因为某些人具有着在时间上最为敏捷的理智直觉；这种不均等是不能归结到一个限度的，它经常接受增长和减缩，减缩到极度，这种不均等就最后达到一个毫无理智直觉的人。增长到极度，它也就最后达到一个在一切或大部分待解决的问题上具有一种理智直觉的人，达到一个在最快最短的时间内具有一种理智直觉的人。

因此，在人们中间，有可能有一个个人，他的灵魂由于极度纯

① 指本书第三章关于视觉的例子。——译者

净、由于与各种理智本原密切结合而坚强有力，直到激起一种理智的直觉，我的意思是说，他从对一切事物进行活动的理智接受各种理智本原，在他心中印着活动理智中的形式，可能是一下印上的，可能是几乎一下印上的，并非以一种摹仿的方式，而毋宁是依照着一种包含若干中项的次序。因为在那些仅仅通过原因而被认识的东西方面，摹仿的材料并没有充分的确定性，并不是可理解的。这就是一种预见，或者说得更明白一点，乃是预见的最高机能，这种机能最值得称为神圣的机能，乃是人的各种机能中最高级的机能。

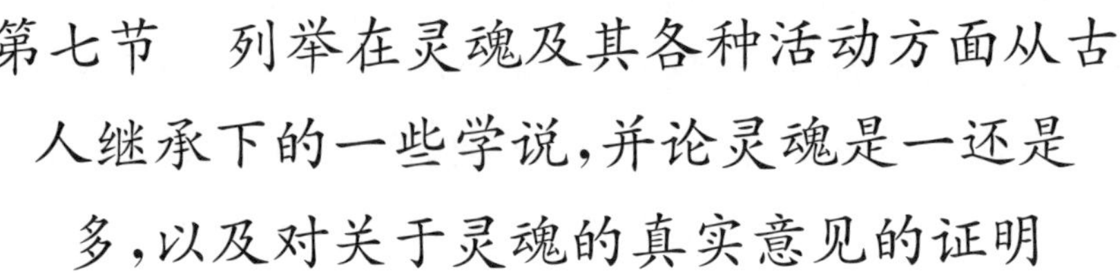

第七节　列举在灵魂及其各种活动方面从古人继承下的一些学说，并论灵魂是一还是多，以及对关于灵魂的真实意见的证明

的确，我们所知道的那些关于灵魂的本质及其各种活动的学说是分歧的。在这些学说中间有一种说法，主张这种说法的人认为灵魂是一种单一的本质，灵魂凭着自身、凭着各种器官的差异而作出一切活动。在这些人中间，有这样的人，认为灵魂认识一切事物，是凭着它自身认识的，认为灵魂从事物出发比较各种知觉对象时，只是由于一种原因来应用各种官能和器官，为的是凭着这个原因注意到灵魂的本质中的东西。并且在他们中间，有这样的人说，这是以灵魂的回忆的方式造成的，所以根据这种人的说法，好像是灵魂偶然忘记了似的。

在前一批人中，有人说灵魂并不是单一的，相反地，灵魂有一定的数目，并且说一个单一的形体中的灵魂乃是一些灵魂的一个集合：有一个赋有感觉能力、基本上赋有知觉的灵魂，有一个愤怒灵魂和一个情欲灵魂。

在这些人中间，有这样的人，他主张情欲灵魂就是营养灵魂；他主张心脏是灵魂的所在，认为心脏具有一切营养和生殖的欲望。在他们中间，有人认为生殖是灵魂的情欲部分的一种机能，流向雄体和雌体的精巢中。在他们中间，有人主张灵魂是一种单一的本质；从这种本质涌出各种已知的灵魂机能，各种机能真正说来是有着一种活动，在上述的各种事情方面，灵魂做它所做的事，只是凭着这些机能为中介。

有人说灵魂是单一的，是靠自身活动的，他在我们将要讲的东西方面，曾经援引持前面那种学说的大师们引来作为证据的东西作为证据。接着他就说：如果灵魂是单一的，是没有形体的，那么，说它划分在各个器官中，说它是多数的，就是荒谬的。因为这样它就会变成一种质料形式。

但是在这些大师那里，曾经通过一些论证肯定过灵魂是一种分离的实体；这些论证我在这里无须[illegible]列举了。他们说过：灵魂是凭着自身以各种不同的器官做它所做的事。

但是在这些人中间，有些人曾经说过灵魂是凭着自身而非常博学的，他们援引一种证据说：如果灵魂是无知的，是缺乏各种学问的，那么，它之具有这种情况就或者是由于它的实体，或者是由于偶性。因此，如果这是由于它的实体，说它认识，就完全是荒谬的。而如果灵魂具有这种情况是由于偶性（偶然的东西是出现在属于另一件东西的东西上的），那么，认识各种事物，就会是灵魂的事情。然而灵魂是由于一个原因而偶然地无知。所以，这个原因只是无知的原因,不是认识的原因。因为当我们除去那些偶然的原因时,灵魂余下了它的本质中的东西。其次,当灵魂在自己的本质中具有的东西在于认识的时候,灵魂既然是单纯的、精神的东西,怎样会变成无所认识的、无所感受的东西呢?正好相反,在灵魂中是能够有认识的,不过当灵魂被占据时,它拒绝认识。当它的注意被激起时,它认识,而“激起注意”的意思,就是使灵魂回到它的本质和它的本性的性态上。于是它就发现它自己,认识一切事物。

至于那些持回忆说的大师,他们援引一种证据说:如果灵魂不曾在一个时刻认识过它现在并不认识并且在寻找的东西,那么当他遇见这件东西的时候就不会认识这是寻找的对象,有如寻找在逃的奴隶那样。但是我们已经在另外一个地方提过这种说法,并且加以驳斥了。

那些认为灵魂繁多的人,曾经援引一种证据说:既然我们发现植物具有情欲灵魂(我的意思是说我们在本节中指出过的那种情欲灵魂),而并没有那种知觉的、赋有感觉能力的、进行分别的灵魂,我们怎么会有可能说所有的灵魂是单一的灵魂呢?因此,这种情欲灵魂毫无疑问乃是某种自身分离的,并无知觉灵魂的东西。其次,我们发现动物具有这种赋有感觉能力的、愤怒的灵魂,但是其中根本没有理性灵魂。因此这些动物灵魂乃是准照动物的定义的灵魂。因为当这些东西联合在人身上的时候,我们知道在人身上是联合着一些彼此不同的灵魂的,这些灵魂具有各异的本质,有一些有时候是与另外一些分离的。就是因为这个缘故,这些灵魂真正说来各自有一个处所。所以,进行分别的灵魂的处所是脑;愤怒灵魂、动物灵魂的处所是心脏；情欲灵魂的处所是肝脏。

这就是我们所知道的那些关于灵魂的学说。但是在这些学说当中，只有首先列举过的最后一种学说是正确的。我们就来说明它的真理性。然后我们就来解决所提出来的那些疑问。我们说：从我们所讲过的，已经指明，各种彼此不同的活动是由一些彼此不同的机能作出的，每一种机能，就其为不同的机能而言，其所以如此，乃是由于它发出属于它的第一活动这一点。因此愤怒机能并不能感受快乐，情欲机能并不能感受有毒的东西，为知觉机能接受印象的东西，并不是为这两种机能接受印象的东西，这两种机能中的任何一种，作为这样的机能，也不能接受那些被知觉的形式，以便理解它们。

肯定了这一点以后，我们说，这些机能应当有一种联系，由这种联系把它们通统联系在一起。与这些机能的联系关系，就是通觉与各种吸收(?)形式的机能的关系。因为我们毫无疑问地知道，这些机能中间有某一些占据另一些，有某一些使用另一些。在前面所讲的那些话里面，你已经知道这一点了。

如果没有一种联系使用这些机能，这些机能中的一些在它们的活动中以某种方式阻碍了另一些时，它们就会离开另一些，就不会使用另一些，就不会支配另一些了。但是它们并不离开另一些，因为某一机能与另一机能没有结合时，就不能在它的活动中阻碍这另一种机能，如果工具不是共同的，接受者不是共同的，如果没有共同的东西在这种联系以外把这两种机能联结起来的话。

我们知道感性知觉为情欲所激起，但是情欲机能并不感受作为可感觉的东西的可感觉的东西。因为如果它感受并不作为可感觉的东西的可感觉的东西，就不会有一种遭受存在，生自对于这种可感觉的东西的情欲。因此感受的东西必然就是知觉感性对象的东西。

我们不能承认两种机能是一种。由此可见，这两种机能属于一种单一的东西。因为这个缘故，应当说：当我们有了感觉的时候，我们就有了欲望，当我们看见了这样的时候，我们就发怒了。这件在其中联结了这些机能的单一的东西，就是我们每一个人认为是感性知觉的本质的东西，所以应当说，当我们有了感觉的时候，我们就有了欲望。

但是这件东西不能是形体。首先，因为从形体是形体这一点，只能得出形体是联结这些机能的东西，除非是每一个形体都会具有这种情形，或者说得更明白一点，除非是形体会由于一种东西而变成这样，而这件东西作为联结者，将是第一集合者，将是形体的成就性，而不会是形体。因此联结的东西是一种并非形体的东西，这就是灵魂。

第二，因为我们已经明白地见到，在这些机能中间，有一些机能不能是形体性的，也不能确立在一个形体中。那么，如果有人抱着一些怀疑说：如果这些机能能够属于一件单一的东西而不联结在其中（因为这些机能中间有一些并不以形体为接受者，而另一些却以形体为接受者），如果尽管它们是分离的，并无一种单一的特性，它们仍然与一件单独的东西发生关系，现在怎样能够是这样，即所有的机能都与一个形体或一个形体性的东西发生关系呢？我们说：因为那种并不是一个形体的东西能够是各种机能的源泉；所以有一些机能在器官中涌出来，而另一些机能却由于它们自己的本质而变成特殊的机能。但是所有的机能都以一种一定的方式引向形体。器官中的那些机能是联结在一个本原中；这个本原在本原中把它们联结起来，就是这个本原，由于它的丰富，在器官之外涌出；这个本原的性态，我们在解决疑问的时候还要加以说明。但是在形体方面，所有的这些机能都不能从本原涌出，因为这些机能与形体的关系之所以存在并非通过涌流，而是通过接受。流之能够存在，是通过流与使它涌出的东西的分离，而接受却不能通过这种途径而存在。

第三，因为这个形体或者是整个活的形体；这样，这个形体的一种毛病就会引起一件事情，这件事情不会是我们所知觉到的事情，就是：我们是一个存在的东西。但是事实并非如此。因为我是我，即使我只知道我有一只手，一只脚，或者按照我们在前面另一些地方所说过的，有肢体中间的这样一个肢体。或者我认为这些肢体依存于我，我相信它们是属于我的工具，我在需要的时候便加以使用；如果我没有这些需要，我就不会必须具有它们，而我还是我，它们并不存在。

我们现在列举前面所说过的东西说：如果一个人被突然创造出来，被创造得具有一些分离的肢体，而并看不见他的这些肢体，如果他并不触到这些肢体，这些肢体也不被触到，而他也听不见声音，那他就会不知道他的一切肢体的存在，但是尽管不知道这一切，他却会知道他的“维此性”的存在，作为一件单一的东西；但是不知道的东西本身与已知的东西并不是一样的，这些属于我们的肢体实际上只会有如一些衣服，这些衣服由于持续附着于我们本身，在我们之中变成了我们本身的一些部分。然而，当我们想象我

们的灵魂时,我们并不把它们想象成赤裸裸的;正好相反,我们是把它们想象成具有着穿戴在它们上面的形体;只不过说到衣服,我们已经习惯于把它看成我们脱下抛掉的东西,而说到肢体,我们并不习惯于这样去想。我们关于"肢体是我们的部分"的意见,比我们关于"衣服是我们的部分"的意见要更加牢固。

或者是,这个形体并不是整个活的形体,而毋宁是一个肢体;这个肢体将是我认为本身是"我"的那件东西,或者是我认为是我的那件东西的观念,这并不是这个肢体,虽然它应当是这个肢体。因此,如果我认为是我的那件东西是这个肢体的本质(它的存在方式是心脏,或者是脑子,或者是别的东西,或者是一定数目的肢体,带着这种特性;这种特性的"自性"或全部这些肢体的"自性",就是我觉得是我的那件东西),我对于我的"我"的知觉就应当是我对于这件东西的知觉。因为这件东西不能在一个单独的方面有如被知觉到而并没有被知觉到。然而情形并非如此。因为我知道我有一颗心脏、一个脑子,只是凭着感觉、听说和各种经验,而并不是因为我知道我是我。因此,这个肢体并非本身通过本质而是我知觉到是我的那件东西;相反地,这个肢体是通过偶性而是"我"。

最后,我说我是"我"时对于"我"所知道的东西,就是我说我感觉到了、我知道了、我做了时所了解的那个东西。因此,如果有人说这样的话:你还不知道这是一个灵魂,我就会说:的确,我只是按照我称之为灵魂的那个观念而知道它,但是,我可能并不知道它是以"灵魂"这个词来称谓的。因此当我了解到我对于灵魂所理解的东西时,我理解到这就是这件东西,这件东西就是那个使用那些属于运动者和知觉者的工具的东西,只是我只要依然不知道灵魂的理念，我就不知道它。但是一颗心脏和一个脑子的性态并不是这样。因为我知道心脏和脑子的观念而并不知道灵魂的观念。

的确，当我把灵魂理解为作为我的这些运动和这些知觉的本原，并且作为它们在这个整体中的目的的那种东西时，我知道或者这种东西真正是我，或者这种东西使用这个活的形体时是我，因此就好像我现在没有能力分别作为与一个混合体分离的关于“我”的知觉，以及关于这种东西使用活的形体并与这个形体相结合的那种知觉。

说到这种东西究竟是一个形体或者不是一个形体，依我的看法，它不应当是一个形体，在我看来，根本不应当把它想象成某种形体，正好相反，我认为只能把它的存在想象成没有形体性。因此我是已经就这件东西并非形体这一点来了解的；事实上，我所了解的并不是形体性，虽然我了解了这件东西。

其次，我已经肯定：的确，尽管我曾假定过这种作为这些活动的本原的东西有一种形体性，却并不能承认这种东西曾经是一个形体。因此我们有更强的理由说，它在我之中的最初表现应当是：它是与这些外部肢体有所不同的某种东西，虽然与各种器官的结合、对各种器官的感性直觉，以及由其中发射出的那些活动使我犯一种错误。因此我认为这些外部肢体好像是“我”的部分。但是，当在某种东西上有错误时，一个判断是没有必然性的；判断毋宁是为了认识随着来的东西的。然而当我寻找这件东西的存在以及它的非形体的存在方式时，并不是我已经绝对不知道这个，或者说得更明白一点，并不是我已经把它忽略了。

对这种东西的认识常常是近似的认识，然后这种认识被忽略了，在作为一个定义的方面变成了未知的东西，在一个更远的地方去寻找它了；因此，由于理智软弱无力，智慧在激起注意的途径上是孤立无助的。因此，为了认识这种东西，必须研究一个遥远的源泉。由此可见，这些机能有一个汇流口，一切机能都往这里汇合，但是它并不是一个形体，虽说它分有形体，或者不分有形体。

因为我们已经指明了这种看法的真理性，所以我们应当来解决前面指出的那些疑问。

至于第一种疑问，我们说：当灵魂具有单一的本质时，各种机能不应当从它流到各种肢体之中；正好相反，我们可以承认，首先从它们流到种子和精液中的是生殖的机能。因此，它按照这种机能的各项活动的便利，产生出一些肢体。每一种肢体都能够接受一种特殊的机能，为的是使这种机能从它涌出，如果没有这个，形体的创造对于灵魂就是多余的了。

至于抱着一些怀疑并且主张灵魂凭自身认识的人，他的意见是有毛病的。因为如果灵魂的实体凭着它的本质是空空如也，没有认识的，那么认识的存在对于它就不应当是荒谬的。的确，人们作出分别说：这件东西的实体，在与它的本质的关系方面，是并不要求去认识的；并且说：在这一方面，它的实体是要求不去认识的。因此，按照这两个说法中的每一个，伴随无知的情况都是不同的。因为当我们承认灵魂是由于它的实体而无知时，我们只是理解到：如果它的实体是孤立的，一种外部的原因并不与它相结合，那么，它之伴随无知，就会是在那种通过实体的存在状况为中介而造成的孤立的状况之下，而不是在单独的实体的状况之下，而我们只是把这种情形理解为：灵魂的实体乃是一种不能缺少无知的实体。

但是，如果我们不承认这一点，相反地，如果我们说无知是偶然来到灵魂的事，那么，比方说，这种偶然的事就是不应当来到自然事物上的。因为如果我们说木块是空空如也，没有床的形式的，而这种"空空如也的"状态并不是它的实体，却是某种对于实体是偶性的东西，可以消失，那么就只会是：这种说法好像是说：应该在实体里已经有过床的形式，而这个形式后来已经解体了。

抱这种怀疑的人说事物回到它的本质，这种说法仍然是荒谬的。因为事物根本不脱离它的本质。相反地，人们常常说：事物能够脱离那些真正说来属于它的本质并且仅仅凭着它的本质而得到完成的活动。但是承认这种说法，只不过是出于随便，因为这些活动并不属于事物，说得更明白一点，因为它们是完全不存在的。至于事物的本质，怎么会本身实际上是不存在的呢？的确，我们不能承认，在事物的活动方面，可以说这些活动是脱离本质的，因为这种脱离只存在自身之中，并不属于事物。只有在给予这些活动以存在的东西存在的时候，这些活动才完全存在。因此它们并不脱离本质。至于事物的本质，事物是并不脱离它，也不回到它的。

说到那些持回忆说的大师们，他们所援引的证据，已经在关于工具的讲授[①]中被摧毁了。至于那些对灵魂进行了划分的人的证据，则是用一些虚妄的前提造成的。他们的这种说法就是：植物灵魂是离开赋有感觉能力的灵魂而存在的。这样，人就应该是另外一种不是植物灵魂的东西了。的确，这个前提是诡辩，这是因为人们想象出许多方式的分离。但是人们在这里所需要的分离有两种

① 指逻辑学。——译者

方式。其中的一种是：有时候人们对于事物想象出一种分离，例如颜色与白色的分离，动物与人的分离，因为颜色的本性也出现在并非白色的东西里，动物的本性也出现在并非人的东西里，因为一个全体[①]是与另一个属差分离的。

有时候，人们又想象出一种分离，例如与白色在一个形体中结合的甜味的分离，因为甜味有时候与白色分离，甜味与白色是两种不同的机能，这两种机能并不是通过一种单一的东西联结起来的。

但是在这两种分离中，最适于植物灵魂的，由于赋有感觉能力的灵魂而造成的分离，乃是第一个范畴的。这就是说，存在于棕榈树中的植物灵魂，在“属”的方面，与存在于人身上的生长机能是根本没有联系的。因为植物机能根本不能与动物灵魂相结合，动物身上的生长机能也不能与棕榈的灵魂相结合；然而这两件东西却为一个单一的观念所联结。这个意思就是：这两件东西每一件都营养、生长和生殖，虽然在这以后两者彼此有了差别，这是由于一种建立和形成“属”的属差，根本不是由于一种偶性。存在于这两者之中的观念，乃是人所具有的植物灵魂的“种”，这个观念的分离采取着“种”观念的分离所采取的方式。

我们并不反对这些机能的“种”属于另一些东西，这并不包含着这些机能不应当在人身上联结在一个单一的灵魂中，或者说得更明白一点，从这里面并不能推出不应当把存在于动物身上的生长机能归给它所具有的动物灵魂，使它的动物灵魂成为植物机能，以及使人在动物界这个“种”上无异于他的部分。但是这件事在

① 指“种”。——译者

《逻辑学》中已经向你证明属实了。

因此这并不必然要求人身上的植物灵魂有异于动物灵魂，我们应当有更大的理由认为它们是一个单一的灵魂的两种机能。因此人身上的植物灵魂根本不因它的“属”而与人分离。但是，如果机能并不因它的“属”的性质而分离，或者说得更明白一点，并不因它的“种”的性质而分离，人们就不能从那些人所援引的证据得到任何好处了。这两者是不同的。

以此为中介，我们就假定动物中的植物机能异于其中的动物机能，好像这两者各是一个凭自身而完成和分离的“属”，这一个并不是那一个，这一个并不属于那一个似的。那么在这里面有什么东西阻碍动物灵魂在动物中具有这两种机能呢？这有如：当我们发现存在于并非空气的东西中的潮湿并不与热相结合时，并不应当由此推出空气中的湿和热不属于一个单一的形式或一个单一的质料；当存在着一种热并不出于运动而出于另一种热时，并不应当由此推出另一个地方的热并不依靠运动。因此我们说：这些机能不可能是由于“属”而彼此有别，它们是关联到“属”里面一种单一的本质上的。

至于如何理解这种情况这一点，就在于对立的极端状态阻碍那些原初形体接受生命。因此每当这些形体从事破坏一个对立的极端，并把它引导到没有对立的中庸时，它们就倾向于与天体同化。由于这一点，那些原初形体被认为配得上从占支配地位的分离实体接受一种产生生命的机能。然后，当它们切近着中庸生长的时候，它们就在接受生命的能力方面生长，直到达到一个极限，不能由这个极限再接近中庸一步，也不能在它们自身中再进一步破坏两个彼此对立的极端为止。这样,那些原初的形体就得到一个实体,这个实体在某种意义之下,是接近于类似分离的实体,例如天上的实体的。

因此,乃是在某种已在另一件东西里由于分离的实体而开始存在的东西里,分离的实体由这同一个获得的、与这另一件东西相结合的实体而开始存在。

这种例子是在各种自然事物里:我们可以想象火或太阳来代替分离的实体:想象一个从火获得一种影响的形体来代替活的形体,不过这个形体要是一个球;并且想象球受火的烘烤来代替植物灵魂;想象球受火的照耀来代替动物灵魂,想象火中之球里面火的焚烧来代替人的灵魂。

我们说,如果存在的事实是:这个与一个接受影响的球相似的形体的情况,并不是作为在其中产生影响者的一种情况而发生,这种情况是会从它接受火中的焚烧,却不会从它接受照明和照耀的;而是作为一种会从它接受烘烤而不接受别的东西的情况而发生,那么,如果它的情况是一种从它接受烘烤的情况,并且这个形体是暴露的或透明的,或者是根据它与在其中产生影响者的关系,由于这种关系,以一种强有力的方式从后者借光的,的确,这个形体就会为它所烤热,并且同时为它所照亮,而从产生影响者来到它的光,在与分离的火接触时,就会也是一个烘烤形体的本原。

的确,太阳只是凭它的光线来烘烤的。其次,如果能力是很强的,如果在太阳里有某种东西具有为产生影响者所焚烧的特性,而这个产生影响者是具有凭着它的潜在性或光线焚烧的特性的,那么太阳就会烧着了。所以,在这个意义之下,火炬会变成一个很像分离的火的形体，但是这个火炬又会与分离的火一道同时造成照耀和烘烤，因而如果它单独存在，照耀和烘烤就会得到完成。这样，就有可能单单存在着烘烤，或者单单存在着烘烤和照耀这两者，而这两者中的在后者并不是一个本原，从其中涌出在先者。因此，当整个联系在一起的时候，一切被假定为在后者的东西也会变成在先者的本原，在先者会从其中涌出。

灵魂的各种机能中的性态，就应当这样来理解。而在以下的几卷里，马上就会讲到一个道理，对与此有关的形式作出说明，在那个地方，我们将要讲动物的产生。

第八节 对各种属于灵魂的器官的说明

我们现在应当有更大的理由来讲灵魂所具有的各种器官。我们说：在与灵魂的各种主要机能有关的那些肢体方面，人们分为两派，争吵不休，做得太过分了；他们所根据的是严重的固执和强烈的党见，这两个派别都有这种倾向，直到抛弃真理的程度；其中大部分人是与主张灵魂是一种单一的本质，却又肯定主要的肢体是多数的人一同犯错误的。因为当他反对哲学家们承认灵魂的部分繁多，而同意承认灵魂为单一时，他并不知道，这是由于肯定主要的肢体为一个而产生的结果，并且是由于这一点，才造成灵魂的第一依存性。

至于那些主张灵魂的部分为多数的人，并没有理由说每一个部分都有一个固有的、特殊的处所和一个单独的中心。我们首先说，灵魂的各种机能、各种形体性的机能的第一承负者，乃是一种精致的形体，这种形体可以透入各个虚空的空间，具有普纽马的性质。的确，这个形体就是普纽马。但是，如果事实上灵魂的各种依存于活的形体的机能（这个形体所承负的机能）并不渗入一种普纽马，道路的堵塞却并不会阻碍运动机能、感觉机能以及想象机能渗入，但是它对于做医学实验的人的眼睛却是一种显然的阻碍。

这种普纽马可以与各种体液的精致状态和蒸气状态相比，有如肢体可以与体液的浓厚状态相比。这种普纽马具有一种独特的混合。并且，它的混合是依照它身上所发生的一种不同的情况而变化的，为的是在不同的情况下成为不同的机能的承负者。因为那种致使人们发怒的混合并不适于致使人们意欲或感觉的那种混合；适于视觉普纽马的那种混合本身也不是适于运动普纽马的那种混合；可是，如果混合是一种，建立在普纽马中的那些机能就会是一种，它们的活动就会是一种了。因此如果灵魂是一个，它就应当具有一种对活的形体的第一依存性，并且从而支配形体，使它生长，虽然这只是通过这种普纽马为中介而造成的。

灵魂的第一件事，是造成一个肢体，凭着这个肢体，灵魂的各种机能便通过这种普纽马为中介，引导到其余的肢体里去，这个肢体乃是各种肢体中第一个被产生的，并且是产生普纽马的第一个独特的处所。这就是心脏。这是完善的解剖考察已经证明了的。我们马上就要在《论动物》那一卷[①]中说明这件事时加以发挥。

因此灵魂的第一依存性应该是对心脏的，但是并不能说灵魂依存于心脏，然后依存于脑子，因为在依存于第一肢体以后，形体

① 指《治疗论》的第八卷。——译者

已经变成活的了。至于第二肢体,灵魂在其中活动,毫无疑问只是通过这个第一肢体为中介。因此灵魂是凭着心脏而使动物变成活的;然而我们可以说,造成其他活动的那些机能,是凭着一股由心脏来到其他肢体的流而存在的,因为这股流应当是从它所依存的第一肢体发出的。

因此脑子是普纽马的混合完成于其中的东西,这种普纽马的混合能够承负感觉机能以及向各个肢体运动的机能,其情形是这样,因而各种机能的各种活动适于从这些肢体中发出。同样地,肝脏的那种涉及各种营养机能的性态也是如此。然而心脏是第一本原,由它造成肝脏的第一依存性,并且由它出发,各种营养机能渗入其他的肢体,而其他肢体中的活动也会与感觉本原的活动是一样的。

按照那些反对这种说法的人的看法,本原只是在心脏中。然而各种感觉活动的造成并不是凭借心脏,也不是在心脏中,而是在其他的肢体如皮肤、眼睛、耳朵里,并且我们也不应该根据这一点便说脑子不是一个本原。同样地,心脏也可以是各种营养机能(虽然它们的活动是在肝脏中)、想象机能、回忆机能和理解机能(虽然它们的活动是在脑中)的本原。

或者说得更明白一点,心脏应当是各种不同的机能的本原,但是并不能使它们的一切活动从它的独特的处所发出;相反地,应当是各种机能在不同的器官中发出分支,这些器官是以某种方式在这个肢体以后产生出来的,从这个肢体出发,有一种机能涌向它们,我们在讲动物的时候将要告诉你,这种机能是适合于这个分支的混合和它的能力的,因而与作为本原的那个肢体没有多大关系。

因为这个缘故，神经的形成是为了脑子，血管是为了肝脏，虽然大脑和肝脏是感觉、运动和营养的两个第一本原或两个第二本原。

但是当产生和创造的机能从心脏涌向脑子，脑子被产生出来的时候，脑子由自己遣送一个器官使感觉和运动从心脏伸展出去，或者心脏向脑子遣送一个器官借以使感觉和运动奔赴心脏，都没有多大不便之处。因此并不需要对神经的产生这个问题作出严格的研讨，以便知道神经的这样一种本原究竟来自心脏，还是来自脑子。或者说得更明白一点，我们承认本原来自脑子，但是脑子是从心脏伸展出来的，正如肝脏向胃遣送的东西乃是由胃伸展到肝脏中的东西一样。而胃也是具有那些为别的东西借以伸展的血管的。

因此不应当说，在那个作为一种机能的本原的肢体里面，也有这种机能的各种活动的第一种，也不应当说，这种肢体是这种机能的那些活动的工具。正好相反，我们可以承认，工具之被创造，是为了从另一件东西伸展出去，本原只是在创造了工具以后才伸展，因而脑子是第一个被创造出来的，却并不是现实的感觉和运动的本原；或者说得更明白一点，在那种出自一个异于脑子的东西的伸展工具为了脑子而创造出来以后，某种本原从一个异于脑子的东西伸展出来的时候，脑子是能够变成那些在它以后的肢体的本原的。

因此当神经从脑子里创造出来以后，走向心脏的时候，感觉和运动就从心脏伸展出去，不过可能是脑子与这种神经交通的创造同时存在，而不是在以后，也可能对于本原的这种由脑子奔赴心脏的活动并没有证明，也没有类似证明的东西。毋宁说：正如脑子被创造出来了，有某种东西同脑子一起从它的质料里被创造出来了，这种东西奔赴心脏，是异于心脏的，由它伸展出感觉和运动；因为脑子的这些神经的产生以及它们之从脑子到达心脏，并不是某种人所想的那种方式所说明的事情，这种人硬说脑子与心脏之间的神经的产生是从脑子到心脏，不是从心脏到脑子，这一点我们马上就要在讲动物的本性时在适当的地方讲，在那里我们将要给予关于动物的论述以充分的、令人满意的篇幅。

与此相联系，我们再来看一看另外一条线索。我们说：如果说，一种机能的存在的本原本身是在一个肢体里，它从这个肢体奔向另一个肢体，这种机能在那里是完备的，并且臻于完备，然后转向这第一肢体，并且支持这个肢体，这样说并不是荒谬的。因为养料只是从胃到达肝脏。然后，当它到了那里的时候，它就回转来，在血管里使胃得到营养；这些血管是脾和大动脉(?)引出来的，分布在胃上面。这对于一些事情并无损害，比方说，无害于机能的本原来自心脏，无害于机能在心脏中并不是完备的、完成的，后来当它在另一个肢体里得到完备化的时候，它对于心脏是有益的。

通觉的性态也是这样的，因为由它发出特殊的感觉机能的本原。然后感觉机能又回到本原，带来利益。这是就心脏本身的感觉能力(尤其是触觉)比脑子本身的感觉能力更大而言(因此心脏的痛苦是不能忍受的)，也是就各种机能并非不可能在那些并非它们的本原的东西里由于得到一些使它们具有这种性态的质料而变得更有力、更坚强而言。看来筋腱所具有的机能似乎比它们那些与神经相接的本原的机能更有力。因为心脏是一个第一本原，一些机能从它涌向脑子，其中有一些机能在脑子及其部分中完成它们的活动，例如想象的掌握、理解等等，而另一些则从脑子拥向一些在它以外的肢体，例如拥向瞳孔，拥向运动的肌肉。营养机能是从心脏涌向肝脏的。然后它从肝脏通过血管为中介涌到全身，它也使心脏得到营养。因此，机能的本原是从心脏出发，质料的本原则是从肝脏出发的。

至于各种脑机能，视觉的完成是靠水晶体液，这种体液很像透明的清水，接受被看到的东西的形式，并且使这些形式达到视觉普纽马。但是视觉的完成是在凹神经会合的地方，这是根据我们由于对凹神经进行解剖并对它们的性态进行说明而得到的知识说的。至于嗅觉，它的产生是靠脑子前部的两个突起，很像两个乳房上的乳头。至于味觉，它的产生是靠一些通到舌头和口盖上给予它们以感觉和运动的机能的脑神经。至于听觉，它的形成也是靠通到耳腔的一些脑神经；这些神经从各方面布满耳腔的表面。至于触觉，它的形成是靠分布在全身的一些脑神经和髓神经。

大部分感觉神经来自脑子前部，因为脑子前部比较软，柔软是对于感觉有利的。既然脑子前部延伸到后面的部分，并且延伸到脊髓，为了逐步达到脊髓，脑子就变得比较硬，坚硬对于脊髓的纤细应当有所帮助。

大部分来自脑子的运动神经，只是由脑子后部产生的，因为这个部分比较硬。坚硬对运动比较有利，比较有帮助。大部分肌肉生自属于运动的神经，当这些神经越过肌肉时，便由肌肉和韧带生出腱。腱的末端通常总是与骨骼联结，但是在某些地方有时腱也联结到异于骨骼的东西上，而肌肉本身有时也联结到运动的肢体上，并不以一根腱为中介。

脊髓作为脑子的一部分，深入脊椎的孔穴，为的是使由神经产生的东西不致远离各个肢体，或者说得更明白一点，为的是从这些神经生出一些先遣神经，以便与要求这些神经产生的地方接近。

至于成型机能和通觉，这两者都来自脑子前部，在一种充满这个脑室的普纽马中。它们两个在那里只是为了观察各种官能，这些官能大部分只是来自脑子前部。在另外两个脑室里居留着思维和回忆；然而回忆的处所在后，为的是认识普纽马的位置处在形式的仓库和观念的仓库之间，与二者的距离相等。评价机能统治整个脑子，但是它的能力是在中心。

有人抱着一些怀疑说：一座山的形式，或者说得更明白一点，世界的形式，是怎样印在这个承负成型机能的狭小器官里的呢？这话说得真是恰当！我们告诉他：只要充分理解形体划分到无限，我们就摆脱了这种疑问的困扰。的确，正如世界印在一面小镜子里和瞳孔里，是由于印在其中的东西根据它的划分而划分开来（小的形体根据大的东西的划分而在数目和形状方面划分开来，虽然这个部分与体积上的部分不同），各种想象的形式印在它们的质料中的情形也是一样。其次，印着各种想象形式的东西的关系，这些形式中的这一个与那一个在印着形式的东西的大上和印着形式的东西的小上的关系，乃是两件外在的东西在它们的大上和它们的小上的关系，着重的是距离相等。

至于愤怒机能以及与它有关的东西，是不需要一个异于本原的肢体的，因为这种机能的活动是一种单一的活动；这种机能是与高热的混合相结合的，并且需要这种混合。但是，由于高热的混合造成的那种突然产生的东西的影响，并不像由于思考和运动造成

的那种连续的东西的影响，所以人们会害怕发高烧。这是因为突然产生的东西属于偶然而来的东西，而连续的东西则是并存的，例如了解和思考之类的东西就属于需要稳定性和接受性。能够有这两种性质的肢体应当是比较湿和比较冷的；这就是脑子，为的是使自然热不致以强烈的方式燃烧，为的是抵抗运动所产生的发热。

营养属于应当为这样一种肢体所造成的东西：这种肢体缺乏感觉能力，以便充满养料，它没有感觉能力，充满了就不至于造成痛苦，也不至于由于其中有东西进进出出而感到很痛，它是很湿的，以便凭着平衡和补偿作用把极热的东西保存下来；我们肯定肝脏就是这样的肢体。

通过生殖而产生的机能，我们肯定是在另外一种器官里，这种器官有强烈的感觉能力，以便有助于通过性的快感唤起性交。如果没有这种能力，如果在性交的时候人没有一种快乐，没有一种性的快感，人是不会努力去做这种事的，因为人并没有延续个体的需要。快乐是与一种赋有极强的感觉能力的形体有关的。因此人赋有两种精巢。并且这两种精巢还有另外一些工具帮助它们，其中有一些是吸引质料的，另一些则是排斥质料的，这一点以后在我们讲动物的地方你是会记起的。

这里就结束了关于灵魂的著作，这就是论述自然事物的第六卷。

文献目录

一、原著

1. Ибн Сина:ДаниШ-наме. Сталинабад,1957 г.(俄译本《知识论》)

2. Ибн Сина:Канон врачебной Науки. ТаШкент,т. I,1954 г. т. II,1956 г.(俄译本《医典》)

3. Ибн Сина: Четверостишья, Перевод С. Липкина. Альманах《Литературный Таджикистан》№ 5.1953 г.(俄译本《诗集》)

4. Ибн Сина и Ал-Джузджани:Жизнеописание Абу-Али Хусейна ибн Абдаллаха ибн Сины, рассказанное им самим и записанное его учеником Абу-Убейдом Ал-Джузджани. Перевод М. Занда. Альманах《Литературный Таджикистан》№5. 1953г.(俄译本《自传》)

5. Избранные произведения мыслителей стран ближнего и среднего востока IX—XIV вв.,АН СССР, Инст. Философии,Москва,1961 г.(包括《拯救论》与《治疗论》俄文选译)

6. La Psychologie d'Ibn Sīnā(Avicenne)d'après son œuvre Aš-šifā, texte et traduction, éditée et traduite en français par Ján Bakoš. Édition de l'Académie Tchécoslovaque des Sciences. Prague,1956.(法译本《治疗论》第六卷)

7. Ibn Sina(Avicenne):Livre des Directions et Remarques. tr. par A. M. Goichon,dans la Collection d'œuvres arabes de l'Unesco,Beyrouth-Paris,1951.(法译本《指要与诠记之书》)

8. Die Metaphysik Avicennas,enthaltend die Metaphysik,Theologie,Kosmologie und Ethik, übersetzt und erläutert von M. Horten,in:Das Buch der

Genesung der Seele, II, Series, III. Gruppe, XIII. T. , Halle a. S. und New York, 1907.(德译本《治疗论》)

9. Avicenne: Le livre de science, tr. par M. Achena & H. Massé, Paris, 1955—1958.(法译本《知识论》)

10. Ibn Sina: A Treatise on Love. tr. by E. L. Fackenheim, in: Mediaeval Studies, vol. VIII, Toronto, 1945.(英译本《论爱》)

11.《治疗论》,石印阿拉伯文原本,德黑兰,回历 1303(公历 1886)。

12.《指要与诠记之书》,阿拉伯文原本,来顿,1892。

13.《东方人的逻辑》,阿拉伯文原本,开罗,回历 1323(公历 1910)。

14.《拯救论》,阿拉伯文原本,开罗,回历 1331(公历 1913);又 1938 年版。

15.《知识论》,达尔文原本,德黑兰,1953。

16. Avicennae de congelatione et congiutinatione lapidum, being sections of the《Kitâb al Shifâ'》, ed. by E. J. Holmyard and D. C. Mandeville, Paris, 1927.(《治疗论》第五卷阿拉伯文原本)

二、论述

1. В. Асмус: Абу-Али ибн Сина. Журнал《Новый Мир》№6, 1952 г.

2. А. Богоутдинов: Великий мыслитель средневековья.《Вестник АН СССР》№6, 1952 г.

3. А Богоутдинов: Выдающийся памятник философской мысли таджикского народа. Журнал《Вопросы философии》№ 3, 1948 г.

4. А. Я. Борисов: Авиценна как врач и философ.《Известия АН СССР (Отд. общ. наук)》№1-2, 1938 г.

5. Т. Измайлова: Авиценна (К 1000-летию со дня рождения). Ленинград, 1952 г.

6. Б. Петров: Авиценна (К 1000-летию со дня рождения).《Вестник Академии медицинских наук СССР》№4, 1952 г.

7. В. Рамодин: Великий ученый Средней Азии Ибн Сина (Авиценна) (980—1037). Изд.《Знание》, Москва, 1952 г.

8. А. Семинов:Абу-Ади ибн Сина. Сталинабад,1953 г.

9. А. Шмитд: Рукописи произведений Авиценны в Государственной публичной библиотека УзССР. 《Труды Института. востоковедения АН СССР》, вып. 36, 1941 г。

10. А. Якубовский: Абу-Али ибн Сина и его время (К 1000-летию со дня рождения по хиджремусульманской лунной эре). Журнал《Вопросы истории》№ 2, 1952 г.

11. Сборник《Портрет Ибн Сины》. Изд. Института востоковедения АН УзССР. Ташкент, 1956 г.

12. Б. Г. Гафуров: История таджикского народа, Т. Ⅰ,Москва, 1955 г.

13. Сборник《Ибн Сина. Материалы научной сессии》. Изд. АН УзССР. Ташкент, 1953 г.

14. Б. Э. Быховский: Философское наследие Ибн-Сины. Журнал《Вопросы Философии》№ 5, 1955 г.

15. П. Г. Шад: Теория познания Ибн-Сины. 《Из Истории философии》, Ученые записки вып. 28 кафедры истории философии Ак. общ. наук при. ЦК КПСС. Москва, 1957 г.

16. A. M. Goichon: Introduction à Avicenne, son épître des définitions. Paris, 1933.

17. A. M. Goichon: La distinction de l'essence et de l'existence d'après Ibn Sina (Avicenne). Paris, 1937.

18. A. M. Goichon:La place de la définition dans la logique d'Avicenne. dans "La revue du Caïre", Caïre, Juin 1951.

19. A. M. Goichon: La philosophie d'Avicenne, et son Influence en Europe Médiévale Paris, 1951.

20. A. M. Goichon: Lexique de la Langue Philosophique d'Ibn Sina, Paris, 1938.

21. E. Wiedemann: Avicennas Schrift über ein von ihm ersonnenes Beobachtungsinstrument, in:《Acta orientala》, Bd. 5,Leiden, 1927.

22. Hermann Ley:Studie zur Geschichte des Materialismus im Mittel-

alter. Berlin, 1957.

23. О. В. Трахтенберг: Очерки по истории западноевропейской средневековой философии, гл. Ⅲ. Москва, 1957 г.（有汉译本）

24. АН СССР: История философии, т. I. Москва, 1957 г.（有汉译本）

25. АН СССР и МГу: Очерки по истории философской и общественно-политической мысли народов СССР. т. Ⅰ. Москва, 1955 г.（有汉译本）

26. С. Н. Григорян: Из истории философии Средней Азии и Ирана VII—XII вв, Москва, 1960 г.

27. В. Смирнова-Ракитина: Авиценна (Абу-Али ибн Сина) (Биография). Москва, 1958 г.

28. H. Corbin: Avicenne and the visionary recital, tr. from the French by W. R. Trask. New York, 1959.

29. Avicenna commemoration volume, Iran Society, Calcutta, 1956.

30. S. M. Afnan: Avicenna, his life and works, London, 1958.

31. 为保卫人类文化的优秀传统而斗争——纪念雨果、达·芬奇、果戈理和阿维森纳(《人民日报》社论，1952 年 5 月 4 日)。

32. 郭沫若：为了和平民主与进步的事业——纪念雨果、达·芬奇、果戈理和阿维森纳(《人民日报》，1952 年 5 月 5 日)。

33. 李 涛：阿维森纳的医典和他在世界医学上的影响(《人民日报》，1952 年 5 月 4 日)。

34. 马 坚：伊斯兰文化的光芒(《光明日报》，1952 年 5 月 4 日)。

35. 宋大仁：中国和阿拉伯的医药交流(《历史研究》，1959 年第一期)。

36. 胡宣明：中东医圣阿维森纳(《医史杂志》，第四卷，第 2 期)。

中文法文译名对照表

A

阿弗罗德西亚的亚历山大 Alexandre d'Aphrodisias

阿夫沙那 Afšana

阿密尔 Amr

阿威罗伊 Averrhoës

阿维森纳 Avicenne

B

巴柯士 Bakoš

柏拉图 Platon

本能 instinct

本性 nature

本原 principe

本质 essence

本质差别 différence essentielle

辨别 distinction

变化 changement

变化性 altérité

比鲁尼 Al-biruni

表象 représentation, représenter

必然性 nécessité

不规则性 irrégularité

布哈拉 Bohara

补偿作用 compensation

C

藏匿 cacher

承负者 porteur

成就 se parfaire

成就因 cause de perfection

成就性 complétion

成型机能 faculté formatrice

虫状突起 ver

抽象 abstraction

处女乳 lait de vierge

刺激 excitation

存在 existence, être

存在方式 manière d'être

D

单一的 un, unique

道德装备 habitus moral

德谟克里特 Démocrite

点积性 ponctuosité

笛卡尔 Descartes
定义 définition
第一理智 première intelligence
第一推动者 moteur premier
动力 motif
动物机能 faculté animale
动作 mouvement
断语 énoncé décisif
对立 contraire
钝眼动物 animal à œil dur

E

恩培多克勒 Empedocle

F

法拉比 Al-farabi
范畴 catégorie
《范畴篇》Catégories
方形性 quadréité
繁多性 multiplicité
分离 séparation
分有 participation
愤怒机能 faculté irascible
愤怒灵魂 âme irascible
附着主体 sujet d'inhésion

G

改变 altération
感觉 sensation, sens
感觉机能 faculté sensitive
感觉能力 sensibilité
感受 passion
感性的 sensible
感性直觉 intuition sensible
格局 complexion
格仑 Galien
根源 racine
个体 individu
个体化 individuation
工具 instrument
光 lumière
光辉 lueur
光亮 clarté
光线 rayon
广袤 extension
官能 sens
观念 idée
关系 relation, rapport
虢熊 Goichon

H

哈立德 Halid
哈马丹 Hamadan
赫拉克留斯 Héraclius
划分 division
恢复 renouvellement
毁灭 corruption
回忆 réminiscence
霍布斯 Hobbes
活动 action

活动理智 intelligence agent
混合 mélange

J

接近的 prochain
接受者 réceptacle
结合 jonction
结论 conclusion
接受因 cause réceptrice
精巢 testicules
接受元素 élément-réceptacle
经验 expérience
静止 repos
机能 faculté
记忆 mémoire
记忆机能 faculté mémorative
决心 décision
据有 appropriation

K

凯拉姆 Kalam
可分的 divisible
可理解的 intelligible
可能的 possible

L

联系 connexion，liaison
连续性 continuité
量 grandeur
理解 conception
灵魂 âme
理性 raison
理性灵魂 âme raisonnable
理智 intelligence，intellect，entendement
理智形式 forme intellectuelle
理智原则 principe intellectuel
理智装备 habitus intellectuel
理智直觉 intuition intellectuelle
洛克 Locke

M

曼苏尔 Mansoul
命题 énoncé
模式 modèle

N

脑机能 faculté cérébrale
脑室 ventricule du cerveau
内部 intérieur
内部官能 sens interne
能力 aptitude

O

偶然的 accidentel
偶性 accident

P

判断 jugement
评价机能 faculté estimative

品质 caract re
波尔费留 Porphyre
波斯里 parasange
普纽马 pneuma
普遍的 universel

Q

器官 organe
潜在 puissant
潜在性 puissance
前提 prémisse
前项 antécédent
情欲 concupiscence
情欲机能 faculté concupiscible
情欲灵魂 âme concupiscible
缺乏 privation

R

认识 connaissance
认识机能 faculté cogitative
人性 humanité
人性机能 faculté humaine

S

赛义德 Zayd
萨马尼德 Samanide
三段论 syllogisme
三阴疟疾 fièvre tierce
上苍 le Ciel
审虑机能 facuté délibérative
神圣理智 intelligence sainte
生成 devenir
生长机能 faculté de croissance
生殖机能 faculté génératrice
实践理智 intelligence pratique
实体 substance
实体性的 substantiel
属 espèce
属差 différence spècifique
属的性质 spècificité
述项 prédicat
水晶体液 humeur crystaline
思辨 spèculation
思辨理智 intelligence spéculative
思考 réflexion
苏丹 sultan

T

泰利士 Thalès
特殊的 particulier
特性 propriété
天赋的 inné
天球 sphere céleste
天上的灵魂 âme céleste
天使灵魂 âme angélique
体液 humeur
托马斯·阿奎那 Thomas d'Aquin
通觉 sens commun
通气性 εéréité
同名 homonyme

同意 assentiment
透明 diaphane
透明性 diaphanéité
推动 mouvoir
推动者 moteur
推理 raisonnement

W

外部 extérieur
外部官能 sens externe
完满性 perfection
网状组织 tissu réticulaire
凹神经 nerf creux
维此性 haeccéité
维何性 quiddité
微粒子 corpuscule
位移 translation
位置 position
我 moi
无限 indéfini

X

现实 acte
现实化 actualisation,mis en acte
想象 imagination
想象的掌握 saisie imaginative
想象机能 faculté imaginative
显示 manifestation
显现 apparition
先知者 prophet
项 terme
《形而上学》Métaphysique
形构 conformation
形式 forme
形式因 cause formelle
形体 corps
形体机能 faculté corporelle
形体性 corporéité
形状 figure
性态 disposition
性质 qualité
心灵 esprit
虚空 vide
嘘气 haleine

Y

亚里士多德 Aristote
要求 désir
遥远 óloignó
伊本・鲁世德 lbn Rochd
伊本・西那 Ibn Sina
伊斯巴汗 lspahan
依存 dépendence
臆想 fantaisie
意志 volonté,vouloir
意欲机能 faculté appétitive
异质 hétérogene
隐藏 occultation
《引论》Isagoge
影响 influence

影像 image
营养机能 faculté nutritive
营养灵魂 âme nutritive
印象 impression
有限 défini
有味性 sapidité
原初形体 corps élémentaire
原素 élément
原则 principe
运动 mouvement
运动机能 faculté motrice
欲望 appétit,désir
郁金粉 safran
预见 prophétie

Z

在后 postérieur
在先 antérieur
在先性 priopité
遭受 passicn
自性 ispéité
掌握 saisie
真理 vérité
真主 Dieu
蒸气 exhalaison
遮盖 recouvrement
掩藏 cachet
智慧 sagesse
知觉 perception
知觉机能 faculté perceptrice
知识 connaissance
直觉 intuition
质料 matière
质料理智 intelligencc materielle
质料形式 forme matérlelle
指示 indication
植物灵魂 âme végétale
中介 intermédiaire
中项 moyen terme
中庸 milieu juste
种 genre
种观念 idée générique
装备 habitus
装备理智 intelligence habitus
转移 translation
主词 sujet
主体 sujet
作用 acte
作用因 cause effective

译 后 记

本书是中世纪东方著名哲学家塔吉克人伊本·西那的主要哲学著作《治疗论》的一个重要部分，讨论的是生命现象、心理活动和认识论问题。

本书的翻译是北京大学哲学系组织的。

我们翻译时所根据的原书，是捷克斯洛伐克科学院巴柯士院士校订并翻译的法文译本。原书分上下二册，上册是阿拉伯文原著，附有校勘，下册是法文译文，附有注释、索引和文献目录。由于不能阅读阿拉伯文，我们现在采取了从法文译本转译的办法。这只是一个不得已的暂时办法，因为转译无论如何不能与从原文直接翻译相比。我们希望不久以后我国能有直接从阿拉伯文译出的精确译本来代替这个转译本。

我们在翻译过程中所遇到的困难，还不仅在于语言隔阂，主要是由于内容生疏。在翻译之前，我们对阿拉伯哲学知道得非常有限，从来没有研读过伊本·西那的原著。这一困难在译校过程中也只是在一定的程度上得到了克服。因为这部书充满了特殊的术语，它的表达方式在我们今天看来是很古老、很不习惯的，要掌握它的确切意义，往往很费周折。法文译本的译法基本上是字字对译，为的是保持原文的精确含义和特殊风格，但是这样一来，也就非常难读。尤其是这部书本来不是一部独立的著作，而是作者的哲学全书《治疗论》中的一卷，有许多问题涉及其他各卷，我们不能读到全书，就只有从能够找到的参考文献中去求解释，而我们手上的参考文献也是很不充足的。但是尽管如此，伊本·西那的这部主要哲学著作的主要思想线索，总的看来还是清楚的。我们可以看出他的二元论特征，他对实验科学的注重，以及他的强烈的唯物论倾向。不过理解这一切需要耐心的探索，需要不为那些古怪的术语和独特的表达方式所限制。

在翻译的时候，为了照顾全书的术语体系和论证程序，我们采取了与法文译者同样的办法，力求表现出曲折的思想进程，因而每每牺牲了译文的流畅，用词造句，难免生硬：复合句尽可能保持原样，因此行文相当噜苏；尤其是有许多术语找不到通行的妥善译语，只有试撰新名，例如以"成就性"译 complétion，"维此性"译 haeccéité，"维何性"译 quiddité，"装备"译 habitus，"性态"译 disposition 等等，读起来颇为生疏。这样做的用意在于存真，实非标新立异，希望能够得到读者的谅解。

总的说来，这个翻译是初次的尝试，很不成熟。错误和不妥的地方一定很多，希望读者批评指正。

法译本的注释、索引和文献目录我们没有译出。因为这些注释的绝大部分是引证古希腊罗马的哲学、科学、医学文献原文与伊本·西那的学说对比，而这些文献我国尚无译本，直接引用希腊文原文对我国读者目前帮助很小。但是，其中的一些说明性的注释我们还是加以吸取了，以译者注的名义放在正文的下面作为脚注。原书的索引属于提要性质，并非按字母排列的名词索引，而是多半摘录正文的词句，按原文的次序加以排列，这种方式我国读者还不习惯，所以从略了。原书的文献目录基本上是古代文献的目录，对我国读者用处不大；我们吸取了其中与伊本·西那有直接关系的部分，补充上伊本·西那的原著以及苏联和各国的研究论著，改编成我们的文献目录。为了帮助读者掌握伊本·西那的术语，我们另编了一个中文法文译名对照表附上。

原书按照古代方式，是不分段的，法译本也不分段。这样读起来非常吃力，因此我们的译文试作了分段，但是限于水平，可能分得很不妥当，只能算是一个初步尝试。原书第二章、第五章的题目传抄阙失，是我们按照内容补上的。

这个译本除第四章的第三、四节和第二节后半由何兆清先生翻译以外，其余的章节是王复翻译的，第一章至第三章经过方书春先生的校阅；全书的加工和编辑工作则由王复负责。

1960年3月

在本书发排以后，我们得到了苏联科学院哲学研究所编译的《九——十四世纪近东与中东国家思想家文选》一书，其中选了《论灵魂》的一部分；我们在看清样的时候参考这一部分俄文译文作了一些校正。

1962年12月补记

图书在版编目(CIP)数据

论灵魂:《治疗论》第六卷/(阿拉伯)伊本·西那著;王太庆译.—北京:商务印书馆,2017
(汉译世界学术名著丛书:120年纪念版:珍藏本)
ISBN 978-7-100-14781-1

Ⅰ.①论… Ⅱ.①伊… ②王… Ⅲ.①阿拉伯哲学—中世纪 Ⅳ.①B371

中国版本图书馆CIP数据核字(2017)第160894号

汉译世界学术名著丛书
(120年纪念版·珍藏本)
论 灵 魂
——《治疗论》第六卷
〔阿拉伯〕伊本·西那(阿维森纳) 著
王太庆 译

商 务 印 书 馆 出 版
(北京王府井大街36号 邮政编码100710)
商 务 印 书 馆 发 行
北 京 冠 中 印 刷 厂 印 刷
ISBN 978-7-100-14781-1

2017年12月第1版 开本710×1000 1/16
2017年12月北京第1次印刷 印张20¾
定价:105.00元